생활의
사상

생활의 ——— 사상

서
동
욱 에세이

민음사

마술 지팡이를 두고 나온 날

누구나 마술 지팡이를 집에 두고 나온 날이 있다. 우산을 집에 두고 온 날은 이에 비하면 행운이나 다름없다.

비 내리기 직전의 하늘이 몸이 무거워 못 견디겠다는 듯 아주 가까이 내려와 있는데, 역시 지하철도 제시간에 안 오는군. 꼭 이런 날이면 택시도 쉽게 잡히지 않는다. 오늘은 시곗바늘을 잠시 멈추어 있게 하는 가벼운 마술조차 못 하니 속절없이 지각할 수밖에. 정작 심각한 문제는 이런 것이 아니다. 오늘 저녁 그 사람의 마음을 반드시 잡아야 하는데 마술 지팡이가 없으니 도대체 어떻게!

마술 지팡이 없이 다리를 절뚝거리며 하루를 산다. 그게 없으면 눈물의 한평생을 보낼지도 모를 일이다.

우리는 가지고 있었던 마법을 어쩌다 잃어버린 듯 마법이 없는 하루를 아쉬워한다. 마술 지팡이를 두고 나온 실수의 시간처럼 나날을 보낸다. 그리고 언젠가는 단 한 번의 마법이 이 구질구질한 생활에 반전을 주리라고 믿는다. 그러나 그런 일은 절대로, 절대로 일어나지 않을 것이다.

생활은 마술 지팡이로는 조금도 움직여 볼 수 없는 산. 우리에게 유일하게 허락된 것은 요행이 아니라 '생각의 지팡이'뿐이다.

이 책은 마술 지팡이가 없는 난처한 날, 그러므로 결국 우리의 모든 날 집어 들어야 하는 생각의 지팡이에 대한 이야기이다. 생각의 지팡이가 마술 지팡이에 상대가 될 수는 없는 일이다. 생각은 아주 더디고 힘겹게 움직인다. 그러나 인생의 마지막까지 펼쳐져 있는 나날의 생활 속에서 우리의 방향 찾기를 위한 나침반이 되어 주고, 옳은 길과 그른 길을 알려 줄 수 있는 것은 오로지 생각의 노동뿐이다.

생각의 노동으로 길을 조금씩 만들며 어디로 가야 할지 조금씩 배우는 것이 우리의 생활이다. 그렇다고 생활이 사상처럼 되어야 하는 것은 아니다. 오히려 사상이 생활 속으로 들어가 자신의 투명한 몸을 버리고 구체적인 삶의 색깔을 찾아야 하리라. 이 책은 그렇게 생활이 된 사상의 이야기이다.

이 책의 글들은 매우 오래전부터, 때론 주제에 대한 의무 때문에, 때론 너무도 즐거워서, 그리고 때론 그냥 풀이 필연적으로 자라듯 쓰였다. 붉은 색연필 옆에 파란 색연필이 놓이고, 그다음엔 노랑, 초록이 놓여 색연필 한 상자를 이루듯 글들은 하나둘 태어나 인문학, 예술, 사회, 삶이라는 생각의 네 가지 좌표를 찾아갔다. 이 책은 자신에게 달린 이 네 개의 창문을 두리번거리며 우리의 생활 속으로 들어선다.

창문으로 보이는 풍경에 순서가 없듯 이 책의 글들 역시 읽어야 하는 순서를 가지지는 않는다. 쿠키에 번호가 매겨져 있지 않은 상자 하나를 열었을 때처럼, 책 속의 경유지들은 누구에게나 새롭게 창조되리라.

이 책의 글들은 어떤 명칭도 가지지 않아도 되고 여러 명칭 속에서 자신의 성격을 승인받을 수도 있겠지만, 단 하나의 이름을 가져야 한다면 '에세이'이다. '시도해 보다'라는 뜻을 어원에 간직한 에세이가 16세기에 처음 출현했을 때 그것은 틀에 박힌 교훈을 반복적으로 전승하는 글쓰기 관행으로부터 벗어나 새로운 탐구를 시도하기 위한 형식이었다. 그 시도의 필요성은 여전히 절실하다.

에세이는 형식상의 어떤 의무로부터도 벗어나기에 파편적일 수밖에 없는데, 파편들은 파편이라는 명칭이 무색하게도, 아무 관련이 없는 별들이 선으로 이어져 밤하늘의 그림이 되듯이 전체 그림을 만들고 또다시 새롭게 만든다. 그러면 각각의 파편들로부터 전체에 대한 통찰로 이동할 수 있게 해 주는 자는 누구인가? 바로 책을 완성시켜 주는 독자의 정신이다. 독자에 대한 기대와 존경 없이는 단 한 글자도 이 책에 기록될 수 없었다.

2016년 가을
서동욱

차례

3부   세계시민의 시간   205

사회에 관하여

1

사람을
치료하는 ———— 인문학

인
문
학
에

관
하
여

칸트의 문장

무엇이 명문인가?

칸트가 유명하기는 해도 그의 글을 즐기는 사람은 많지 않다. 어렵기 때문이다. 그러나 여기 쉽고도 칸트다우며 늘 마음에 새겨도 좋을 짧은 문장이 있다. 자기 자신의 글쓰기에 관한 고백이다.

(자부하거니와) 나도 나의 강술에 대중성을 가미할 수 있었을 것이다. 여하간에 무릇 늦기는 하더라도 영속적인 찬동을 전망하면서 좀 더 빠른 호평을 받아 보려는 유혹을 물리치는 데는 많은 끈기와 적지 않은 극기까지도 필요한 일이었다.[1]

사적인 이야기를 별로 하지 않는 칸트로서는 매우 드물게 저술가로서 자신의 내밀한 심정을 보여 주는 문장이다.

[1] 임마누엘 칸트, 백종현 옮김, 『형이상학 서설』(아카넷, 2012), 120쪽.(학술원판, A19쪽.)

칸트는 철학의 모든 문제를 종결짓고자 유명한 『순수이성비판』을 썼다. 그때 나이가 57세였다. 보통 작가들이 맞이하는 저술의 황혼기에 칸트는 최초의 주저를 내놓은 셈이다. 『순수이성비판』의 집필을 회상하면서, 『형이상학 서설』이라는 책에 적고 있는 구절이 바로 저 문장이다.

칸트는 우리에게 '과연 글을 쓴다는 것은 어떤 것인가?' 생각하게끔 한다. 저 문장에서 가장 먼저 눈에 띄는 것이 무엇인가? 바로 시간이 갉아먹지 못할 저술의 완벽성에 대한 야심이다. 즉각적인 성공이 아니라 영속적인 찬동을 칸트는 바랐다. 시간에 쫓긴 나머지 설익은 생각을 화려한 수사로 눈가림하지 않는 글에 대한 욕망, 영속적인 찬동을 얻고자 하는 욕망 때문에 『순수이성비판』의 집필은 11년이 걸렸다. '극기'라고 표현할 만하다.

사실 오늘날 살아남은 저술의 저자들은 모두 저 영속적 찬동을 얻기 위해 노력했다. 헤겔 역시 그렇다. 대표작 『정신현상학』의 서문에 헤겔은 이렇게 쓰고 있다. "일정한 시간이 경과한 뒤에야 널리 받아들여지는 철학과 한때가 지나 그 뒷세대에 가면 어느덧 명맥이 끊겨 버리는 그런 철학을 구분 지어 놓을 것이다."[2] 물론 여기서 한 세대에서 다른 세대로 이어지며 널리 받아들여지는 사상은 헤겔 자신의 것이다.

2
G. W. F. 헤겔, 임석진 옮김, 『정신현상학』 제1권(한길사, 2005), 111쪽.

글의 완벽성에 대한 집착 말고도 칸트의 말에서 눈길을 끄는 것이 있다. "나도 나의 강술에 대중성을 가미할 수 있었을 것이다."라는 표현이다. 칸트가 『순수이성비판』을 쓸 무렵 독일 문단에서는 이른바 '질풍노도(Sturm und Drang)'

의 시기를 거치면서 감정의 폭발을 고스란히 담아내는 전례 없는 문체 운동이 진행되고 있었다. 사상적으로는 대중의 마음을 사로잡는 속류 계몽철학자들이 등장해 사람들의 영혼을 인도하고 있었다. '나도 논의를 대중의 입맛에 맞게 할 수 있었다. 그러나 그렇게 하지 않았다.'라는 뜻의 이 문장은 바로 저 두 가지, 질풍노도 시기의 문체에 대한 관심과 대중의 혀에 간을 맞추는 속류 계몽철학자들의 사상을 거부한다. 거부하지 않았다면? 모든 저술가를 유혹하는 '즉각적인 성공'을 얻을 수 있지 않았을까? 57세까지 기다리지 않고서도 말이다.

유행은 지나갔고 칸트 당대의 수많은 저술가가 잊혔지만, 오늘날 이 늦깎이 저술가는 자기 시대를 대표하는 전범적인 문장가 중의 한 사람으로 꼽힌다. 칸트의 문장은 수수하며, 오히려 무미건조하기까지 하다. 이런 칸트의 문장은 아름답고 좋은 글의 비밀과 관련해 우리를 의혹에 휩싸이게 한다. 한 사람에게서 다른 사람에게로, 독자에게서 저술가에게로 전해지는 '글을 잘 쓴다.'라는 칭찬을 우리는 잘 알고 있다. 그런데 과연 글을 잘 쓴다는 것은 무엇인가? 혹시 우리는 요란한 수사를 구사하는 가벼운 재주를 문장력과 혼동하는 것은 아닌가? 또한 우리는 우리가 듣고 싶어 하는, 입맛에 맞는 달콤한 말을 들려줄 때 진리를 듣는다는 착각을 하는 것은 아닐는지?

좋은 글의 비밀은 다른 곳에 있을 것이다. 그것은 생각하지 않으려고 해도 자꾸 생각하기를 강요하면서 우리 삶을 내내 성가시게 하는 글, 가능하면 대면하지 않았으면 싶은 글, 쾌감보다 불쾌감을 주는 글일지도 모른다. 세계의 슬픔과 진리의 어려운 자리가 글에게 그런 고약한 성질을 가질 것을 요구하리라. 가끔 바람이 책장을 흔드는 것처럼 보이는 까닭은, 이런 글의 영혼이 읽는 이들의 숨결에 섞여 들기 위해, 책의 내부로부터 밖으로 나갈 수 있도록 해주는 한 줄의 문장을 창문처럼 찾고 있기 때문이다. 읽는 눈과 대면하지 않는다면 아무런 빛도 들지 않고 닫혀 있을 문장의 창문말이다.

사람을 치료하는 인문학

인간들은 오래도록 자신의 삶을 인문학이라는 그릇 안에 담아 왔다. 흐트러지고 여기저기로 새어 나가 소멸하기 쉬운 저 삶을, 정화수를 담고 있듯 소중히 보호하고 있는 인문학이라는 그릇은 도대체 우리에게 무엇인가?

인문학은 언제나 '위기'에 관한 '치유'의 학문이었다. 가령 어떤 위기가 있었는가? 서구에서 그것은 일단 '지식의 위기'로 출현한다. 17세기 유럽 학문을 양분하는 합리론과 경험론은 각각 지식을 '독단'과 '회의'의 늪으로 몰아넣었다. 이제 지식은 합리론자들과 더불어, 검증도 안 되며 그렇다고 논박도 안 되는 공허한 형이상학적 지식이 되었다. 또한 경험론자들과 더불어 지식은 정당화되지 않는 의심의 대상으로 전락하고 말았다. 이러한 지식의 위기 상황에서 칸트가 내세운 '비판'의 개념은 정확히 치유에 부합하는 것이었다. '비판'의 어원은 고대 그리스의 크리네인(κρίνειν)이라는 말로 거슬러 올라간다. 이 말의 명사형이 크리시스(κρίσις)인데, 이 말은 의학에서 질병에 대한 진단과 처방을 뜻하는 말이다. 이런 맥락에서 서양 지식의 위기 상황에서 출현한 칸트의 비판은 독단과 회의에 빠져 있는 이성을 치유하는 계획이었다고 특성지을 수 있다. 이성이 할 수 있는 것과 할 수 없는 것을 판가름함으로써 이성의 올바른 사용을 유도하고, 그리하여 지식의 위기가 초래한 회의주의와 물신숭배, 독단적 주장들에 빠져 있는 유럽인들의 삶을 치유하고자 하는 것이 칸트의 인문학이었다.

위기에 대한 치유로서 인문학이 가지는 전통은 20세기 초에 출현한 주요 서구 사상의 근본적인 특징을 이루기도 한다. 가령 위기는 1930년대 중반 독일 인문학계의 가장 커다란 쟁점이었다. 물론 이 위기는 당시의 경제적·정치적 위기와 관계 맺고 있으며, 학문적으로는 슈펭글러의 『서구의 몰락』과도 간접적으로 관계 맺고 있다. 이 위기는 하이데거가 1935년에 행한 강의를 정리한 『형이상학 입문』에서는 '현금의 허무주의라는 위기'로 표현된다. 또 후설의 『유럽학문의 위기와 초월적 현상학』은 상대주의에 노출된 유럽 학문(지식)의 위기를 기술하고 있다. 저 저술들은 이런 위기에 처한 인간의 삶을 치유하고자 하는 노력의 표현이었다. 지식은 늘 위기에 처해 왔으며 그에 대한 치유로서 인문학을 갈망해 왔던 것이다.

인문학이 위기에 대한 치유였다는 것은, 근본적인 의미에서 인문학은 자신을 병자를 돌보는 간병인으로 이해하고 있다는 것을 뜻한다. 사실 치유로서의 인문학이 있기 위해선 인간이 먼저 병들어 있어야 한다. 물론 이 말은 인문학의 일거리를 찾아 주기 위해 우리는 인간이 병들어 있기를 간구해야 한다는 어처구니없는 뜻은 아닐 것이다. 인간이 먼저 병들어 있어야 한다, 혹은 인간이 먼저 위기를 겪어야 한다는 말에는 어떤 의미가 있는가? 바로 인문학은 '임의적인 학문이 되지 않기 위한 자신의 필연적 출발점을 환자의 병에서 얻는다.'라는 것이다. 니체는 자신의 학문에 대해서 이렇게 말한다.

> 힘들게 위액을 토하게 하는 사흘 동안 지속되던 편두통의 고문에 시달리는 와중에 …… 사물에 대해 아주 냉정하게 숙고했다. 그보다 양호한 상태였더라면 나는 그렇게 숙고하지 못했을 것이고, 그럴 수 있을 만큼 충분히 예리하지도 '냉정'하지도 못했을 것이다.[3]

이 말이 뜻하는 바는 무엇인가? 인문학은 근본적으로 병에 대한 치유이기에, 인간의 병을 좌표로 전제하지 않고는 인문학은 그저 임의적인 것에 지나지 않는다는 뜻이 여기 들어 있다. 즉 인문학의 본성은 치료이며, 치료하는 인문학은 인문학의 한 분야가 아니라 인문학의 본질에 붙여져야 마땅한 이름이다.

오늘날 인간의 삶은 그 어느 때보다도 병들어 있다. 개인은 소외와 고독 속에 빠져 있고, 사회는 타자에 대한 환대의 장이 아니라, 철저히 이기적인 싸움의 장이 되어 있다. 우리의 삶은 이 모든 질병을 겪느라 기진맥진한 상태이다. 오락으로도 알코올과 니코틴으로도, 그 외에 각종 쾌락의 도구로도 이 삶의 질병은 다스려지

3
프리드리히 니체, 백승영 옮김, 「이 사람을 보라」, 『바그너의 경우, 우상의 황혼, 안티크리스트, 이 사람을 보라, 디오니소스 송가, 니체 대 바그너』(책세상, 2002), 332쪽.

지 않아 우리는 늘 고통 속에 신음한다.

어떤 점에서, 사람들이 우려해 온 '인문학의 위기' 역시 인문학이라는 의사만이 치유할 수 있는 현대인의 이런 질병에 대해 인문학이 별다른 처방을 해 주지 못하는 데서 발생한 것으로 볼 수 있다. 거꾸로 인문학의 위기 자체는 인간의 삶의 위기(질병)에 맞서서 인문학이 가져야만 하는 치료 능력을 회복할 때만 치유될 수 있을 것이다.

모든 학문은 그것을 수행하는 자의 마음, 정확히는 마음의 소질에 뿌리를 두고 있다. 가령 아리스토텔레스가 말하듯, 학문의 수행은 호기심이라는 인간 마음의 소질에 빚지고 있다. 칸트가 말하듯 형이상학이라는 학문은 신, 세계, 영혼에 대한 지식을 갈망하는 마음의 '소질'에 뿌리를 두고 있다. 치료하는 일을 하는 인문학의 경우는 어떤가? 이 학문은 그것을 수행하는 우리 마음의 어떤 소질에서 '필연적으로' 유래하는 것일 수밖에 없는가?

말했던 것처럼 인문학은 병자라는 좌표를 전제로 하고서만 자신의 그래프를 그려 나갈 수 있다. 니체는 말한다. 병자의 관점, 즉 "병자의 광학으로부터 좀 더 건강한 개념들과 가치들을 바라본다. …… 이것은 가장 오랫동안 나의 연습이었고, 진정한 경험이었다."[4] 인문학자의 시계(視界)는 병자를 통해서만 열릴 수 있다. 병자의 입장에 섰을 때만 치료하는 인문학이 가능하다는 것, 이는 무엇을 뜻할까? 바로 치료하는 인문학은 근본적으로 '윤리적인 성격'을 갖는다는 것이다. 병자라는 존재는 무엇을 통해서 발견되는가? 언제 한 사람은 병자로서 발견되는가? 바로 근심과 염려와 걱정이라는 관심 속에서만 누군가가 병자로

4
니체, 「이 사람을 보라」, 333쪽.

1부 사람을 치료하는 인문학

나에게 다가올 가능성은 생긴다. 즉 사람이 앓는 병이라는 것은 객관적이거나 중립적인 사태이기 이전에, 그 사람에 대해 내가 가지는 관심이 근심과 걱정일 때 비로소 나의 시계에 들어오는 현상이다. 이런 뜻에서 병자의 위치에 섰을 때 시작되는 치료하는 인문학의 가장 밑바탕에는 우리 심성의 '소질 중의 소질'로서 '인간에 대한 윤리적 관심'이 자리 잡고 있다. 이 소질이 치료하는 일을 하는 인문학에 학문으로서의 필연성을 부여해 주며, 또 이 학문에 가치를 부여해 준다.

인문학자들은 바로 인문학의 이름 아래 인간을 치료하는 이 일에 온 관심을 쏟아 왔다. 가령 들뢰즈는 문학과 관련하여 이렇게 말한다.

> 작가는 환자가 아닐 뿐만 아니라 오히려 의사, 아니 자기 자신과 세계를 치료하는 의사인 것이다. 세계는 병이 인간과 뒤섞이는 증상들의 총체이다. 따라서 문학은 건강 계획서처럼 보인다.[5]

온갖 가짜 지식과 그것을 유지하는 가짜 권위 때문에 병들어 있는 일상에 건강을 실어 나를 수 있는 길을 찾는 것, 그것이 치료하는 자로서의 인문학이다.

---

[5]
질 들뢰즈, 김현수 옮김, 『비평과 진단』(인간사랑, 2000), 20쪽.

사람을 치료하는 인문학

생각의 핵심, 충돌과 창조

철학함의 본질 또는 생각함의 본질에는 '충돌'과 '창조'라는 두 개념이 있다. 충돌과 창조가 이미 마련되어 있는 표상의 질서 속의 한 지점을 맥 빠진 채 가리켜 보이는 죽은 개념이 아니라 우리 사유가 아직 다 알지 못하는 과제라면, 그것에 접근하기 위해서는 이미 알려진 학설이 아니라 '낯선 말의 도움'이 필요하다.

게오르크 트라클은 제1차 세계대전 종군 중 육군 병원에서 죽었다. 사람들은 그가 전쟁의 극심한 고통 속에서 자살한 것이라고도 전한다. 트라클이 시를 통해 사유해 왔던 길을 돌아보건대, 그는 어떤 은신처 뒤에도 숨을 수 없는 삶을 살았다. 말은 변명을 통해 은신처를 만들어 낼 수도 있지만, 그는 숨을 수 있는 은신처를 불태우기 위해 말을 사용했다. 그렇게 시인은 죽었다.

하이데거가 몰입하기도 했고, 바디우에 의해선 시인의 시대 여덟 명의 시인 가운데 하나로 논의되기도 했던, 그러나 많은 작품을

남기지 못하고 너무 이르게 사그라든 이 정신은 야곱의 신화를 어
둡고도 아름답게 채색하며 이렇게 노래하기도 했다.

> 오! 인간의 한갓된 고뇌여.
> 천사와 함께 말없이 겨룬 자는
> 성스러운 고통에 사로잡혀,
> 조용히 신의 빵과 포도주를 향해 손을 뻗는다.[6]

그리스인들은 겨룰 때 말을, '로고스'를 사
용했다. 저 시구는 "말없이 겨룬 자", 로고스 없
이 겨루는 일에 대해서 노래하고 있다. 로고스
는 보편적인 것이기 때문에 거기 빠져드는 이들
은 익명의 공통적인 해안(海岸)에 도달한다. 로
고스는 대화를 통해 스스로를 표현한다. 타인에
게 들어 있는 로고스와 대화하든 자기 자신과 대화하든 로고스는
거울 속의 로고스를 만나듯 자기 자신의 보편적 확장을 확인한다.
그러므로 대화 속에서 이루어지는 이 자기 확인에는 아무런 낯선
것과의 마주침도 없으며, 따라서 그것은 충돌이 아니다.

그러나 국경을, 그러므로 법을 넘어 찾아오는 이방인들처럼 로
고스를 공통의 지반으로 삼지 않고서 도래하는 이들이 있다. 철학
의 중요한 국면들이 그것을 증언하는데, 대화가 아닌 환대의 상대
로서 외국인(데리다)이 그렇고, 타자의 도래(레비나스)가 그러하며,
소수 인종이나 기호의 출현(들뢰즈) 역시 마찬가지이고, 잔여(아감
벤)나 풍크툼(바르트)도 그렇다.

6
게오르크 트라클, 「어느 겨울
저녁」(초고), 마르틴 하이데거,
신상희 옮김, 「언어」, 『언어로
의 도상에서』(나남, 2012), 26
쪽에서 재인용.

생각의 핵심, 충돌과 창조

이러한 도래는 말(로고스)에 매개되는 것이 아니다. 그것은 '말이 개입하지 못하는 겨룸'처럼 주체에게 찾아온다. 조우하는 양자를 매개해 줄 '말'이 없다면, 양자의 만남은 그야말로 '충돌'이 아닌가? 말은 거래 내지 계산을 한다. 한편이 참이면 다른 쪽은 거짓이며, 그 반대도 가능하다. 서로 참과 거짓을 나누어 가진다. 장래의 참과 거짓을 담보로 동등성을 함께 소유하기도 한다. 그리고 거래는 조건을 가진다. 조건을 최소한으로 줄이더라도, 조건이 완전히 무화되는 것은 아니다. 왜냐하면 로고스는 로고스 그 자신만은 양도하지 못할 최후의 조건으로 남기기 때문이다. 그러나 바로 그 이유 때문에 두 개 이상의 항의 만남은 로고스라는 문턱을 통과할 것을 그 만남의 자격 조건으로 한다. 그 로고스의 문턱이 현실화할 때 그것은 합리적 법이 될 것이며, 말에 매개되지 않는 자들의 도래, 가령 난민들의 도래 같은 것은 그 법 때문에 무한히 연기되기도 할 것이다. 또는 법은 그 도래에 대해 늘 늦장을 부릴 것이다. 도처에서 로고스라는 장벽이 근본적인 도래를 심사하고 매개하려고 한다.

그러나 트라클이 말하고 있는 "말없이 겨룬 자"는 '충돌'을 체험한다. 말, 로고스의 매개가 없기에 충돌이 불가피한 것이라면, 충돌은 로고스조차 전제하지 않는 것, 바로 무전제에서 출발하는 철학 그 자체의 불가결한 귀결일 것이다. 철학의 무전제성은 그 학문이 충돌의 모습으로 나타날 것을, 또는 세상이 충돌하는 국면에 밀착할 것을 요구한다.

그런데 충돌은 도대체 무엇을 낳는 것일까? 그것은 완충적인 기능을 하는 매개자가 없는 조우의 방식이므로 크나큰 상처만을 결과로 가지는 재난에 지나지 않는가? 칸트는 『판단력 비판』에서 '숭고'에 대해 이야기하며 이 충돌의 국면을 분석한 바 있다. 자연 안의 기형과 무형은 그것을 담아낼 수 있는 우리 감성의 한계 때문에 늘 우리의 수용력 밖으로 넘쳐 나며, 그런 의미에서 충돌의 방식으로만 우리와 조우한다. 그 결과는 무엇인가? 바로 주어진 것 이상을, 초과하는 것을 생각할 가능성을 사유가 얻게 되는 것이다. 그것은 주어진 것 이상의 출현이라는 점에서 '계산'의 관점에서 접근할 수 없는 사태이다. 그리고 무엇보다 그것은 주어진 것을 초과하는 것이 사유 안에서 생기는 사건이라는 점에서 '창조'로 일컬어져야만 하는 것이다. 충돌 속에서 주어진 것을 초과하는 것의 창조란 레비나스가 기술하는 사유 속에서도 일어나는 일이며, 기호와의 마주침 속에서 비자발적인 기억이 한 번도 체험해 보지 못한 순수 과거를 창조하는 일은 들뢰즈의 사유 모델 속에서도 발견된다.

요컨대 근현대 철학의 저 중요한 국면들이 기록하듯 충돌을 체험하는 사유는 창조의 열매를 얻는다. "창조자가 되지 않을 수 없는 자는 끊임없이 파괴를 하게 마련이다."[7]라는, 창조와 충돌의 필연적 얽힘을 이야기하는 니체의 말 역시 바로 이런 맥락에서 이해된다. 트라클은 저 시구의 마지막 행을 통해 "말없이 겨룬 자", 로고스 없이 충돌을 체험한 자가 도달한 궁극적인 지점을 노래하고 있다.

7
프리드리히 니체, 정동호 옮김, 『차라투스트라는 이렇게 말했다』(책세상, 2000), 99쪽.

조용히 신의 빵과 포도주를 향해 손을 뻗는다.

충돌은 각종 계산적 사유가 지배하는 세상 안에 들어설 수 없

생각의 핵심, 충돌과 창조

는 것을 기적같이 안겨 준다. 신의 빵과 포도주. 창조의 기적이 없다면, 양과 질을 재는 단위에 맡겨지는 사소한 물자에 불과했을 빵과 포도주는 그 음식물을 초과하는 것, 신의 영역을 지상에 열어 주는 것이다.

그런데 사유가 합리적 계산의 항들 속에 머문 채 기계적인 연산의 법칙 안으로 용해되어 버리지 않고, 그에 저항하며 낯선 것으로 남음으로써 수많은 충돌을 경험하는 것, 그리고 그 결과 창조의 한 표현이라 해도 좋을 비약(飛躍)을 손에 넣고서 새로운 사유의 국면을 여는 것은 철학사 자체의 초상화가 아닌가? 또한 그것은 철학적 사유를 연습해 보는 실천으로서 철학 공부의 핵심에 놓여 있는 것이기도 하지 않은가?

그럼에도 사유의 이런 운명에 속하는 충돌과 창조를 우리가 오늘날 불편한 것으로 경험한다면, 바로 저 '고통' 때문이리라. "말 없이 겨룬 자"가 피할 수 없는 일이 있다. 트라클은 쓰고 있다.

성스러운 고통에 사로잡혀

사유의 모험은 "고통"에 사로잡힌다. 그러므로 사유의 모험은 결국 고통 앞에서 '용기'의 문제가 된다. 칸트가 사유의 미성숙을 지적했을 때 그가 고발했던 것은 지성의 결핍이 아니라 용기의 결핍이었다는 것은 매우 중요하다. 우리가 도처에서 목격하는 것처럼, 용기의 결핍은 뛰어난 지성도 '클리셰'의 신자로 만들며 두려워하는 다람쥐처럼 생을 마감하게 한다. 충돌에 노출되기 위해 사유는 영리함이 필요하지 않다. 그것은 로고스의 한 표현인 '변명' 뒤에, 은신처 뒤에 숨지 않는 용기가 필요하다.(이런 점에서, 법정에 끌려 나온 '소크라테스의 변명'의 위대함이란, 저 변명이라는 은신처를 가장 영광스럽게 불태우기 위한 최후의 불쏘시개로 변명 그 자체를 사용하고 소멸시켜 버렸다는 데 있는 것이 아닐까? 우리가 처음에 이야기했던, 자신의 은신처를 태워 버린 트라클의 시어는, 바로 이런 종류의 변명을 자신의 먼 뿌리처럼 간직하고 있을 것이다.)

트라클은 "고뇌"라는 말로 저 말없이 겨루는 이의 신화를 이야기하기 시작했다. 싸우는 자에게 필요한 덕인 저 용기에 대해 생각할 때, 우리는 우리가 모두 체험하는 사유함이 지닌 어려움의 무게를 느낀다.

오! 인간의 한갓된 고뇌여.

고뇌. 사유함을 경험하고 실천하고 있는 우리에게, 인간에게 붙이기 위한 저 시어의 선택이란, 돌멩이가 물속으로 가라앉는 속도의 자연스러움만큼 필연적이고 어쩔 수 없어 보인다.

생각의 핵심, 충돌과 창조

외국인처럼 더듬거리며 말하는 소크라테스

우리가 잘 아는 유명한 장면이 올바른 것을 찾는 일의 기원에 있다. 나이 일흔에 소크라테스는 생애 처음이자 마지막으로 법정에 선다. 법정에서 그의 항변을 플라톤이 『소크라테스의 변명』에 기록했다.

저는 나이가 벌써 칠십인데 법정에 출두해 보기는 오늘이 처음입니다. 여기서 쓰이는 말은 저에게는 외국말 같습니다. 그런데 만일 제가 외국 사람이라면, 제가 자랄 때에 배운 말로 이야기하고 그 말투로 이야기한다 해도, 여러분은 사정을 아시고 저를 용서해 주실 것입니다. 지금 저는 바로 이와 같은 것을 부탁드리려 하는데 이것은 부당한 일은 아니라고 생각합니다. 아마 제 말버릇은 좋지 못할지도 모르고, 혹은 괜찮을지도 모르겠습니다만, 그런 것은 문제 삼지 마시고, 오직 한 가지 일, 즉 제가 말하는

것이 옳은지 옳지 않은지 하는 것만을 주의하여 생각해 주시기 바랍니다.[8]

글을 읽고 쓰는 일을 할 때 늘 이 구절은 마음 한구석에서 나를 성가시게 한다. 짧은 길이가 무색하게도 이 글은 놀랄 만큼 많은, 삶의 중요한 국면을 건드리고 있기 때문이다. 바로 올바름과 글쓰기와 인간 공동체의 문제 말이다. 이 세 가지는 어떤 글을 읽건 어떤 글을 쓰건 어떤 궁리를 하건, 모든 사람이 벗어날 수 없는 화두 아닐까? 소크라테스가 저 말을 하게 된 상황, 바로 올바른 것을 찾는 자가 범죄자로 기소되어 법정에 서게 된 상황 자체부터 이미 글과 관련된 중요한 두 영역, 철학과 예술에 던져진 인간이 감내해야 하는 운명에 대해 말해 주고 있다. 바로 '법'과의 충돌 말이다.

8
플라톤, 최명관 옮김, 「소크라테스의 변명」, 『플라톤의 대화』(종로서적, 1981), 17d, 40쪽.

철학과 문학을 이리 떼처럼 추격하는 가장 강력한 힘 가운데 하나가 법이다. 제임스 조이스, D. H. 로런스 등등 우리는 법의 무서운 공격을 받은 문학에 대해 잘 알고 있다. 법의 공격은 한 작가에게는 수난이지만, 보다 중요하게는 문학이 인간에게 가져오는 자유에 대한 증언이다. 또한 철학자들은 그들이 진리에 접근했기에 법 앞에 목숨을 내놓아야 했다. 독약과 수많은 화형, 그리고 스피노자가 받았던 것 같은 죽음 못지않은 모욕. 도대체 철학과 예술을 몰아내고서 법이 보호하고 있는 우리 삶이란 무엇인가? 과연 그것은 살 만한 것인가?

또한 소크라테스의 저 구절 속에는 진리 찾기와 예절 사이의 긴장이 간직되어 있다. 그는 자기 말버릇 또는 말하는 투, 말하는 방식에 신경 쓰지 말고 자신이 옳게 말하는지 그르게 말하는지에만 집중해 달라고 한다. 말하는 방식에서 보이는 매끄럽게 다듬어진 습관, 매너, 예절 등은 진리를 담보하지 않기 때문이다. 세련된 매너와 예절이 사회적 신분을 표현하고 또 한 사회의 질서를 지탱할지라도, 그리고 우리를 편안하게 해 주는 것일지라도 그것은 참된 것과는 별 관계가 없다는 것이다.

그런데 말버릇의 좋고 나쁨과 옳고 그른 것을 별개의 차원으로 구분하는 소크라테스는 그 이상의 것을 염두에 두고 있는 것 같다. 우리에겐 아름답게 말을 꾸미고 싶어 하는 욕구가 있다. 이 욕구에 너무 몰입한 나머지 우리는 말을 수사적으로 꾸미는 일과 글을 잘 쓰는 일을 혼동하여 인식의 부족을 수사로 메우는 글에 열광하기도 한다. 소크라테스는 수사를 비롯한 말버릇과 옳은 말을 하는 일을 별개의 차원으로 구별함으로써 바로 좋은 글의 전범이 무엇이어야 하는지에 관해 암시하고 있는 것이다.

이렇게 저 구절은, 올바른 것은 때로 법의 사슬마저 풀어 버려야 도달할 수 있는 것이며, 말을 아름답게 하는 일과 별개의 차원에 놓여 있음을 보여 준다.

그리고 가장 중요한 것이 남아 있다. 바로 저 구절은 올바른 일을 외국인, 이국에서 찾아온 가난한 이웃에 대한 '환대'의 문제와 비끄러매 놓고 있다는 점이다. 말버릇의 세련됨과 동떨어져 외국 사람처럼 더듬으며 이야기하더라도 용서해 달라는 것, 외국인이 지닌 온갖 종류의 제약을 가지고 출현하더라도 이방인을 '올바르게' 취급해 달라는 것을 공동체에 호소하고 있다.

결국 저 구절은 '올바름의 위치'에 대해서 우리에게 묻도록 하는 것이 아닌가? 올바름이란 법 안에 있지도 않고, 세련된 예법이나 아름다운 수사의 기교 속에도 있지 않다. 올바름을 찾는 일의 고통이 알려 주듯 '그것은 장소가 없다.' 그렇기에 올바름이란 삶의 파괴자이다. 그것이 도둑이 숨어들 듯 우리의 잘 정리된 삶을 파괴하며 찾아와 우리를 깜짝 놀라게 하지 않는다면, 삶은 그저 졸음에 불과하지 않겠는가?

외국인처럼 더듬거리며 말하는 소크라테스

내가 읽은 스피노자

　　나는 철학이라는 세계에 발을 들여놓은 이후 늘 스피노자를 감탄과 놀라움의 감정 속에 읽어 왔다. 도저히 한 사람이 겪고 지나간 것이라고 믿기 어려운 그의 생애 역시 위대한 도전으로서 늘 마음을 먹먹하게 한다.

　　진리 대신 비합리적 권위가 지배하는 공동체로부터의 추방, 별다른 소유물이 없는 검소한 삶, 이성적 질서의 유지, 평정한 마음 등으로 짜인 스피노자의 한평생은 경탄과 존경의 대상이지만, 감히 누군가에게 본받으라고 권유할 수 없을 정도로 대단한 노력이 필요한 하나의 '작품'이다. '한 인생'이라는 이 작품은, 보수적인 정치 세력과 종교가 온갖 억압적인 미신적 협박으로 사람들의 영혼을 갉아먹는 데 맞서서, 진리를 합리적 정신 아래 보호하는 데 온전히 바쳐지고 있다. 이런 인생이 신화나 전설이 아니라 정말 실존했던 한 사람의 것이었다는 데 생각이 미치면 아찔한 낭떠러지를 바라보는 듯한 감정에 사로잡힌다.

스피노자가 태어난 17세기의 네덜란드는 호전적이며 보수적인 왕정의 옹호자들과 그 왕정과 결탁하는 미신적이고 권위적인 종교인들, 그리고 이에 맞서는 근대적 합리성의 정신들과 공화주의자들의 싸움터였다. 이 싸움이라는 표현은 그저 의회 같은 곳에서 일어나는 정치적 말싸움을 가리키는 은유 정도에 그치는 것이 아니다. 왕정과 종교적 권위의 옹호자들은 공화정을 이끌던 재상 요한 드 비트와 그의 형제를 길거리에서 학살하고 그 시체를 발가벗겨 갈기갈기 찢었다. 도둑 떼나 쿠데타를 일으킨 군인들이 아니라 매일매일 예배를 올리는 일반 시민들이 그렇게 한 것이다. 그들의 마음속에 도대체 무엇이 들어서 있었던가? "극악무도한 야만!(Ultimi barbarorum!)"

이 싸움터에서 스피노자는 분노하지도 비탄에 빠지지도 않으면서, 기하학자가 도형을 바라보듯 사람들의 왜곡된 심성을 합리적으로 연구하려고 했다. 사람들은 왜 근거 없는 정치적·종교적 권위에 자발적으로 복종하는 것일까? 왜 사람들은 마치 자신들의 구원을 위한 것인 양 자신들의 예속을 위해 싸우고, 군주나 성직자 한 사람의 허영을 위해 피와 목숨을 바치는 것을 수치가 아니라 최고의 영예라 믿는 것일까? 인류의 가슴 속에 이런 '죽은 마음'이 도사리고 있기에 바로 권위의 우두머리인 왕들과 성직자들이 인간을 손쉽게 부릴 수 있는 것이 아닐까? 인류의 이 깊은 병을 어떻게 치료할 수 있을까?

스피노자는 자연 안에 있는 합리적 인과 법칙을 인식하지 못한 채, 그것을 신의 겁벌 같은 강제적이고 억압적인 명령으로 오해하고 무서워하는 인간의 몽매한 '상상'이 인간 스스로를 옭아매는 정신의 감옥을 만든다는 것을 발견했다. 인간이 몽매한 이상 그는 합리적 법칙 대신에 미신적인 견해에 귀 기울이며 공포 속에서 그에 굴종한다. 그리고 정치가들은 이 공포를 이용해 사람들을 자기 아래 복종시킨다.

스피노자는 정치가들과 종교인들이 겁주기 위해 이용하는 이 미신의 정체를 밝혀내고, 이 미신의 배후에서 우리에게 자연의 합리적인 원리를 이해할 것을 권유한다. 이것은 가짜 마법사를 과학의 힘으로 내쫓는 퇴마술과도 같은 것이며, 잘못 보는 우리 눈의 시력을 교정하기 위해 렌즈를 깎는 작업과도 같은 것이다.

스피노자의 책들을 통해 전해지는 이 시력 교정 프로그램은 한낱 지나간 역사의 한 페이지가 아니라 오늘날을 사는 우리에게도 절실하다. 당신의 삶을 돌아보라. 세상사에 도전하기 어렵게 만드는 얼마나 많은 허황된 겁주기, 근거 없는 권위들, 늘 잘못을 추궁하며 마음을 감옥으로 만드는 죄의식이 우리를 사로잡고 있는가? 마음을 갉아먹는 두려움 속에서 혼자 괴로워하기를 그치고, 분노 속에서 한탄하고 저주하기를 그치고, 당신이 당신 내면에서 스스로를 죽이는 깊은 병의 '원인'과 '결과'를 찬찬히 관찰하고 치료하려고 할 때 이미 당신은 스피노자주의자이다. '눈물 흘리지 마라. 화내지 마라. 이해하라.'

스피노자의 책들은 그의 평정심을 반영하는 것처럼, 또는 기하학적 도형을 지나가는 엄밀한 선들처럼 감정 없는 문체로 쓰여 있다. 특별한 감정 없는 그 평온한 문체를 우리는 오늘날 남아 있는 그의 초상화 속에서도 발견한다. 정치와 종교의 뿌리를 흔들리게 하는 저 놀라운 책들을 쓴 젊은이는 초상화 속에서 아무것도 내세우지 않은 채 자연의 질서에 순응하듯 고요한 마음을 얼굴에 담고 있다. 그러나 저 평온함 속에서 들끓는 불길을 보아야 한다. 그 불길은 바로 스피노자가 한번 체험하고 지나간 우리 자신의 삶이고 고통이다.

책을 사용하는 네 가지 방법

책을 사용하는 방법은 몇 가지나 있을까?

첫째는 폴 오스터의 『달의 궁전』에 소개된다. 가난뱅이 주인
공은 삼촌으로부터 갑자기 1000권의 장서를 선물 받는다. 원하지
도 않은 이 쓸모없는 선물을 그는 기상천외한 방법으로 실용화한
다. 책 상자를 쌓아 침대와 식탁을 만드는 것이다. 19세기 미국 문
학 위에서 잠을 자고, 르네상스 미술 위에서 식사를 한다. 어이없다
고? 그런데 이런 식으로 책을 사용하는 사람들은 우리 주변엔 지
천이다. 대학원생들은 석사 논문을 커피 옮기는 쟁반으로 쓰며, 아
저씨들은 서너 권을 모아 목침 삼아 베고 낮잠을 즐긴다.

둘째는 레베르테의 『뒤마클럽』에 나오는 '우상숭배'이다. '파르
가스'는 희귀 도서 수집가이다. 무두질된 소가죽에 인쇄한 세르반
테스의 출생 기록부까지 수집한 이 인물은 희귀한 고서를 발견하
면 기뻐서 다리가 후들거린다. 이와 비슷한 사람들로, 책에 가죽

포장을 입히고, 변두리 서점까지 돌며 '초판본'을 수집하는 '물신숭배자들'이 있다. 이들의 특징은 책을 신줏단지처럼 떠받들되, 잘 읽지는 않는다는 점이다.

셋째는 사르트르의 『구토』에서 독학자가 보여 준 방법으로, 도서관 분류법에 따라 A부터 Z까지 순서대로 책을 읽는 것이다. 예컨대 '정원(garden) 가꾸기' 책을 보다가 '신(god) 존재 증명'에 대한 철학서로, '건담(Gundam) 만화' 시리즈로, 알파벳 순서가 이끄는 대로 독서는 이리 뛰고 저리 뛴다. 모든 종류의 안일하고 진부한 체계에 맞추어 독서를 하려는 사람들이 여기 해당하지 않을까? 가령 관념론의 네 철학자, 구조주의의 네 거장 등등 판에 박힌 교과서적 분류법에 사고(思考)를 고정하고 책을 읽는 사람들이 여기 속할 것 같다.

이 세 가지 실망스러운 책 주인 외에 또 누가 있을까? 내가 제일 좋아하는 독서가는 카뮈의 『전락』에 나오는 '클레망소'이다. 그는 반쯤 읽다 던져 버린 책들로 가득 찬 서가를 가지고 있다. 왜 어떤 책도 끝맺지 못했을까? 어느 책이건 그의 위대한 고민에 대해 변변찮은 어눌한 조언을 하고 말 땐 중도에 가차 없이 던져 버렸기 때문이다. 책을 우상숭배 하지도 않고, 책의 가르침을 수동적으로 따라간 것도 아니며, 책에 자신의 고민을 함께 풀어 볼 것을 제안하면서 책과 대결한 것이다. 그의 독서법은 말하리라. 고민 없이 책을 읽지 마라. 책을 자신의 고민을 같이 풀어 갈 스승으로 받들라. 그러나 그 책이 쉽게 쓰인 안일한 말로 속임수를 쓸 때는 가차 없이 내던지라. 책은 오직 '나의 성장'을 위해서만 존재 가치가 있는 것이니까.

고전 읽기는 어떻게 시작되나?

사람들은 흔히 고전에 대해 의무감을 가진다. '저건 언젠가 꼭 읽어야 하는 책인데 말이야.' 이런 의무감은 대를 물려 상속된다. 중고생 자녀들에게 고전문학 전집 등을 사 주는 행위를 통해서 말이다. '나는 못 읽었지만 너는 꼭 읽어야지.'

그런데 왜 자녀들에게 세계문학 전집 같은 고전을 사 주는가? 입시에 쫓겨 다른 것은 할 틈도 없는 아이들에게, 그것도 거금을 들여서 말이다. 아마도 막연한 믿음, 그리고 투자로부터 직접적으로 얻어지는 구체적인 이익에 대한 기대 때문이리라. 막연한 믿음이란 '그냥 고전은 좋다더라.' 하는 것. 구체적 이익에 대한 기대란 논술 등등 입시에 도움이 된다는 것.

그렇게 해서 배달돼 온 고전 가운데 한 권을 빼 든다. '이걸 읽으면 훌륭한 사람이 된다는 거지? 또 교양이 척척 쌓이고 글쓰기 솜씨가 늘어난다는 거지?'

그런데 언제 그렇게 되는 걸까? 조바심이 나고 성과는 답답하게 보이지 않는다. 결국 책들은 망자의 유골처럼 책장의 납골당에 평화롭게 모셔져 있다가 애물단지 이삿짐이 된다.

도대체 잘 계획된 이 교육과정의 어디가 잘못된 걸까? 어쩌면 우리는 고전으로부터 기대할 수 없는 것을 책을 펴 들고 찾고 있던 것이 아닐까? 한 사회의 질서와 위계와 가치관이 허용하는 각종 시험에서 좋은 답안을 써낼 수 있는 인간을 위한 힌트 같은 것 말이다. 그러나 고전의 반열에 오른 작품들은 학부모나 수험생 또는 기존의 질서가 용인하는 인간을 위해 쓰인 삶의 지침서 내지 참고서가 아니다.

오히려 고전은 우리를 지탱해 주는 질서나 도덕 너머에서 쾌락을 주며 유혹하지 않는가? 한 예로 고전 중의 고전인 호메로스의 『일리아스』가 있다. 나는 가끔 『일리아스』의 역사적 중요성을 전혀 모르고 호메로스라는 인물이 누군지도 모르는 어떤 이가 심심풀이로 이 책을 빼 들고 읽는 장면을 즐겁게 상상한다.

밤새워 독서를 끝낸 이는 다음 날 친구를 만나 눈을 비비며 이렇게 말하리라.

> 우와, 이렇게 아드레날린이 막 흘러나오게 만드는 자극적인 책은 처음이야. 너 「진·삼국무쌍」이라는 게임 해 봤지? 삼국지 주인공이 돼서 수십 명의 적을 한꺼번에 베는 호쾌한 타격감이 일품인 게임. 이 책 그거 이상이야! 이런 구절 봐. "창으로 그의 젖꼭지 위 가슴을 치차 청동이 허파에 꽂혔다."[9] "창끝이 곧장 방광

9
호메로스, 천병희 옮김, 『일리아스』(숲, 2007), 128쪽.

을 지나 치골 밑을 뚫고 나왔다.",[10] "가까이 다가가 날카로운 창으로 머리의 힘줄을 치차, 청동이 이빨 사이를 뚫고 나가며 혀뿌리를 잘랐다.",[11] "횡격막 밑 간을 맞혀 그 자리에서 그의 무릎을 풀었다.",[12] "청동이 그의 내장을 쏟자 그는 먼지 속에 쓰러지며 손바닥으로 땅을 움켜쥐었다.",[13] "창으로 그의 샅과 배꼽 사이를 맞히니, 그곳의 부상은 가련한 인간들에게 가장 고통스런 파멸을 가져다준다.",[14] "아직도 그의 눈에는 강한 창이 꽂혀 있었다. …… 청동이 찢고 들어가 그의 내장을 쏟아 내자 혼백은 재빨리 찔린 상처를 통해 빠져나갔고 그의 두 눈은 어둠이 덮었다.",[15] "청동 창이 입 밑을 뚫고 골 밑으로 나오며 흰 뼈를 박살 내자 이빨들이 튕겨 나오고 그의 두 눈에는 피가 가득 고였다."[16] 대단한 도살자들이군! 대부분 이런 식으로 죽는데, 요즘 검열에는 다 잘렸을 거야. 이 작가, 작정하고서 19금 감각을 찌릿찌릿하게 건드리며 독자들을 끌어모으는 중이라고.

이상하게 들릴지 모르겠지만, 건전한 교훈 같은 것이 아니라 이런 순수한 자극이 우리의 혀를 달게 한다. 고전의 문은 독서의 의무를 통해서가 아니라 먼저 즐거움과 호기심의 만족을 통해서 우리에게 열리고 있는 것이다. 물론 그 '즐거움'은 여러 가지 다양한 스펙트럼을 가지겠지만.

그런데 내가 상상해 본 저 독자는 그저 호

10

호메로스, 『일리아스』, 131쪽.

11

호메로스, 『일리아스』, 132쪽.

12

호메로스, 『일리아스』, 310쪽.

13

호메로스, 『일리아스』, 363쪽.

14

호메로스, 『일리아스』, 365쪽.

15

호메로스, 『일리아스』, 397쪽.

16

호메로스, 『일리아스』, 443쪽.

메로스가 전달하는 고대 그리스인의 잔악한 살육 취향에 멈추지는 않을 것 같다. 호메로스의 생생한 시구를 통해 일리오스의 전장으로 인도된 그는, 가령 책의 막바지에서 이런 시구를 만나지 않을까? "신들은 비참한 인간들의 운명을 정해 놓으셨소. 괴로워하면서 살아가도록 말이오."[17] 저 괴로운 인간의 운명 때문에 전장의 저 호화롭고도 비참한 살육이 있고, 분노와 용서가 있다. 처세나 도덕률이나 이익과 손실 관계를 넘어서 있는 것, 그러므로 인간 마음의 '계산'을 넘어서 있는 운명에 대해서 이 책은 가르치고 있는 것이다. 세속의 교양이나 사회적 질서 바깥에 있으나 분명히 인간의 한 발이 디디고 서 있는 우주의 영역에 대해 이 고전은 가르치고 있는 것이다.

17
호메로스, 『일리아스』, 672쪽.

고전은 이런 것이 아닐까? 고전인 줄 모르고 호기심을 간질여 주는 책의 재미에서 출발해 어느덧 인간의 운명과 만나게 되는 것. 이것은 의무적으로 읽어야 하는 교양이 아니라, 시간을 낭비하면서라도 읽지 않고는 못 배기는 세계이다.

소설 속의 철학자는 어떤 모험에 뛰어드나?

철학과 문학은 인류의 가장 오래된 사유 방식이자 삶의 방식이고, 또 가장 놀라운 창조물이기도 하다. 철학과 문학은 서로 무관심하기도 했고 서로를 혐오하기도 했으나, 또 강하게 상대방에 관심을 가지고 서로 화학반응과도 같은 조우를 하며 창조적인 생산물을 얻어 내기도 했다.

문학은 개념이나 논리보다는 감성에 끼치는 낯설고 생경한 자극을 포착해 낸다. 철학은 개념과 논리를 통해서 세상을 이해한다.

이렇게 서로 길이 다름에도, 양자가 한자리에 모이는 경우가 종종 있다. 바로 철학자들이 등장하는 소설도 그런 경우 가운데 하나이다. 아리스토텔레스나 스피노자나 칸트 같은 철학자들이 살아 숨 쉬는 주인공으로 등장해 모험에 뛰어드는 일은 얼마나 매력적인가!

철학자들이 소설의 주인공으로 등장할 때는 바로 그들이 '철학자'라는 점이 부각되며, 그런 까닭에 우리는 그 소설로부터 철학자란 어떤 사람들이고 철학이란 무엇인지에 대한 이해를 얻을 수 있다. 그러니까 철학자들이 등장하는 소설은 은연중 우리를 철학의 본성에 대한 이해로 이끌고 있는 것이다.

우리말로 번역되어 소개된 작품 가운데도 철학자가 등장하는 소설은 많다. 아리스토텔레스가 탐정을 돕는 조연으로 출연하는 마거릿 두디의 『탐정 아리스토텔레스』, 칸트의 유명한 작품인 『순수이성비판』의 출판을 둘러싸고 벌어지는 음모를 그린 볼프람 플라이쉬하우어의 『세상을 삼킨 책』, 스피노자의 『지성 개선론』을 뼈대 삼아 사건이 진행되는 레온 드 빈터의 『호프만의 허기』 등이 그것이다. 물론 이 작품들은 모두 허구적 이야기들을 담고 있지 철학자의 전기를 담고 있는 것은 아니다. 그러나 나날의 일상 속에 진리가 들어 있지 않은 것처럼 전기적 사실이 그 철학자에 관한 진실을 늘 담고 있는 것은 아니다. 오히려 예술로서의 허구가 인물의 진실성을 보다 잘 보여 주기도 한다.

이 소설들은 철학에 대해 무엇을 말해 주고 있을까? 한 예로 칸트의 이야기가 담긴 페이지들을 잠깐 펼쳐 보고 싶다. 추리소설인 『세상을 삼킨 책』은 칸트가 철학 교수로 활동하던 18세기 독일을 배경으로 하고 있다. 그 당시 독일은 아직도 미신과 비합리적인 종교적 권위가 사람들을 지배하던 시절이었다. 이때 칸트는 합리적 사고의 정수를 담은 작품 『순수이성비판』의 원고를 끝마치고 출판을 앞두고 있었다. 그런데 알 수 없는 비밀단체가 이 원고를 빼앗아 불태워 버리려 한다. 바로 사람들 각자가 스스로의 이성을 가지고 생각하는 일을 할 수 있게 되는 세상을 무서워하는, 권위와 미신의 수호자들이 이 책에 담긴 계몽사상을 두려워하는 것이다.

소설의 주인공 니콜라이는 『순수이성비판』의 원고를 없애려는 비밀단체의 음모에 대해서 이렇게 비판하고 있다.

> 니콜라이는 일어서서 이리저리 움직였다. 그의 내부에 있는 모든 것들이 남아 있는 인류를 위해서 어떤 생각이나 사상들은 세상에 공개되어도 좋고 어떤 것들은 안 되는지를 결정할 수 있다고 여기는 이 종교적인 광신자들의 자만심에 반항하고 있었다. 이것은 이미 사제 계급이 몇몇 세습 왕들이나 영주들과 함께 무엇이 인간에게 걸맞고 무엇이 걸맞지 않은지를 결정했던 독재와 전제정치의 기원이 아니던가? 생각과 사상은 더 나은, 더 정의로운 세상으로의 인간의 발전을 의미하는 진보의 원동력이 아니었던가? 여기에서 그 누구에게 검열관을 할 자격이 있단 말인가?[18]

18
볼프람 플라이쉬하우어, 신혜원 옮김, 『세상을 삼킨 책』(랜덤하우스코리아, 2008), 497쪽.

이 구절은 왕, 영주, 종교적 광신자들의 검열을 통해 세상에 합리적 사상이 전해지는 것이 봉쇄된 당대 유럽의 비극을 비판하고 있다. 동시에 철학의 사명 역시 말하고 있는 것이다. 철학의 사명이란 '사유 그 자체' 외에 어떤 권위도, 검열관도 인정하지 않는 것이다. 그리고 이것은 단지 학문으로서의 철학 안에 머무르고 있는 사명이 아니라, 우리 삶의 곳곳에 하나의 유산으로 상속된 철학의 모습이기도 하다. '오로지 자신의 사유의 논리적 합당함에만 충실하라. 그 외에 우상과 전제정치 등에 의존한 어떤 권위에도 복종하지 말라.'라는 가르침 말이다. 이 가르침이 오늘날 민주

1부 사람을 치료하는 인문학

주의를 비롯한 우리 삶의 요람을 지켜 주고 있으며, 무지몽매한 광신과 사고의 비약과 상상력에 입각한 나약한 감정들에 대항해 싸울 힘을 우리에게 준다.

소설 속의 철학자는 어떤 모험에 뛰어드나?

「진주 귀걸이 소녀」와 스피노자

학문의 벽을 넘어서는 즐거움

어떤 이들은 아직도 학문 간의 경계를 넘나드는 것을 마치 남의 담장을 넘는 밤손님의 작업처럼 경계한다. 그러나 다른 한편에서는 서로 다른 학문들끼리 만나 일으키는 놀라운 화학작용을 관찰한다.

진주 귀걸이 소녀와 스피노자는 만난 적이 있을까? 북구의 모나리자라고 불리는 「진주 귀걸이 소녀」는 네덜란드 화가 베르메르의 신비한 명작이다. 스피노자는 베르메르가 「진주 귀걸이 소녀」를 그리고 있을 무렵 철학의 역사상 가장 위대한 책들을 쓰고 있었다. 17세기 네덜란드 최고의 황금기가 배출한 이 두 대표적인 화가와 철학자는 모두 1632년생으로 동갑이었던 것이다. 그리고 스피노자가 베르메르보다 1년 몇 개월 정도 더 살고 세상을 떠났으니 이 둘은 꽉 채워 같은 시대를 살았던 셈이다.

스피노자와 같은 시대의 위대한 인물들이 서로 만나는 장면을 상상하는 것은 매력적인 일이다. 17세기 회화에서 최고 걸작들을 남긴 렘브란트 역시 스피노자가 소년이었을 때 그와 같은 도시에 살며 화가로서 원숙한 시기에 접어들고 있었다. 스피노자가 다니던 탈무드 학교의 랍비는 렘브란트가 유대인의 초상을 그릴 때 심심찮게 모델이 되었고, 스피노자는 이 랍비를 통해 렘브란트를 알게 되었을 수도 있다는 가설이 스피노자 전기 작가들의 군침을 돌게 한다. 물론 애석하게도 가설은 가설일 뿐이다.

스피노자와 동시대의 화가들은 어떤 관계였을까? 브람스와 브루크너처럼 같은 분야에서 광채를 발하면서도 서로 먼 별처럼 지내는 사이였을까? 그러나 스피노자 같은 철학자와 베르메르 같은 매력적인 화가를 각자의 고립 속에 놓아두는 일을 우리는 참지 못한다. 스피노자와 화가들은 서로 아무런 관계도 가지지 않은 것처럼 보이지만, 하나의 동일한 관심사에 몰두했는데, 바로 '광학(光學)'이 그것이다. 빛의 예술가인 화가가 광학에 몰두하리라는 것을 우리는 쉽게 짐작한다. 그런데 바로 데카르트를 비롯한 17세기 철학자들 역시 화가들 못지않게 광학에 몰두하고 있었던 것이다.

스피노자는 하위헌스 같은 과학자들을 위한 렌즈를 깎아서 생계를 유지하는 사람이었다. 다시 말해 그의 일상은 빛의 움직임을 다루는 것이었다. 화가로서 베르메르가 한 일 역시 빛의 율동을 다루는 것 외에 다른 것이 아니다. 이렇게 보자면 두 사람은 얼마나 가까운가? 근대 과학의 위대한 발견인 광학 위에 두 사람 모두의 작품이 세워져 있었다고 말해도 좋지 않겠는가?

실제로 디오다토(R. Diodato) 같은 이탈리아 미학자는 『베르메르, 공고라, 스피노자』 같은 저작을 통해 스피노자 철학에서 '신

(神)'의 힘을 '빛'으로 해석하며 베르메르의 회화 정신과 동일한 면모를 스피노자에게서 발견하고자 하였다. 그림 속에서 진주 귀걸이 소녀는 등을 돌리고 있다. 등은 매우 어둡고 몸을 돌리고 있기에 신체는 다 보이지 않는다. 얼굴만이 지나칠 만큼 환하게 빛나고 있다. 그러나 그림 전체는 완벽하다. 이런 그림을 지탱하는 빛의 세계관이 스피노자에게서 발견되는 것이다. 왜 세상엔 추하고 악한 것, 즉 그림 속의 어두운 부분 같은 것이 존재할까? 바로 신의 힘이 빛과 같기 때문이다. 빛 자체는 완전하고 충만하지만, 이 빛은 사물들의 모습을 결핍된 부분(그림자)들이 다채롭게 스며들어 있는 방식으로만 보여 준다. 그리고 최고로 완전히 빛을 받은 면과 빛을 받지 못한 부분이 서로 함께 한 세계를 이루는 것이다. 베르메르의 「진주 귀걸이 소녀」에서 지나치게 강렬한 빛이 얼굴을 지나가고 암흑이 등 쪽에 차오르며, 이 충만함과 결핍 속에서 하나의 완벽한 세계가 출현하듯이 말이다.

오늘날 인문학의 가치 있는 발견이란 이런 종류의 것이리라. 인문학은 철학과 문학과 미술 사이의 벽을 뛰어넘으며 암스테르담의 오래된 골목을 찾듯 화가와 철학자 사이에 놓여 있는 수수께끼 같은 길들을 발견한다. 이런 인문학이 인간의 정신을 보다 넓고 풍요롭게 해 주며 우주 안의 다양한 것이 서로 어떻게 어깨를 기대고 있는지 알게 해 준다. 그것은 그야말로 지엽적인 한 에피소드가 아닌 인간에 대한 모든 이야기이다.

인문학적 지식의 재미를 깨워 내다

움베르토 에코의 소설들

많은 사람이 인문학에 관심을 가지고 있다. 그런데 진지한 인문학적 성찰을 지닌 책치고 쉽게 접근할 수 있는 작품도 드문 듯하다. 사유는 성장하기 위해 늘 책 앞에서 고통받는다.

그러나 인문학적 지식은 그것을 익히려는 정신에 고통만 주는 것일까? 지식에 내재한 재미라는 본성을 선명하게 끄집어낸 사람이 있으니 바로 움베르토 에코이다. 에코는 인문학적 지식이 더할 나위 없이 흥미로운 이야기가 될 수 있다는 것을 여섯 편의 소설을 통해 증명한 학자이자 작가이다.

철학 이론과 문학 이론 등에 조예가 깊은 인문학자로 경력을 쌓아 가던 에코는 쉰이 넘어서야 첫 소설을 발표하는데, 그것이 유명한 『장미의 이름』이다. 그 후 『푸코의 진자』, 『전날의 섬』, 『바우돌리노』, 『로아나 여왕의 신비한 불꽃』, 『프라하의 묘지』를 꾸준히 발표했다. 이 작품들은 아리스토텔레스의 잃어버린 작품을 소재로 삼거나(『장미의 이름』), 성배 찾기라는 이야기를 되살리거나(『푸코의 진자』), 마자랭 추기경의 첩보원이 날짜변경선을 어떻게 발견하는지 묻거나(『전날의 섬』), 동방박사의 유해가 어떻게 독일의 쾰른 대성당에 안치되었는지 설명하거나(『바우돌리노』), 잃어버린 기억 찾기를 위해서 어린 시절의 방대하고도 자질구레한 잡지와 광고 전단을 동원하거나(『로아나 여왕의 신비한 불꽃』), 유대인 학살의 기원을 탐구하거나(『프라하의 묘지』) 하는 방식으로 우리의 흥미를 자극한다. 저모든 것은 가장 진지한 인문학의 탐구 주제이면서 동시에 가장 흥미로운 이야깃거리를 이룬다. 그래서 그의 소설을 읽어 나가면서 우리는 학문과 재미와 놀이가 본질적으로 하나임을 서서히 깨닫게 된다.

보다 구체적으로 이런 면모를 우리는 '논리학'과 관련해 이야기할 수도 있을 것이다. 에코의 소설들은 많은 경우 추리소설의 형식을 가지고 있는데, 추리라는 것은 바로 '논리학'을 요구하지 않는가? 그런데 논리학이란 생각하는 '규범'(예를 들면, 어떤 것이 P이면서 동시에 -P일 수는 없다는 모순율의 규범)에 관한 학문으로서 그 자체로는 '텅 빈 형식'만 다룰 뿐이다. 이 논리학이 실제적 힘을 발휘하려면 그것은 경험을 재료로 삼아서 작동해야만 한다. 논리학이 경험 안에서 어떻게 작동하는지 흥미진진하게 실험해 보는 장소가 바로 에코의 『장미의 이름』인 것이다. 가령 추리를 통해 잃어버린 말의 행방과 이름을 맞히는 장면이 있다. 여기서 주인공은 아리스토텔레스의 논리학을 자유자재로 구사하며 '위대한 교과서'라 부를 만한 자연 안에 있는 경험적 징표들이 어떻게 논리적 사유의 먹이가 되는지 생생하게 보여 준다. 『바우돌리노』에서 논리적 추리는, 탐정 자신이 범인임을 스스로 깨닫는 극단적이고도 희한한 국면으로 우리를 몰아가기도 한다.

이렇게 에코의 소설은 삶의 가장 흥미로운 국면을 노래하는 새가 인문학이라는 것, 또는 인문학은 약간 다른 관점에서 바라보면 즐거운 이야깃거리이기도 하다는 것을 보여 준다. 물론 그가 인문학적 지식에 몰두하는 일에 과도하게 재미를 붙인 나머지, 오늘날의 독자에겐 지루한 기담에 지나지 않을 수도 있는, 동양에 관한 중세의 판타지에 지루하게 빠져들거나(『바우돌리노』), 자신이 모아들인 소년 시절의 만화책 같은 잡다한 자료들 속에서 길을 잃거나 (『로아나 여왕의 신비한 불꽃』), 아니면 날짜변경선 저편의 섬으로 가서 '전날'을 회복하려는 관념의 놀이로 소설을 마무리하거나(『전날의 섬』) 하는 점은 다소 아쉽게 생각되기도 한다. 그러나 에코의 소설들에는 인문학과 관련하여 이 단점들을 모두 삼켜 버릴 중요한 가르침이 담겨 있다.

그는 지식이란 모래사장 위에 세워 놓은 궁전일 수 있으며, 지식에 대한 갈구는 쉽게 인간의 야만성과 결합할 수 있음을 늘 경고한다. 가령 『프라하의 묘지』에서는 유대인 학살의 간접적 원인이기도 했던 『시온 장로들의 프로토콜』(세계 지배를 향한 유대인의 음모를 기록한 책)이 한낱 날조된 허구임에도 불구하고 어떻게 유대인을 증오하는 인간들의 손길을 거쳐 진실의 영역으로 진입하는가를 보여 준다. 『전날의 섬』에서는 '무기 고약'이라는 미신을 활용해 날짜변경선을 발견하려는 17세기 인간의 광기를 보여 준다. 『장미의 이름』에서는 웃음을 죄악시하는 수도사가, 웃음에 관한 책인 아리스토텔레스의 『시학』 희극 편에 접근하는 사람들을 막기 위해 살인에 빠져드는 모습을 보여 준다.

이 모든 이야기는 우리가 진실로 믿고 있는 지식은 허구이거나 미신에 지나지 않을 수 있고, 진리를 설파하거나 금지하는 인간의 노력이 과도한 독단의 형태를 띨 때 폭력을 동반한다는 것을 알려 준다. 움베르토 에코의 소설들이 인문학도들에게 소중하다면, 바로 이런 지식을 둘러싸고 있는 어둠을 깨닫게 해 주기 때문이리라. 진리를 독점하는 일 또는 내가 믿는 신념만을 진리로 만들려는 일은 타인에 대한 폭력을 불러올 수 있으며, 따라서 우리가 인문학의 세계에서 늘 비판적으로 문제 삼고 검토해야 하는 것은 다른 무엇도 아니라, 진리 탐구의 열정에 빠져 있는 '자기 자신'이라는 것을 그의 작품들은 암시하고 있다. 그리고 바로 자기 자신이 누구인지, 자기의 인식하는 능력의 범위와 한계는 무엇이며, 생각의 과정에서 오류와 독단은 왜 발생하는지 묻는 일은 소크라테스부터 칸트를 거쳐 오늘날에 이르는 인문학의 가장 본질적인 작업을 이룬다. 이런 의미에서 진리 앞에 선 인간의 '겸손'에 대한 희구를 담은 에코의 소설들을 읽는 일은 그야말로 인문학 연습이라 부를 만할 것이다.

대학생이 대학에서 배울 수 없는 것

대학에 들어오기 위한 수험 시절, 얼마나 지긋지긋했는가? 대학에 입학하면 보통 다음과 같은 이야기의 여러 변주를 듣게 된다. 이제 대학은 최고의 교육을 통해 여러분을 '참된 것'으로 인도해 줄 것이다. 여러분은 이성을 사용하는 법과 공적 소통의 장에서 상대를 존중하는 감각을 익혀, 어떻게 사회를 잘 운영해 나갈 수 있는지 배우게 될 것이다. 그런데 과연 얼마나 그럴 수 있을까?

프루스트는 『잃어버린 시간을 찾아서』에서 공교육을 깔보는 다음과 같은 말을 던져 이런 생각에 찬물을 끼얹은 적이 있다.

> 우리 시대의 가장 비범한 걸작들이 전국 고교 작문 경연 대회 출신이나 모범적이고 아카데믹한 교육에서 나오지 않고 경마장과 고급 술집에 자주 출입하는 자들 쪽에서 나왔다는 것을 생각하면 놀라웠다.[19]

19

Marcel Proust, *À la recherche du temps perdu*, IV(Paris: Gallimard, 1989), p.186.

진정으로 의미 있는 배움, 참된 것과 마주치는 사건은 '학교 바깥에서' 이루어진다는 뜻이다.

사실 대학에서 우리는 너무도 중요한 '삶의 형식'을 배운다. 대립 속에서도 타인의 의견을 존중하고, 논리를 통해 자기주장을 피력해 나가는 기술, 모든 불일치를 폭력이 아니라 소통으로 풀어 나가는 '대화의 기술' 말이다. 이것이 바로 의회 민주주의의 기본 소양으로서, 고대인들이 '잘, 그리고 설득력 있게 말하고 글 쓰는 기술'이라 부르며 연마한 것이다. 대화만이 진리에 도달할 수 있는 유일한 수단이라는 듯 대화 형식으로 모든 저작을 써 내려간 플라톤의 글쓰기는, 고대인들이 대화에 대해 가졌던 절대적인 신뢰를 짐작게 해 준다.

그래서 이제 대학에서 교육받은 우리는 교제의 규칙과 대화의 매너를 익혔기에 어디 가서도 눈살 찌푸리게 하는 행동은 하지 않을 것이다. 보다 적극적으로, 대화의 규칙을 파괴하는 자들을 야만인, 무식쟁이라고 단죄하면서 소통의 장을 보호하려 할 것이다. 그러나 이것으로 족한가? 만일 대화의 장이 중립적인 것이 아니라, 특정 권력의 이익에 암암리에 종속되어 있다면? 중립을 가장한 그린 매체와 소통의 장이 우리 삶을 꽉 채우고 있다면?

대화할 준비가 되어 있고 논리와 규칙의 훈련을 받은 대학 공동체 바깥으로 나가면, 거기에는 대화하는 방법을 모르며, 외국에서 이 땅에 희망을 찾아 건너온 자들처럼 세련된 언어로 자신을 대표할 줄 모르는 수많은 사람이, 소통의 장이라는 '장애'를 넘어 '정의'의 도움을 구하려고 안간힘을 쓰고 있다. 소통의 장에서 통용되는 유일한 수단인 말(로고스)을 부릴 줄 모르는 자들, 그러므로 자신의 이성(로고스)을 세련되게 사용할 줄 모르는 이들이 고통으로 울부짖고 있는 곳이 세상이다. 학대받는 이주민, 서구 언론들에 의해 그들의 얼굴이 늘 왜곡되는 아랍인, 자신이 겪는 폭력을 말로 알리지 못하는 어린이들, 민주주의의 객관적 표현 가운데 하나인 정부가 망각해 버린 소외받는 계층들이, 로고스의 저편에, 대화의 저편에 버려져 있다. 아마도 이들을 우리가 대하는 마땅한 방식은 '이해를 초월한 무조건적 환대'일 것이다. '무조건적' 환대는 말 그대로 '조건 없는' 것이므로, 심지어 '문화라는 조건'도 넘어선다. 따라서 타자에 대한 무조건적 환대는 문화에 선행하는 절대적인 것이며, 그러므로 문화의 일부를 이루는 대학에서 배울 수 있는 것이 아니리라. '타자의 출현'은 대학보다도 나이가 많다.

그렇다면 우리는 왜 대학에 남아 로고스의 기술들을 연마하는가? 타자에 대한 환대를 방해하는 모든 거짓된 담론을 비판에 부칠 힘을 기르기 위해서, 그리고 로고스 저편에서, 그러므로 '이해'와 '대화' 저편에서 찾아오는 타자를 영접할 때 로고스란 전혀 불필요하다는, 이성의 겸손을 배우기 위해서가 아닐까? 대학에서 이성을 훈련하는 일은 진정으로 고귀한 일이다. 그러나 이 훈련하는 자 자신이 고귀한 자일 수 있다면 그 까닭은, 그가 이성적 존재여서가 아니라, 타인에 대한 환대는 이성과 그것이 낳은 수많은 합리적인 담론 저편의 '절대적인 자리'를 차지한다는 것을 깨달을 만큼 명민한 이성을 낮출 줄 알기 때문일 것이다.

대학생이 대학에서 배울 수 없는 것

도서관의 기억

최근 대학 밖에서는 삶 자체를 탐구하는 이들에 의해 인문학의 불꽃이 타오르지만, 정작 대학 안에서는 계량화된 생산성의 지표에 눌려 인문학이 위축되고 있다.

나의 대학 시절을 돌이켜 보건대 무엇이 가장 중요했을까? 내 삶을 지키고 키워 온 것은 무엇인가?

대학에 처음 입학했을 때 대학이라는 새로운 시작이 너무 신기하고 좋아 3월 학기가 시작되기 전부터 학교에 나가곤 했다. 새로운 학교에서 나를 가장 사로잡았던 것은 도서관이었다. 개가식 도서관으로 입장하는 것은, 마치 정연하고 엄정하게 질서 잡힌 고요한 진리가 나를 그 일원으로 허용하는 듯한 감격적인 체험을 하게 했다. 오래된 숲이 방문자에게 비밀스러운 말을 건네듯 서가는 그 앞에 선 이를 깜짝 놀라게 하며 한 번도 들어 보지 못한 낯선 말들을 들려준다. 그 말들은 숲속에서 발견하는 새알처럼 하얗고 아름답다.

　그리고 이후 늘 기억하게 되는 환시(幻視) 같은 체험이 찾아온다. 겨울의 저물 무렵, 도서관의 높은 창을 본 일이 있는가? 거기엔 투명한 항아리 가득 담긴 붉은 술 같은 찬란한 일몰이 있고, 붉은 빛 속에서 새와 바람이 지나가는 이야기가 있다. 사람들은 도서관의 그 이야기 속으로 들어와 자신의 이야기를 만들고서 떠났고, 나도 나의 이야기를 만들었다.

　'대학'과 '인문'처럼 서로 잘 어울리는 말들도 없을 것 같다. 내게는 대학의 '인문' 하면 떠오르는 이미지가 하나 있다. 헤로도토스가 『역사』에 기록하고 있는 이야기이다. 살라미스 해전과 플라타이아 전투를 통해, 물리적 크기와 부(富)에서 그리스와 비교가 안 되는 페르시아의 침입을 격퇴한 후 그리스인들은 이런 장난스러운 일을 벌였다. 페르시아의 왕 크세르크세스가 버려두고 간 요리 도구와 요리사들을 데려다 페르시아식의 호화로운 밥상을 차려 놓고 그 옆에는 라코니케(그리스의 한 지방)풍의 가난한 밥상을 놓아둔 후, 서로 비교하며 페르시아의 패배를 비웃었던 것이었다.[20] 페르시아의 물리적 규모와 돈은 그리스의 가난한 밥상을 이기지 못했다. 그리스 정벌에 나섰던 페르시아인들은, 그리스인들이 올림피아제에서 체육대회에 몰두하는데, 상품으로 금품이 아니라 고작 올리브 가지로 엮은 관이 수여된다는 말을 듣고 이렇게 한탄한 적도 있다. "그대는 어찌하여 돈이 아니라 명예를 위해 경기를 하는 이런 종류의 인간들과 싸우도록 우리를 이끌고 왔소이까!"[21]

　오늘날 대학들이 화려하게 규모를 키우고

20
헤로도토스, 천병희 옮김, 『역사』(숲, 2009), 889쪽 참조.

21
헤로도토스, 『역사』, 773쪽.

돈의 논리에 따라 일희일비할 때마다, 나는 내가 마음속에 간직하고 있는 대학의 삶이 라코니케의 밥상 또는 올리브 가지로 엮은 관과도 같다는 생각을 종종 했다. 그 삶은 결코 페르시아의 밥상이 보여 주는 물리적인 크기도 부도 가지고 있지 않았다. 그러나 그 정신은 너무 커서 어떤 호화로운 밥상이나 금품의 위용도 넘어서 버린다. 그 정신이 바로 인류의 역사와 함께 기뻐하고 영광을 얻었던 위대한 대학들의 뿌리에서부터 함께 자라온 인문 정신, 대학 본연의 진리 탐구의 가치 속에서 학자들과 학생들의 열의를 존중하고 그들에게 기회의 문을 열어 주려고 애쓰는 정신이다.

그 정신이 세상의 파도 속에 휩쓸려 내가 어디 있는지 방향을 알지 못하게 되었을 때마다 나를 붙들어 주었고, 커다란 금고를 재화로 가득 채워 주듯 마음속을 자부심으로 채워 주었다.

그런 대학의 정신은 위협받고 있는가? 신이 초라한 나그네의 모습으로 찾아올 때가 있듯 정신도 헐벗은 손님처럼 우리 곁에 머물 때가 있다. 소란스러운 잔치를 벌이는 이들은 자기 옆에 앉은 못난 손님이 누구인지 관심도 없지만, 다른 편엔 반드시 손님의 신분을 알아보는 이들이 있으며 그렇게 늘 대학의 원래 정신을 지키는 이들도 있다. 문득 깜짝 놀라 이런 사념에서 깨어날 때면 나는, 내가 보던 책장의 하얀 표면을 점점 짙어지는 따뜻한 붉은빛으로 물들이며 도서관의 거대한 창문 속으로 들어서던 저녁 아래 다시 한 번 꼭 앉아 있고 싶다는 욕구 때문에 저도 모르게 탄식했다.

참다운 교양이란 무엇인가?

　세상은 점점 편리해진다. 다른 어느 시절보다도 최근이 더 그렇게 보인다. 다양한 종류의 스마트폰, 태블릿 PC, 수많은 정보를 쉽게 손에 쥐여 주는 인터넷. 정보의 양은 늘었고 정보를 취급하는 방법도 편리해졌다. 오락의 종류도 다양해졌고 그것을 즐길 기회도 많아졌다.

　이제 우리의 삶은 만족스러운 삶이 되었는가? 아니면 적어도 만족스러운 삶을 향한 안전한 길을 가고 있는가? 즐거운 장난감은 곧 싫증 나기 마련이다. 편리한 도구는 처음엔 행복감을 주지만 곧 그 도구를 가지고 복무해야 하는 노동의 괴로움에 자리를 내준다. 삶은 여전히 빈곤하고 더욱더 불만스러워지는 것 같다. 인간 진보의 징표인 듯이 착시를 일으키는 기술의 발달은 삶이 직면한 문제들을 해결해 주지 못하는 것이다.

　우리가 불만스럽고 초라한 작품으로서 삶을 선물 받을 만큼 게으르게 살아왔던가? 결코 그렇지 않다. 중학교, 고등학교, 그리고 대학교까지 그 힘든 수업 시절을 보냈거나 보내고 있으며 거친 취업의 현장에서 시달리며 정직하게 노력을 다하고 있다. 그런데도 세상은 우리가 쏟아붓는 노고만큼 우리에게 만족을 건네주지 않는다.

도대체 무엇이 잘못됐을까? 혹시나 우리의 노력이 잘못된 방향을 향하고 있었던 것은 아닌지? 종종 '공포'와 '소문'이 우리를 길러 온 것 같다는 생각이 든다. 정보의 외관을 쓴 소문은 우리에게 세상에서 사람들이 선망하는 것이 무엇인지 알려 주고 무조건 그것을 쫓도록 부추긴다. 공포는 막연한 미래에 대해 겁을 줘 가면서, 우리가 정말 하고 싶은 것을 포기하도록 만든다. 결국 우리 손아귀에서 우리의 삶은 빠져나가 소문과 공포의 노예가 된 채 죽도록 일해 온 것이 아닐까?

이런 의혹에 빠지게 될 때 우리는 남들이 주입하는 소문과 공포로부터 삶을 독립시키고 삶을 다시 연습하고 배우기를 희망하게 되리라. 이런 배움이 바로 '교양'의 근본적 의미이다. 우리는 흔히 사회적으로 통용되는 식사 예절, 매너 등을 익히고 최근 화제가 되는 정보나 뉴스를 습득하는 것을 교양이라고 생각한다. 그러나 교양은 보다 근본적인 의미에서 삶 자체를 형성하는 것을 뜻한다. 그것은 서양어의 'formation(수련)'이나 'bildung(도야)'에 해당하는 것으로서, 사람들이 무비판적으로 받아들여 온 가치, 상식, 사회적 습관 등등으로부터 떠나 삶의 의미를 숙고하고 만들어 나가는 것을 말한다. 보다 구체적으로 그것은 돈, 명예, 사랑 같은 우리 삶을 떠받치고 있는 단어들의 의미를 반성적으로 다시 생각해 보는 일

　　　　　　　　　　　　　　1부 사람을 치료하는 인문학

이 될 것이다.

　물론 이런 삶의 도야로서 교양은 혼자서 산중에서 도를 닦는 것 같은 세상과 동떨어진 일이 아니다. 삶을 도야하는 것, 사는 법을 배우는 일은 같은 운명에 처한 동시대인들이 공유하는 삶의 정치적·경제적 조건을 함께 비판적으로 반성하는 일을 떠나서는 한낱 모래 위의 성과 같을 것이다. 그러므로 결국 사는 법을 배우는 일, 교양을 습득하는 일의 궁극적 종착점은 공동체의 '문화'를 새롭게 형성하는 일이 아닌가? 동시대인들의 삶을 담아내는 형식으로서의 문화 말이다.

인문학의 쉬움과 어려움

인문학이 중요하다는 이야기는 누구나 한다. 그러니까 늘 인문학을 가까이해야 하며 이는 인생 자체를 풍요롭게 한다고들 말한다. 또한 기업인을 위한 인문학 강연 등은 인문학이 기업의 실질적 생산성에도 얼마간 기여할 수 있지 않을까 하는 사람들의 기대감을 다소 반영하고 있기도 하다. 그리고 무엇보다 인문학 강의를 듣고 책을 읽으며 사람들은 감동을 얻기도 한다.

그런데 불행하게도 인문학은 어렵다. 이게 제일 큰 문제 아닐까? 인문학이 쉽고 재미있기만 했다면 한때 널리 퍼졌던 '인문학의 위기'라는 말도 없었을 것이고, 공부하지 말라고 쫓아다니며 말려도 인문학은 온라인 게임처럼 널리 퍼졌을 것이다. 게임 중독자처럼 사람들이 컴퓨터 앞에 추리닝 바람으로 앉아 컵라면으로 여러 날을 버티며 인문학을 공부하는 흐뭇한 광경을 떠올려 보라. 게임 아이템을 갈망하듯 철학 논문을 희구하는 기적은 또 어떤가? 다

쓸쓸한 공상이다.

인문학이 어려운 까닭은 공급자와 수요자 모두에게서 발견된다.

사람들은 불평한다. 인문학자들의 글은 용어에서부터 서술까지 너무 어렵다고. 정말 대학 안에 고립된 전문적인 책들의 높은 벽이 존재한다. 그래서 필요한 것이 인문학적 내용들을 '쉽게' 풀어 주는 책들과 강의들이다. 그런데 이 지점에서도 난처한 문제 하나가 찾아온다. 도대체 '쉬움'이란 무엇인가? 네덜란드 철학자 스피노자는 쉬움이라는 개념의 모호성을 이렇게 비판한 바 있다.

> 그는 도대체 무엇을 쉽다고 하고 무엇을 어렵다고 하는 것인가? …… 거미를 예로 들어 보라. 거미는 쉽게 그물망을 짜는 데 반해, 사람들은 굉장히 어렵게 짠다. 반대로 천사들은 못할지도 모르는 많은 일들을 사람들은 쉽게 한다.[22]

이렇게 쉽다는 것은 그 기준이 불분명한 개념이다.

가끔 인문학의 이론을 쉽게 서술한 책들을 펼쳐 보면, 쉽게 서술한다는 명목 아래, 전달해야 하는 지식을 극단적으로 단순화하는 경우들을 본다. 이런 단순화된 지식을 마주했을 때 사람들은 거기서 자신들이 이미 알고 있는 상식을 확인하고 안도하는 즐거움은 쉽게 누리지만, 진정한 새로운 인식에 도달하는 경우는 적은 듯하다.

인문학자의 전문적인 견지에서 쓰인 글은 어렵고, 쉽게 풀어 쓴 글은 진정 도달해야 할 인식으로부터 상당히 떨어져 있고…….

22
베네딕투스 데 스피노자, 양진호 옮김, 『데카르트 철학의 원리』(책세상, 2010), 42, 141쪽.

이것이 인문학 공급자들의 문제 아닐까?

　이 문제는 곧바로 인문학의 수요자들 문제로 이어진다. 도대체 우리는 인문학 교육으로부터 무엇을 기대하는가? 각자의 의혹과 질문을 가지고 찾아갔을 때 인문학이 무슨 대답을 해 주기를 기대하는가? 우리는 우리가 이미 알고 있던 관념을 인문학 안에서 확인하고 안도하는 것은 아닌지? 그러나 인문학은 늘 사람들이 진리라 믿었던 것을 허물어뜨리고, 안전한 지반이라 믿었던 것을 의심에 부치며 우리를 새로운 길로 안내해 왔다. 자신의 진리를 보장받고 자기 삶의 방식에 대해 칭찬받으려고 인문학을 찾아왔던 사람들은 실망하고 만다. 동전 한 푼 떨어져 있지 않은 가시밭길이 여기저기로 나 있기 때문이다.

　인문학의 공급자와 수요자 모두가 겪는 이런 어려움은 바로 공부의 본성을 슬쩍 엿보게 해 준다. 쉬운 공부란 없으며, 공부는 우리를 자기 자신과 세계에 대한 의혹에 빠뜨린다는 것. 공부란 상식과 현행의 가치에 찬동하기보다는 그것들을 의심에 부쳐 우리의 나날을 위태롭게 만든다는 것.

　그러므로 우리는 인문학 공부 앞에서 한없는 기다림을 배운다. 투자와 그에 대한 성과 사이의 당혹스러운 불균형을 체험한다. 그리고 호기심과 탐구욕을 급히 만족시키려고 시작했던 공부의 정체가 실은 '인내'라는 것을 목격하고 놀란다. 요컨대 피할 길 없는 공부의 고통이 인문학에는 내재해 있는 것이다. 조급할 것 없지 않은가? 이것은 평생 먹어야 하는 쓴 약 같은 것이고, 아주 천천히 몸을 건강하게 해 주는 것이다.

대가들이 보낸 인내의 시간

『잃어버린 시간을 찾아서』의 작가 프루스트가 창조한 많은 흥미로운 인물 가운데 블로크라는 속물적인 작가가 있다. 그의 소설 마지막 권에서 프루스트는 블로크에 대해 이렇게 말한다.

> 오늘날 나는 그의 작품들에 영향받지 않기 위해 그것들의 우스꽝스러운 궤변을 깨뜨려 버리려 애쓰고 있다. 그러나 그 독창성 없는 작품들은 청년들이나 사교계의 수많은 여성에게, 비범한 지적 탁월, 일종의 천재라는 인상을 주고 있었다.[23]

인내로 점철된 수련 기간을 거쳐 프루스트는 나이 마흔이 다 되어서야 자신의 최초이며 유일한 걸작을 쓰기 시작했다. 인간과 세계의 비밀을 밝혀내기 위해 암중모색을 하는 동안 세상은 프루스트를

23
Proust, *À la recherche du temps perdu*, IV, p.536~537.

위대한 작가가 아니라 한낱 사교계를 들랑거리는 속물로 이해하고 있었다. 그사이에 얼마나 많은 이름이 프랑스 문단을 빛내고 있었는가? 그 가운데는 진짜 속물들, 즉 언론과 사람들의 이목을 끌기 위해서 가벼운 재주를 부리기에 급급한 작가들도 있었다. 진정한 문학적 재산이라고는 아무것도 없으면서도, 아름답고 무식한 사교계 여성들에게 천재로 인식되던 이 속물적인 저자들에 대한 프루스트의 참을 수 없는 비아냥거림이 블로크라는 인물에 대해서 표출되었을 것이다.

쉰일곱이 되어서야 『순수이성비판』을 출판함으로써 비로소 자신이 철학적 천재임을 증명할 수 있었던 칸트에게서도 우리는 프루스트에게서와 비슷한 어떤 울분(?)의 표출을 읽을 수 있다. 프루스트가 블로크와 대립하듯 칸트는 당시 독일의 속류 계몽주의자들과 대결하고 있었다. 특히 그는 당대에 명성을 날리던 철학자 멘델스존을 겨냥해서 『형이상학 서설』에서 이렇게 말하고 있다.

> 멘델스존처럼 심오하면서도 고아하기까지 한 문치(文致)는 누구에게나 주어지는 것이 아니다. …… 오랫동안 종사해 왔던 학문의 건전성이 마음에 걸리지 않았더라면, (자부하거니와) 나도 나의 강술에 대중성을 가미할 수 있었을 것이다.[24]

24
칸트, 『형이상학 서설』, 120~121쪽.(학술원판, A18~A19쪽.)

방점은, '그러나 나는 그렇게 하지 않았다'는 사실에 찍힌다. 좀처럼 자기감정을 털어놓지 않는 이 엄격한 학자에게서 이런 사적인 고백을 듣는 것은 얼마나 감동적인 일인가? 칸트도 글쓰기를 통속적이

1부 사람을 치료하는 인문학

도록 할 수 있었다. 늙어 머리가 희어지도록 기다리지 않고도 다른 이들처럼 화려한 수사로 가득 찬 글쓰기를 통해 명성을 얻을 수 있었을 것이다. 그러나 그는 자신에게 필요한 것은 대중으로부터 공허한 찬사를 얻으려고 설익은 사상을 미문(美文)으로 포장하는 것이 아니라 인내의 수련 시간임을 잘 알고 있었다.

　대개의 경우 진리는 자신의 본 자태를 보여 주는 대가(代價)로 한 예술가의, 혹은 한 철학자의 인생 전체를 요구한다. 그리고 이 진리의 수도자들 옆으로는 실로 외면하기 힘든 행렬이 지나갈지도 모른다. 진리의 발견자를 가장한 통속적인 저자들 말이다. 프루스트가 말하듯 세상은 쉽게 이 속물들을 천재적인 비범한 지성으로 받아들인다. 그리고 진정한 탐구자들도 이들이 누리는 화려한 명성에 쉽게 유혹받는다. 그렇기에 칸트는 '많은 인내와 적지 않은 극기'가 필요하였다고 말하는 것이다.

　그러나 진리는 오로지 세상의 화려한 잔칫상을 뒤로하고 인내의 수련 시간을 보낸 저자들의 몫이며 결국 이들의 저작만이 영원히 사람들의 정신을 살찌우는 양식이 될 것이다.

　우리 사회에서 최근 수년간, 인문학의 침체를 우려하는 목소리에도 불구하고 상당수의 사람이 인문학적 도구를 손에 들고 대중 속으로 뛰어든 것은 주목할 만한 현상이었다. 대학이라는 제한된 장을 매개로 하지 않고도 한 사회가 직접 인문학과 대화할 수 있게 되었다는 점에서 그것은 바람직한 일로 생각된다. 그러나 누가 무슨 매체를 통해 어떤 사상을 이야기하건 간에 가장 중요한 점은 이런 것이리라. 바로 수사학적 폭죽을 마구 터뜨려 대중의 관심을 끄는 가짜 지성이 아니라, 인내의 시간을 통해 고전 텍스트를 피와 살처럼 몸속에 체질로서 익힌 진정한 학자들, 그리고 멋지고 재미있고 세련된 말재주를 구사하기 이전에 인식을 담은 글을 쓰는 저자들만이 우리를 풍요롭게 해 줄 수 있다는 것이다.

새로움이 주는 피로

    사람들은 '새로운 것'을 찾아 나선다. 기능이 향상된 스마트폰을 손에 넣을 기회를 기다릴 뿐 아니라 보다 참신한 작품, 보다 새로운 이론을 찾아 헤맨다. 삶은 온통 새로운 것의 제단 위에서 기름을 핥기 좋아하는 신을 위한 가축의 넓적다리처럼 불살라지기를 열망하고 있는 것이다.

    이런 식으로 지성적 세계에서 우리는 바다 건너의 이론을 향해 시선을 던져 오기도 했다. 뭐 새로운 거 없나? 그래서 흔히 비평가들이 오늘 경쟁적으로 지면에 사용하는 개념은 어제 번역되어 출간된 이론서에서 막 떨어진 그림자이기 일쑤이다. 이런 것을 증오하면서 뭔가를 초조하게 기다리는 사람들도 있다. 가령 '고유한 독창적인' 철학을 기다리는 자들. 이론의 수입을 식민지 수탈 같은 것으로 이해하며, 민족 기업 같은 자생적인 독창적 철학을 가지자!(물론 이런 욕망은, 철학을 그것을 둘러싼 여러 환경의 필연적 귀결로 보기보다는, '무조건 노벨상' 또는 장식장의 분청사기 같은 어떤 뽐낼 수 있는 재화로 착각하고 있다.) 이 욕망은 외국을 향했던 새로운 것에 대한 욕망의 거꾸로 된 초상화로서, 국민국가 특유의, 외부 집단에 대한 성쟁심을 추동력으로 삼아 새로운 것에 대한 열망을 자기 자신에게 투영한 것에 불과하다. 또한 이것은, 하나의 충동이 마조히즘에서 거꾸로 사디즘으로 변하는 것처럼 변종들을 끌고 다니기도 하는데, 이론 그까짓 거 뭐에 쓸모가 있나 현실 자체를 봐야지 운운하는 이론에 대한 혐오도 그 변종 가운데 하나이다. 이렇게 보자면, 새로운 것, 독창적인 것, 이론에 대한 혐오라는 연구자와 비평가들의 초조한 강박관념들은 그 외양적 차이에도 불구하고 모두 새로움이라는 이념의 전깃줄에 매달려 꼬리를 팔랑거리는 가엾은 가오리연들인 것이다.

왜 우리는 늘 새로운 것에 대한 강박관념에 시달리는 것일까? 도대체 '새로움'이라는 것이 하나의 가치가 되어 우리에게 떨어진 것은 무슨 까닭일까? '새로움 자체'에 엄청난 기대와 가치를 부여했던 헤겔은 이렇게 말한다.

> 우리의 시대가 탄생의 시대이며 새로운 시기를 향한 여명기임을 알아차리기란 어렵지 않다. …… 새로운 정신의 시초는 다양한 형식의 교양과 문화가 폭넓은 변혁을 거치고 난 결과로서 생겨나는 것이다.[25]

25
헤겔, 『정신현상학』 제1권, 44~46쪽.

또한 1950년을 바로 앞두고 출간된, 우리에게 오늘날 거의 제목으로만 기억되는, 그러나 그 제목이 매우 의미심장한 어떤 공동 시론집은 '새로운' 도시를 제목의 일부로 삼고 있다. '새로운 도시와 시민들의 합창.'

새로움을 전면에 내세우고 있는 이 두 개의 텍스트는 천양지차임에도 결국 한 개의 요란한 소리를 내는 믹서 안에서 함께 뒤섞이는 수확물인데, 이 맛있는 주스 기계가 바로 '모더니티'이다. '모던', 잘 알려져 있다시피 이 말은 '새로운 것'에 대한 추구라는 열망을 반영하고 있다. 우리 시대, 즉 모던이라는 꾸밈말 안에서 주스 잔의 파리들처럼 사람들이 여전히 허우적거리는 시대는 그야말로 새로운 것 자체에 대해 절대적인 가치를 부여하고 있다. 하이데거의 표현을 빌리자면, 새로운 것에 대한 이 추구는 "다방면에 걸친 호기심"이 이끄는 "억제를 모르는 사업(betriebs)"이며, 이 사업에 투여된 우리는 "휴식을 모르게 된다."[26]

그러나 '새로움'의 가치와 미덕은 그저 망상으로서, 새로움에 사로잡힌 헤겔의 저 『정신현상학』에서부터만 쳐 보더라도(즉 아주아주 늦게 잡아 보더라도) 이 망상은 나이가 이미 200살이

26
마르틴 하이데거, 이기상 옮김, 『존재와 시간』(까치, 1998), 243쪽 참조.

넘었다. '새로움'은 역설적이게도 우리가 가진 매우 '늙은 이념'인 것이다. 이 늙은이가 신드바드가 겪은 괴담을 흉내 내듯 우리의 등에 업혀 마구 귀를 흔들고 있다.

그리하여 '억제를 모르는 사업' 속에서, 새로운 스마트폰을 꼬리에 꼬리를 물고 생산하듯 문학을 비롯한 다양한 담론 영역의 생산자들이 새로움이라는 심연 모를 잉크병에 목마른 펜을 여전히 적시고 있다면, 우리는 이 피곤한 삶의 틀과 이젠 결별을 준비해야 하지 않을까? 새로운 것의 추구란 독창적으로 삶을 일구어 나가는

삶의 근본 양식이 아니라, 근대에 출현한, 근대가 사람들을 사용하는 특징적인 방식이라면, 우리는 근대 너머를 바라보듯 새로움 너머를 바라볼 수 있지 않을까? 만일 새로움의 추구 자체가 전혀 새롭지 않고 진부한 삶의 방식, 바람 빠진 삶의 강령이라서, 근본을 들여다보게 하지 않고 우리를 그저 피곤하게 들볶기만 한다면 말이다.

1부 사람을 치료하는 인문학

과학적 탐구의 원천은 무엇인가?

 예전에 쓴 시 한 편이 있다. 어느 플라스틱 재벌이 노년에 고등학교 때의 사랑을 회상하는 이야기를 담고 있다. 그는 자기보다 200살이나 많은 여자와 사랑에 빠졌다. 그것도 그 노파의 피부 결에 반한 것이다! 어떻게 그럴 수 있었을까? 바로 그 여자가 외계인이었기 때문이다. 그녀가 온 별에서는 합성수지를 재활용하는 기술이 매우 발달했는데, 페트병이나 낡은 고무 타이어 등을 활용해 멋진 피부를 재생해 낼 수 있었던 것이다. 그렇게 그녀는 늘 젊고 싱싱한 피부를 유지했다. 그런데 모든 사랑 이야기가 그렇듯 기쁜 날들 뒤엔 이별이 찾아온다. 어느 날 피치 못할 사정 때문에 그녀는 자기 별로 돌아가 버린 것이다. 남겨진 남자는 어떻게 되었을까? 그는 여자에 대한 모든 추억 가운데 그녀의 너무도 고왔던 피부를 잊지 못한다. 그때부터 그는 합성수지에 대해서 공부하기 시작한다. 바로 재활용한 합성수지의 요술이 만들어 낸 그녀의 부드러운 피부 감촉을 단 한 번이라도 다시 느껴 보기 위해서! 과연 그는 애인의 피부를 재현하는 데 성공했을까? 잃어버린 연인에 대한 그리움을 추동력으로 삼는 그의 연구열은 그를 최고의 합성수지 전문가로 만들었고, 마침내 그는 누구도 따라올 수 없는 놀라운 질의 플라스틱을 생산해 내는 최고의 합성수지 회사를 가지게 되었다. 그러나 지구의 과학은 합성수지를 재생해 젊은 피부를 만드는 외계 과학에는 200년이 뒤떨어져, 그는 결코 그녀의 피부 감촉을 다시 느껴 보지 못한다. 어떤 합성수지도 그녀의 피부 감촉을 재현해 내지는 못한다…….

왜 이런 이야기부터 시작했을까? B급 SF 영화와 삼류 연애소설 분위기를 결합해 노골적인 신파조의 가능성을 한번 시험해 보고 싶었던 이 이야기가 얼마나 황당한지는 생각하지 말도록 하자. 다만 인간이 지어내는 어느 이야기에건 자신의 넓은 옷자락의 한 부분을 드리우고 있는 인간의 진실에 대해 이야기해 보자. 합성수지를 공부해서 사라진 애인의 피부를 되살리려는 한없는 노력으로 표출되기도 하는 욕망, 즉 사라진 것을 되찾고자 하는 욕망은 인간의 근본에 속한다. 이러한 욕망은 여러 가지 방식으로 표현되었는데, 가령 마르셀 프루스트에게서는 '잃어버린 시간'을 되찾고자 하는 노력으로 현시한다. 잃어버린 시간을 되찾는 그의 작업은 '비자발적인 기억(réminiscence)'을 통해 수행된다. 그런데 비자발적인 기억을 통해 잃어버린 것을 되찾는 노력은 이미 고대인들의 열망 안에 간직되어 있던 바가 아닌가? 바로 플라톤의 '상기(想起)'가 그러한 노력의 고대적 형태이다. 상기는 우리가 망각의 강 '레테'를 지나오면서 상실한 본질, 즉 이데아를 되찾게 해 준다.

1부 사람을 치료하는 인문학

결코 되찾을 수 없는 것, 사라진 것에 다시 생명을 불어넣고자 하는 노력은 아마도 죽은 생명체를 되살리려는 노력 속에서 절정에 도달할 것이다. 어느 민족의 신화에나 죽은 자들을 삶의 형태 안에 되돌려 놓고자 하는 시도는 발견된다. 죽은 에우리디케를 명부(冥府)로부터 되찾아 살려내려는 오르페우스가 좋은 예이다. 모든 사람은 운명의 장난 때문에 잃어버린 소중한 것들을 결코 포기하지 않는다. 『성서』의 요셉 이야기를 잘 알 것이다. 형들에게 미움을 받아 애굽으로 팔려 가고, 마침내 애굽의 재상이 되는 요셉 말이다. 소설가 토마스 만은 이 요셉 이야기를 그의 최대 장편소설로 만들었다. 『요셉과 그 형제들』이 그것이다. 형들이 요셉을 상인들에게 팔아 버린 후 아버지 야곱에게 무어라 거짓말하는가? 요셉이 들짐승에게 죽임을 당했다고 말한다. 토마스 만이 기록하는 바에 따르면, 요셉을 너무도 사랑했던 아버지는 놀랍게도 죽은 요셉을 다시 되살리고자 한다! 마치 오르페우스처럼 말이다.

> 야곱은 죽은 자들이 있는 저승으로 내려가 어떻게든 요셉을 다시 데려와야지. 그 생각을 하고 있었다. …… '그래, 다시 그 아이를 생산하는 거야! 가능하지 않겠어? 한 번 더 그 아이를 생산하는 거야. 아이의 원래 모습 그대로! 그런 후에 아래에서 이곳으로 데려오면 되지 않을까?'[27]

이러한 계획에 대해 야곱의 종 엘리에젤은 어떤 것도 두 번 존재할 수 없고, 창조는 오로지 신의 소관이라고 경고한다. 상실한 것을 되

27
토마스 만, 장지연 옮김, 『요셉과 그 형제들』 제2권(살림, 2001), 434~436쪽.

과학적 탐구의 원천은 무엇인가?

살리는 것, 그것은 바로 '신의 소관'인 것이다.

인간은 바로 이 신의 소관에 끊임없이 도전한다.『프랑켄슈타인』의 경우도 마찬가지 아닌가? 죽음이라는 기분 나쁜 구멍으로 사라지는 인류를 다시 그 구멍으로부터 꺼내 오는 것이 이 작품을 지배하는 주제인 것이다. 아널드 슈워제네거가 주연한 영화「6번째 날」도, 작품성과는 별도로, 바로 사라진 것에 다시 생명을 불어넣으려는 인간의 욕망을 다루고 있다. 영화의 첫 부분에 나오는, 죽은 애완용 동물들을 재생하기 위해 세포를 복제하는 회사들이 보여 주듯이 말이다.

죽은 자를 불러오려는 심령술 또한 예외 없이 이러한 욕망을 표현하고 있다. 토마스 만의 또 다른 작품으로『마의 산』이 있는데, 이 소설은 다보스 산에 있는 결핵 환자들의 요양소를 배경으로 하고 있다. 용감한 군인이던 요하임 짐센은 이 요양소에서 결핵으로 죽지만, 사람들은 심령술을 이용해 급기야 그의 영혼을 불러내기에 이른다. 한때 많이 읽혔던 한 대중소설도 비슷한 예를 가지고 있다. 박종화의 역사소설『다정불심(多情佛心)』에서도 죽은 자를 명부로부터 다시 불러내려는 애를 쓰는 자가 있으니, 바로 노국공주의 죽음을 애통해하는 공민왕이다.

도처에서 죽은 이들은 되살아난다. 그리고 사라진 것 또는 죽어 버린 것을 되찾으려는 이러한 인간의 집요한 욕망은 인간이 무엇 때문에 고통받는지에 대해서 잘 알려 준다. 바로 인간은 소멸하기 때문에 고통스러워하는 것이다. 필멸하는 인간은 사라지는 것을 고통스러워하며, 어떤 의미에서 살아생전 그의 모든 노력은 이 고통을 해결하고 영원성을 달성하는 데 집중되어 있다고 해도 과언이 아니다.

그런데 우리의 관심을 끄는 것은 바로 이러한 불멸성에 대한 욕망 또는 필멸하는 것에 대한 고통을 해결하기 위해 인간은 도대체 무엇에 의존하려 하느냐는 것이다. 그것이 바로 '과학'이다. 프랑켄슈타인을 되살리기 위해 필요한 것도 과학이고, 죽은 애완견을 복제하기 위해 요구되는 것도 과학이며, 사라진 애인의 피부를 복원하기 위해 공부해야 하는 것도 과학이다. 우리는 바로 과학을 통해 신의 과업에 도전하고 있는 것이다.

이 자리에서, 과학이 신의 소관에 도전해도 되느냐는 등의 질문이 겨냥하는 과학의 윤리성 문제를 성급히 끄집어내려는 것은 아니다. 오히려, 불멸을 향한 욕망이 과학을 요구한다는 지금까지의 이야기로부터 우리의 관심을 끄는 것은 '과학적 탐구의 원천'이다. 도대체 과학적 탐구는 언제 시작되는가? 언제 우리는 세계와 우주에 대해서 질문을 던지게 되는가? 이렇게 질문을 던질 가능성은, 칸트에 따르면 인간 이성의 '소질'에 달려 있다. 칸트는 『순수이성비판』의 첫머리에서 이렇게 말한다.

> 인간의 이성은 어떤 종류의 인식에서는 특수한 운명을 가지고 있다. 인간 이성은 이성의 자연 본성 자체로부터 부과되는 것이기 때문에 물리칠 수도 없고 그의 전 능력을 벗어나는 것이어서 대답할 수도 없는 문제들로 인해 괴롭힘을 당하고 있는 것이다.[28]

도대체 무엇 때문에 이성은 괴로워하는가?
바로 이성이 대답할 수 없는 문제 때문에 괴로

28
임마누엘 칸트, 백종현 옮김, 『순수이성비판』 제1권(아카넷, 2006), AⅦ, 165쪽.

위한다. 우리가 앞서 다루었던 문맥 위에서 이야기하자면, 이성은 우리의 불멸성(이것을 우리 영혼의 '영원성'으로 바꾸어 불러도 좋을 것이다.)이 어떻게 달성될 수 있는지 모르기 때문에 괴로워한다. 다르게 표현하면, 영원성에 대한 '경험'을 어떻게 할 수 있을지 몰라 답답해한다. 그렇다고 이성은 이런 영원성에 관한 자신의 관심을 없애 버릴 수도 없다. 그런 관심은 이성의 본성에 속하는 것이다.

이런 상태를 우리는 '무지(無知)'로 부를 수 있지 않을까? 어떤 것에 대해 알지 못하면서 그것에 대한 관심을 근절할 수도 없는 상태 말이다. 소크라테스가 탐구의 출발점에서 늘 강조했던 것도 바로 이런 무지였다. 그것은 그야말로 의혹을 가지고 세계에 대해 질문을 던지게 해 주는 능력이라 부를 수 있는 것이다. 플로베르 또한 이점을 잘 알고 있었다. 정열적 탐구의 이야기를 담고 있는 소설인 『부바르와 페퀴세』에서 그는 이렇게 말한다. "부바르와 페퀴세의 마음속에는 가련한 능력, 즉 어리석음을 보고 더 이상 견딜 수 없어 하는 능력이 생겨났다."[29] 우리는 우리의 무지를 참아 낼 수 없기 때문에 세계에 대해 질문을 던지고 탐구를 시작하는 것이다. 그렇다면 무지야말로 탐구 활동의 바탕에 있는 인식능력이 아니겠는가?

29
귀스타브 플로베르, 진인혜 옮김, 『부바르와 페퀴세』(책세상, 1995), 297쪽.

이러한 우리의 무지를 형성하는 것의 정체에 좀 더 다가가 보기로 하자. 앞서 보았듯 이성은 특수한 개념들(가령 우리 자신의 '불멸성' 또는 '영원성')에 대해서는 그것에 대응하는 '경험'을 할 수 없다. 야곱처럼 죽은 아들을 영원성 속에 붙들어 둘 수도 없고, 외계인 애인의 멋진 피부를 합성수지를 가공하는 첨단의 기술을 통해 눈앞에 재현할 수도 없다. 그러나 결코 그러한 개념들을 잊어버리지는 못하고, 그것들에 대해 늘 생각하는 운명을 지닌다. 지식의 대상(경험의 대상)일 수는 없으나 계속 그것에 대해 생각할 수밖에 없도록 만드는 것에 합당한 이름은 무엇인가? 바로 '이념'이다. 일상에서도 쉽게 예를 들 수 있다. 가령 평등의 이념과 행복의 이념은 우리 경험 속에 완벽하게 들어서지 못하지만, 우리는 그것들에 대한 생각을 근절할 수 없다. 우리 사유에 원천을 두며 그것에 대응하는 경험을 가질 수 없는 것은 오로지 생각거리로 머무는 것, 곧 '이념'이라는 말에 합당한 것이다. 그리고 바로 이렇게 이념이 그것에 대한 감각적 경험을 허락해 주지 않는다는 점에서 이념은 우리를 무지하게 만들어 버리는 우리 마음의 요소이다.

이런 이념이 마음속에 없다면 세계에 대한 의구심도, 그리고 그 의구심을 풀기 위한 과학적 사유도 인간에게는 생겨나지 않을 것이다. 영원성의 이념이 없다면, 어떻게 생명을 영원히 연장할 수 있을 것인가에 대한 연구도 탄생하지 않을 것이며, 전체성의 이념이 없다면, 우주가 어떻게 시작돼서 어떻게 종말을 맞는가 하는, 우주 전체를 총괄적으로 이해해 보려는 시도 또한 생겨나지 않을 것이다. 이렇게 모든 과학적 탐구의 원천에는 '이념을 취급하는 고유한 능력'으로서 마음이 자리 잡고 있다.

여기서 생각해 볼 수 있는 흥미로운 문제는 이런 것이 아닐까? 이념은 단지 과학적 탐구를 자극하는 추진력인가? 아니면 그것 자체가 과학적 지식의 대상이 될 수 있는가? 보다 구체적인 맥락에서 이 질문을 다시 던져 보자. 영원성 또는 불멸성의 이념은 인간이 어떻게 영원한 생명을 가질 수 있는지에 대한 관심을 촉발한다. 이런 점에서 그 이념은 생명과학의 추진력이라는 지위를 가진다.

그러나 과연 생명의 영원성은 경험 가능한 것이 될 것인가? 바꾸어 말해 우리는 생명의 영원성에 대한 과학적 지식을 확보할 수 있을 것인가? 한 개체에서 생명의 영원성이 가능할지라도, 그 영원성을 다 경험하고 확인하는 것은 누구에게나 불가능하기에 저 질문은 사실 답을 가질 수 없다. 영원성을 다 체험해 보고 그에 대한 리포트를 작성한다면 그 영원성은 이미 유한한 끝을 보여준 셈이기에 그렇다.

이념이 과학적 탐구의 추진력이라는 지위를 가지는 것인지, 아니면 한 걸음 더 나아가 그 자체로 과학적 지식이 될 수 있는 것인지에 대해서 확정하려는 것은 어리석은 짓일 것이다. 이념은 사실, 그것이 이끄는 과학적 탐구에서 예언적 지위를 가지는 까닭이다. 그런데 예언에 이끌리듯 과학은 한 번도 가 보지 못한 영역으로 나간다. 중요한 것은 과학을 가능케 하는 것은 과학이 아니라, 과학이 자신의 모든 방법을 동원해도 그 비밀을 지식의 형태로 한정 지을 수 없는 '예언'이라는 것이다.

플라톤이 이념(ideal)에 대한 '상기'를 시도한 이래, 인간은 끊임없이 자신의 한계를 넘어서 이상(ideal)에 도달하고자 했다.(플라톤 대신 유대인 예언자들의 환시를 예로 들 수도 있을 것 같다.) 이상을 단지 생각해보는 데 그치는 것이 아니라, 그것을 경험하고 현실화하려고 했다. 수많은 과학이 추락하는 이카로스처럼 이상에 도달하지 못하고 떨어져 내렸다. 언젠가 과학은 인간의 '이상'에 도달할 수 있을 것인가? 또는 '이상'을 과학적 지식으로 만들려는 시도는 영원히 인간에게 허락되지 않는 이성의 '월권'인가? 인간에게 답은 없지만, 답이 없다는 사실은 결코 문제가 아니다. 과학적 지식의 한계

1부 사람을 치료하는 인문학

를 끊임없이 넓혀 가는 시도들 안에 간직된 인간의 운명은 답 없음의 구조, 증거의 호위를 받는 답 같은 것은 가지지 않는 예언의 형식을 가지며, 바로 그 때문에 인간은 비로소 '과학자'일 수 있다.

탐구자 이세돌 또는 교육으로서 바둑

　바둑은 4500년 전 중국의 전설적 현군 요(堯)임금이 아들을 '교육'하기 위해 만들었다고 전해진다. 교육이 바둑을 탄생시킨 것이다. 그러나 이 교육은 어떤 것인가? 오늘날 우리는 저 교육의 의미를 거의 알지 못한다고 해도 좋을 것이다.

　사람들은 바둑을 둔다. 소일거리로 두고 내기하기 위해 두기도 한다. 이러는 동안 바둑이 교육으로서 탄생했다는 사실은 잊었다. 아, 물론 아이들의 집중력 강화, 추리력 강화 등등 기능적 차원의 교육을 위해 바둑을 권장할 수도 있지만, 이게 교육의 전부인가? 그 너머는 없을까?

　이세돌이 알파고와 바둑을 두었다. 그 싸움은 바둑판 버전으로 만들어진 「터미네이터」 같았다. 기계는 수량화하고 설정된 목표 지점을 향하며, 장애물들을 몰살했다. 여기엔 의지나 모험이나 상상력에 의한 착상 같은 것은 없었다. 그러나 그 효과는 대단했다.

기계는 가장 경제적인 방법으로 계산을 하면서 바둑이 아름답다는 말을 비웃었고, 인생의 축도라는 말도 없애 버렸으며, 오랜 세월 누적된 바둑 교과서들도 모두 불 속에 던져 버리라고 꾸짖었다. 유효한 것은 계산일뿐이며 기계는 이겼다.

사실 기계의 승리는 아주 오래전부터 준비된 것이다. 인공지능이 인간을 앞서 인간의 일자리를 빼앗으리라는 예견과 불안은, 가령 구글 시대가 아닌 IBM의 전성시대인 1960년대부터도 명확했다. 미국 작가 토머스 핀천이 1965년에 펴낸 걸작 『제49호 품목의 경매』는 계산 능력에서 알파고에 밀리는 인간의 비애를 이미 이렇게 잘 표현했다. "저 친구가 그것을 결정하는 데 거의 3주나 걸렸어. …… IBM 7094가 그걸 처리하는 데 얼마나 걸리는지 아시오? 겨우 100만분의 12초야. 당신이 컴퓨터에 밀려난 게 당연하군."[30]

그런데 계산에서 패배한 인간 쪽은 어떠한가? 이세돌과 알파고의 시합에서 우리는 인공지능의 능력과 미래에 대해서는 많이 경험하고 많이 예측할 수 있게 된 것 같다. 역설적인 이야기일지 모르겠지만, 오히려 이 시합을 통해 그 바닥을 모르게 된 것은 바로 인간의 능력이다.

패배를 거듭하면서도 이세돌은 절망에 빠지기보다는, 인터뷰마다 "재미있다.", "다음 대국이 기대된다."라는 말을 반복했다. 기대를 통한 미지의 것과의 조우, 이 기대를 떠받치고 있는 재미. 이것이 바로 '배우는 일'의 본질에 자리 잡고 있다. 배움 또는 교육이란 도대체 무엇인가?

최초의 의미 있는 교육을 수행했던 고대 그리스인들은 배우는

30
토머스 핀천, 김성곤 옮김, 『제49호 품목의 경매』(민음사, 2007), 149쪽.

일 또는 교육을 가리키기 위해 '파이데이아(paideia)'라는 표현을 사용했다. 파이데이아는 오늘날 우리가 학교에서 교과서를 들고 하듯, 이미 정해진 규범, 지식으로서 이미 인정된 것 등을 습득하는 일이 아니다. 들뢰즈는 『니체와 철학』에서 파이데이아를 실행했던 그리스인들에 대해 이렇게 설명하고 있다. "사유에 행사하는 힘들에 의해서 사유함을 알고 있었다."[31] 생각에 끼치는 힘을 통해서 사유를 시작하기. 마라톤 벌판에서 페르시아인들에 대항해 절실하게 이기고 살 궁리를 하는 그리스인들의 경우처럼, 생각과 배움은 미지의 힘에 맞서 비로소 시작된다. 공식 교과서는 이 미지의 힘에 어떻게 대응해야 하는지 가르쳐 주지 않는다. 교과서는 미지의 땅에서 살아남는 법이 아니라 지나간 지식, 이미 자리 잡은 안전한 통념에 대해서만 가르친다. 학교에서 이 가르침을 받은 우등생은 기존 사회에 순응하여 말썽 없이 잘 돌아가는 톱니바퀴 하나가 될 뿐이다. 그래서 니체는 이렇게 한탄하기도 했다. "생각하는 법을 배운다는 것: 이것에 대해 우리의 학교들은 전혀 알지 못한다."[32]

그러나 삶은 실험 속에서 인생을 조금씩 불태워서 얻는 배움을 양식 삼아 커 나간다. 기계가 비약 없는 안전한 계산을 수행할 때, 미지의 힘 앞에 선 인간은 미지와의 조우에 대한 호기심과 기대 속에 위험을 무릅쓰고 새로운 앎을 창안해 나간다. 교과서에도, 선현의 가르침에도 없는 배움을 만들어 나가는 것이다. 1국에서 5국에 이르는 이세돌의 변화를 보라. 놀랄 만큼 빠르게 배우는 자는 알파고가 아니라 이세돌이다. 인간은 원리도 교본도 없는

31
질 들뢰즈, 이경신 옮김, 『니체와 철학』(민음사, 1998), 196쪽.

32
프리드리히 니체, 백승영 옮김, 「우상의 황혼」, 『바그너의 경우, 우상의 황혼, 안티크리스트, 이 사람을 보라, 디오니소스 송가, 니체 대 바그너』(책세상, 2002), 139쪽.

1부 사람을 치료하는 인문학

땅에 뛰어들어 스스로를 실험의 제물로 삼고서 즐거워하며 새로운 배움을 얻는 자라는 것을 이세돌은 보여 주었다. 인간은 이미 있는 것을 획득하는 것이 아니라, 자기가 배워야 할 것 자체를 스스로 창안해 낸다. 이것이 창조의 교육이며, 이 교육은 4500년 전 요임금이 최초의 바둑돌을 손에 집어 들었을 때 그의 아들이 익히기를 기대한 바였으리라. 인간에게서 발현된 저 배우는 힘의 놀라움에 비하면 승패의 결과는 아무것도 아니다.

나의 유학 시절과 루뱅 대학교

낯선 땅에서 공부하는 것은 다른 사람에겐 멋진 미래일 수도 있지만 나에겐 오래전 이야기이다. 그러므로 다소 서글플 수도 있을까? 아니, 그런 까닭에 이젠 내가 아니라 바로 남들의 책임 아래 들어설 미래로서 즐겁게 이야기할 수 있다.

대학원 과정을 마쳐 갈 때쯤 장차 내가 공부하려고 마음먹은 유럽의 대학을 자주 떠올리고 있었다. 가 보지 못한 먼 도시들을 생각할 때 우리는 프루스트처럼 이름을 가지고 꿈꾸기를 멈추지 않는다. 벨기에의 한 도시인 루뱅의 이름을 발음하고 떠올릴 때마다 나는 품격을 가진 오래된 도서관의 높고 아름다운 천장을 떠올렸다. 물론 세월을 견디고 살아남은 장서들과 유럽 철학의 오랜 역사도 함께 말이다. 그 후 매혹과 더불어, 또는 대학의 놀랍도록 까다로운 시험에 대한 지긋지긋한 감정과 더불어 젊은 시절을 이 도시에서 보내면서도, 인간 정신의 높이를 재려는 듯 높이 솟구친 저 아름다운 천장의 이미지는 늘 마음 한구석에 머물렀다.

　루뱅에는 어떤 감동이 있는가? 루뱅과 관련해 처음 나를 가장 사로잡았던 것은 '후설 문서 보관소'였다. 그 기관은 철학적인 관심을 넘어서, 유럽 현대사의 한 극적인 단면과 학문에 대한 보편적 열정의 상징물처럼 느껴졌기 때문이다. 독일의 철학자 후설은 유대인이었는데, 그는 속기로 글을 써 가면서 사유를 전개한 사람이다. 그래서 1938년 후설이 세상을 떠났을 때 약 4만 5000장의 속기 원고와 1만 장의 타이프 원고가 남았다.

　그리고 이내 그 방대한 문서 전체가 유럽 현대사의 가장 어두운 기억 가운데 하나인 유대인 저서 말살 운동으로 불살라질 위험에 처했다. 당시 루뱅 대학교에서 철학을 연구하던 학자인 반 브레다가 나섰다. 그는 유족들을 설득한 후 루뱅 대학교 당국과 협의해서 나치의 눈길을 피해 후설의 유고 전부와 그의 서재 전체를 대학으로 옮길 계획을 세웠다. 이 진귀한 이삿짐을 실은 기나긴 열차의 행렬이 벨기에의 북쪽 도시로 이어졌다. 그렇게 해서 루뱅에 후설 문서 보관소가 들어서게 된다.

　분서갱유의 위험에 처한 철학의 보물, 이를 구하고자 하는 학자의 열렬한 마음, 순수 학문의 가치를 알아보고 그 보호를 위해 모든 노력을 기울이는 대학이 등장하는 이 문서 보관소 설립의 이야기는 매우 극적이며 어딘가 아름다운 신화를 닮은 구석이 있다고 젊은 시절에 생각했다. 신화가 한 민족의 마음의 거울이라면, 저 이야기는 유럽인의 마음의 모든 것, 즉 전쟁과 민족 증오와 학문에 대한 고매한 취향 전부를 한꺼번에 비추어 주는 신화였다. 그리고 신화의 중심에 유럽 정신을 표현하는 이 오래된 대학이 있었다. 인간의 역사에는 알렉산드리아 도서관에 남아 있던 세계 유일의 아이스퀼로스 희곡 전집을 불사르는 자들이 있는가 하면, 죽은 유대인의 문서를 보관하기 위해 도서관을 세우는 이들도 있는 것이다. 그런 모습으로 루뱅은 순수 학문의 빛나는 성좌로 오르는 하늘의 사다리처럼 한 젊은 연구자의 마음 안에 들어섰다.

문서 보관소 설립 이후 메를로퐁티를 비롯한 많은 현대 철학자가 루뱅에 와서 이 문서들을 가지고 연구하게 되며, 오늘날까지 루뱅은 현대 유럽 철학의 움직임에 가장 민감한 장소로 자리 잡고 있다. 내 개인적인 생각엔, 세계 어느 곳보다도 빨리 현대 유럽 철학의 조류를 교육 커리큘럼 안에 수용하고 연구하는 곳이 루뱅 대학교이다. 저 신화와 더불어 나는 루뱅에서 장차 무엇이 도래할지 모르는 인생을 시험해 보게 되었다.

루뱅은 그 공식 명칭(루뱅 가톨릭 대학교(Catholic University of Leuven))이 알려 주듯, 그리고 중세 교육기관의 설립이 대개 그랬듯 가톨릭 대학으로 출발했다. 1425년에 교황 마르티노 5세가 이 대학을 세웠다. 1366년, 오늘날 스텔라 맥주를 생산하는 인터브루 최초의 양조장이 이 도시를 본거지로 탄생한 지 60년 후의 일이다. 인간이 목말라 하는 두 가지, 즉 최고의 지식과 최상품의 맥주가 이 도시로부터 흘러넘치기 시작한 것이다. 이런 긴 역사가 알려 주듯 루뱅이라는 대학교와 도시는 공간적인 면에서도 서로 분리되지 않는다. 우리나라에서와 같은 대학교 캠퍼스를 떠올리면 오산이다. 도시 전체에 전문 영역별로 대학이 흩어져 있으며, 학문의 종류별로 여기저기 들어서 있는 크고 작은 도서관은 100개가 넘는다. 카페와 대학이 함께 있는 곳, 운하 옆의 아름다운 레스토랑에서 식

　　　　　　　　　　　　　　1부 사람을 치료하는 인문학

사를 한 후 곧바로 강의실로 갈 수 있는 곳, 중앙 도서관 앞의 광장이 금요일이면 재래시장으로 사용되는 곳이 루뱅이다.

저지(低地)에서 가장 오래된 대학, 중부 유럽 최대의 대학교라는 영예를 루뱅은 오래도록 누려 왔다. 그 영예엔 유럽의 가장 중요한 이름들이 함께했다. 16세기엔 『우신예찬』으로 유명한 에라스뮈스가 루뱅 대학교에서 강의하면서, 그리스어, 라틴어, 히브리어 등을 가르치는 단과 대학을 세웠다.

또한 신성로마제국 황제 카를 5세의 선생이었으며 후에 교황 하드리아노 6세로 즉위하는 아드리안 플로렌츠 데달 추기경이 교황이 되어 로마로 떠나기까지 루뱅에서 교수 생활을 했다.(하드리아노 6세는 500년 뒤 요한 바오로 2세가 즉위하기 전까지는 마지막 비(非)이탈리아인 교황이었다.)

수학자이자 천문학자인 헤마 프리시위스는 루뱅 대학교에서 근대 과학의 초석을 다졌다. 1542년에 그는 코페르니쿠스의 지동설에 대해, 코페르니쿠스가 별들의 운동과 운동 주기에 관한 정확한 지식을 가지고 있고, 그것들 모두를 정확하게 계산해 낼 수만 있다면, 그가 지구가 움직인다고 주장했는지, 움직이지 않는다고 주장했는지, 나에게는 중요하지 않다고, 매우 근대적이며 합리적인 주장을 한 사람이다.

그 외에 고등학교 지리 시간에 배우는 메르카토르 도법으로 익숙한 메르카토르, 해부학의 아버지 베살리우스 등등이 루뱅에서 가르쳤다. 루뱅은 17세기와 18세기에 가톨릭 지식인을 위한 중요한 트레이닝 센터였고, 19세기엔 교황 레오 8세에 의해, 토미즘 철학의 중심지로 발전했다. 그러나 오늘날에 와서는 루뱅은 가톨릭 대학교

나의 유학 시절과 루뱅 대학교

라는 오랜 명칭을 가지고 있기는 하지만, 재정이나 운영이나 정신에서 가톨릭으로부터 전적으로 독립해 있다고 할 수 있다.

현대에 와서도 철학, 신학, 법학 등 유럽의 전통 학문을 대표하는 영역은 계속 최고 명문의 자리를 차지하고 있다. 그 외에 특별히 관심을 끄는 것이 바로 유럽 최대의 전자공학·생물공학 연구소인 아이멕(IMEC)이다. 아이멕은 인류의 차세대를 목표로 한 기술 개발에 중점을 두고 있는 연구소인데, 가령 첨단 의료 장치를 보다 생활 속에서 쉽게 활용할 수 있게 하기 위한 연구 및 환경친화적인 에너지 생산법 등에 몰두하는 기관이다. 아이멕의 장점은, 세계의 많은 기업과의 기술협력이 이루어지고 있기 때문에 기술의 발전 방향에 대한 청사진을 쉽게 파악하고서 완성도 높은 기술을 만들어 간다는 데 있다.

루뱅 대학교는 1970년대 벨기에의 정치적 변화, 쉽게 말해 북쪽의 네덜란드어 사용 지역과 남쪽의 프랑스어 사용 지역이 자치적인 성격을 띠면서, 두 개의 쌍둥이 대학처럼 되었다. 예전부터 원래 있던 대학은 네덜란드어권인 북쪽의 대학이 되고, 프랑스어권인 남쪽에 새로운 루뱅 대학교가 세워진 것이다.(그래서 북쪽에선 주로 네덜란드어와 영어로, 남쪽에선 프랑스어로 교육한다.) '루뱅 가톨릭 대학교'의 양쪽 지역 언어 표기에 따라 전자는 KUL(Katholieke Universiteit Leuven)로, 후자는 UCL(Université catholique de Louvain)로 불린다.

루뱅의 학문과 교육 이념을 어떻게 요약할 수 있을까? 아마도 전통적인 가치를 포기하지 않으면서, 가장 빨리 현대화되려는 노력으로 표현할 수 있을 것이다. 17세기 유럽의 근대화에 중요한 역할을 한 저지 지방의 학문과 전통적인 중세적 유산은 권위와 나태 속에 안주하여 비웃음을 자아내는 허명이 되는 것을 두려워하여, 현대적 학문의 흐름에 민감하게 귀를 기울기고 자기 발전의 노력을 게을리하지 않았다.

내가 루뱅에서 공부하면서 인상 깊었던 교수의 말은 놀랍게도, 꽤 빈번히 들은 "나는 모르겠다."라는 말이다. 선생이 모른다니! 그러나 수사(修辭)도 허세도 없는, 오로지 논리와 문헌에 대한 지식만 지배하는 학문 세계 안에선, 확실성을 가지고 다가서지 못하는 영역 앞에선 속절없이 "모르겠다."라고 말해야 하는 것이다. 그 말은 역설적이게도, 확실성을 가지고 접근하고 있는 자기 영역 안에서의 자긍심과 엄밀함, 그리고 그 확실한 영역이 장차 널리 퍼져 모르는 영역이 사라지게 되리라는 자신감을 표현해 주고 있었다. 인간이라는 작은 바닷가는 모르는 것투성이의 대양(大洋) 옆에 잠깐 하얗게 머리를 드러내는 아주 확실한 모래톱인 것이다. 지식의 배후에는 겸손한 무지가 있으며, 내 느낌으로는 루뱅에서 학생과 교수 모두는 그 무지를 100년에 1밀리미터 줄이려고 중노동을 했던 것 같다. 그것은 여가와 취미가 없는 세계이고, 보상보다는 신념에 의해 꾸며진 세계이며, 지식과 인류의 미래를 노려보는 오래된 대학의 시선이었다.

유품으로서의
작품 —————— 또는 침묵

2

예술에

관하여

문학과 삶의 진실

나는 무엇을 알 수 있는가?

이 글부터 시작해 세 편의 문학 강의 시리즈가 뒤에 이어진다. 칸트는 인간을 알기 위해서 '인간이란 무엇인가?'라는 질문을 던졌다. 그리고 이 질문은 다음과 같은 유명한 세 가지 질문으로 쪼개져서 답을 찾는다. '나는 무엇을 알 수 있는가?', '나는 무엇을 해야 하는가?', '나는 무엇을 희망할 수 있는가?' 이 세 편의 문학론은 이 근본 물음들을 문학의 영역으로 끌고 들어와 답해 보려고 한다. 이 근본 물음들이 겨냥하는 진실, 정치, 구원은 문학의 가장 근본적인 물음들이기도 하기 때문이다. '나는 무엇을 알 수 있는가?'에 대한 답은 '문학과 삶의 진실'이, '나는 무엇을 해야 하는가?'에 대한 답은 '문학과 정치'가, '나는 무엇을 희망할 수 있는가?'에 대한 답은 '문학과 구원'이 떠맡는다. 그럼 문학과 진실의 문제부터 시작해 보자.

삶은 진실(진리)을 향해 간다. 문학도 그럴까? '허구'라는 이름으로 보통 불리기도 하는데?

카프카는 이런 말을 남겼다. "진리 속에 살기."

밀란 쿤데라의 소설 『참을 수 없는 존재의 가벼움』은 카프카의 이 말과 더불어 이야기의 한 장면을 흥미롭게 엮어 간다.

> 진리 속에 살기.
>
> 이것은 카프카가 어느 일기 혹은 편지에서 사용했던 표현이다. …… 진리 속에서 산다는 것이 무엇일까? …… 사비나는 자신의 사랑을 감춰야만 한다는 것을 괴로워하지 않았다. 오히려 그것은 '진리 속에서' 사는 유일한 방법이었다.[1]

여주인공 사비나는 연인과의 사랑을 없는 일처럼 거짓말 속에 감춰야 하며, 그것이 진리 속에 머무는 방식이라고 생각한다. "군중을 염두에 둔다는 것은 거짓 속에 사는 것이다."[2]라고 그녀는 생각하며, 그렇기에 군중의 평균적인 견해에 대항해 자신의 사랑을 감추고 은폐하려고 한다. 한마디로 세상에 대해 거짓말을 하는 것이 오히려 진실되게 사는 것이라는 역설을 제시하는 것이다. 이 이야기는 마치 헤겔이 『정신현상학』에서 디드로의 소설 『라모의 조카』를 분석하면서 써 놓은 다음과 같은 문장의 소설 버전 같다. "거짓말을 다반사로 하는 파렴치함이 그야말로 최고의 진실을 뜻하는 것이 된다."[3]

1
밀란 쿤데라, 이재룡 옮김, 『참을 수 없는 존재의 가벼움』(민음사, 2009), 177~178쪽.

2
쿤데라, 『참을 수 없는 존재의 가벼움』, 178쪽.

3
G. W. F. 헤겔, 임석진 옮김, 『정신현상학』 제2권(한길사, 2005), 99쪽.

내게는 이 이야기가 문학의 '거짓'과 '진실'에 대한 하나의 우화로 들린다. 문학은 비진리의 원천으로서 비난을 받아 왔고 동시에 비진리의 자격을 가지고, 현실의 지배적 힘으로부터 해방의 출구 구실을 해 왔다.

문학이 비진리라서 비난받아야 한다는 주장의 대표자는 플라톤일 것이다. 예술가들은 모방을 한다. 그런데 본질이 아닌 부차적인 이미지만을 모방해 보여 주면서도 그것이 본질적인 것처럼 말한다는 것이다. 예를 들어 용기 같은 덕목을 보자. 시인은 용기 있는 인간은 어떻게 처신하는지 원리적으로 보여 주지 않고 용기를 발휘하는 인간이 얼마나 멋진 모습인지 외관을 묘사한다. 즉 용기의 원리를 알게 해 주는 것이 아니라 용기의 효과가 우리 감성에 호소하는 국면만을 포착해 낸다.

이런 플라톤의 입장과 반대로, 오늘날 어떤 사람들은 진리가 아니라 비진리를 담고 있는 데서 문학의 긍정적인 모습을 발견한다. 플라톤은 예술이 원본 대신 원본의 이미지에, 진리 대신 비진리에 몰두한다고 해서 싫어했다. 비진리에 몰두하는 것이 꼭 나쁜 것인가? 들뢰즈는 오히려 플라톤을 거꾸로 세워야 한다고 말한다. 『차이와 반복』의 한 구절이다.

> 플라톤주의를 전복한다는 것, 그것은 모사에 대한 원본의 우위를 부인한다는 것을 말한다. 그것은 이미지에 대한 원형의 우위를 부인한다는 것이며 허상(시뮬라크르)과 반영들의 지배를 찬양한다는 것이다.[4]

4
질 들뢰즈, 김상환 옮김, 『차이와 반복』(민음사, 2004), 162쪽.

문학과 삶의 진실

사람들은 플라톤과 더불어 순수한 원형을 찾아 헤맸다. 그 탐구는 플라톤이 제시한 대로 '더 나은 것은 내버려 두지만, 더 못한 것은 버리는 기술'을 통해 이루어졌다. 즉 '금을 골라내듯' 가짜, 비진리 사이에서 모범적인 것, 참된 것을 골라내는 분리의 기술을 통해서 말이다.

이 기술을 통해 이데아라는 원형을 모범적으로 닮은 것(eikōn)과 가짜, 즉 시뮬라크르(판타스마(phantasma))가 위계적으로 분류된다. 그리고 순수한 원형을 정점에 놓고 짜이는 이런 위계적 편차는 이후 플라톤이 상상하지도 못했던 방식으로 인간사의 다양한 영역에 자리 잡는다. 예컨대 원형적인 순수한 인종을 설정하고서, '부적합한 특질들'을 얼마만큼 가지고 있느냐는 열등함의 정도에 따라 다른 인종의 위계를 짜 나가는 일. 그리고 원형적 동일성을 원형적 성(性)에서 발견하고서 성적 차이를 위계적 차이로 만드는 폭력. 참된 것, 원형적인 것 아래로 유색인종, 혼혈아, 동성애자, 이민자의 그늘이 펼쳐진다.

그렇다면 문학은 오히려 참된 원형을 전복하고 오염된 허상들 속에, 비진리 속에 머물려야 하는 것은 아닌가? 문학 안의 비진리를 경유해야만 오히려 우리는 삶의 진실에 접근할 수 있는 것이 아닌가?

바디우가 『비미학』에서 베케트를 두고 했던 말을 빌려 이렇게 말하는 게 적절할지 모르겠다. "말하기의 본질은 잘못 말하기이다. …… 그리고 말하기의 정점인 시적인 말하기 또는 예술적인 말하기는 바로 잘못 말하기의 통제된 조절"[5]이다. 고전적인 진리 이론은 사태와 진

5
알랭 바디우, 장태순 옮김, 『비미학』(이학사, 2010), 186쪽.

2부 유품으로서의 작품 또는 침묵

술의 일치를 진리의 자리로 여겼다. 그러나 사태 안에 숨겨진 위계적 불평등, 다양한 역동적 사태 등등에까지 파고드는 것이 관건이라면, 사태와 말이 일치하는 것이 아니라 불일치하는 것, 잘못 말하는 것이 역설적이게도 잘 말하는 것이 된다. 그렇게 문학은 표면의 사실을 보고하지 않고, 잘못 말하고 틀리게 말하고 비진리를 말하는 방식으로 오히려 삶의 배후에 숨은 진실에 다가간다.

문학과 정치, 참여문학의 딜레마를 제거하기

나는 무엇을 해야 하는가?

동양의 시들, 예를 들면 두보의 작품들이나 절절한 시조들을 보라. 이른바 순수 문학 같은 건 존재하지 않았다. 모든 것은 정치적·경제적 사건, 시가 발화되는 계급적 위치를 가리켜 보인다. 문학의 생산은 애초에 사회적 노동이었고 정치적 맥락에 자리했던 것이다.

우리 시대는 문학의 정치성이 견고한 지반을 가질 수 있도록 하기 위한 이론적 성찰이 더욱 정교해지는 시대이다. 그런데 어떤 관점에서 보자면, 문학이 가진 사회적 힘 또는 문학의 정치성에 대한 논의는 하나의 딜레마를 형성하면서 짜였다고 할 수 있다. 이 딜레마는 무엇이며 또 해결될 수 있는 것인가?

『문학이란 무엇인가』에서 전개된 사르트르의 '참여문학론'은 이 딜레마의 한 축을 형성한다. 사르트르에게서, 우리 의식은 의미를 통해 세계에 관여한다. 의미를 담지하고 있는 것은 문장이다. 따라서 우리는 글을 통해 세계에 관여하는 것이다. 여기서 '관여'라고 번역한 '앙가주망(engagement)'은 사르트르의 문학 이론에 붙은 명칭대로 '참여'라고 칭할 수도 있다. 글을 통해 세계에 관여하는 일은, 세계의 변동 불가능한 의미를 중립적인 관점에서 이해하고 전달하는 일이 아니다. 사르트르는 말한다.

> 말한다는 것은 행동하는 것이다. 모든 사물은 이름이 붙여지자마자 이미 그 이전의 것과는 완전히 똑같은 것이 아니며, 그 순결성을 상실하게 된다. …… 만일 당신이 어떤 사람의 행위에 대해서 무엇이라고 이름 붙인다면, 당신은 그에게 그의 행위를 드러내 보이는 것이다. 그러자 그는 자기 자신을 보게 된다. 그리고 당신은 다른 모든 사람의 면전에서 그의 행위에 이름을 붙이기 때문에, 그는 자기 자신을 '보는' 동시에 남들에게 '보여진다'는 것을 안다. …… 그렇게 된 이상, 그가 어떻게 이전과 똑같은 방식으로 행동할 수가 있겠는가? …… 이렇듯 나는 말을 함으로써, 상황을 바꾸려는 내 기도 그 자체를 통하여 상황을 드러낸다. 나는 상황을 바꾸기 '위하여' 나 자신과 남들에게 상황을 드러낸다.[6]

이렇게 볼 때 글이란 당연히 의미를 충실히 실어 나르는 수단이 되어야 한다. 즉 글은 햇살을 가장 잘 통과하게 하는 투명한 창문처럼 되어야 하며 중뿔나게 그 자체가 눈에 띄어서는 안 된다.

6
장폴 사르트르, 정명환 옮김, 『문학이란 무엇인가』(민음사, 1998), 30~31쪽.

문학과 정치, 참여문학의 딜레마를 제거하기

말들은 애초에 대상이 아니라 대상의 지시자이다. …… 그렇기 때문에 우리는 말들을 통해서 알게 된 어떤 관념을 간직하고 있으면서도, 그 관념을 전해 준 말 자체는 한마디도 상기하지 못하는 일이 자주 일어난다. …… 햇빛이 유리를 거쳐 통과하듯이, 말이 우리의 시선을 스쳐서 지나갈 때에 산문이 있는 것이다.[7]

요컨대 말(글)은 의미(관념)를 실어 나르는 수레의 임무를 다하고는 사라져 버려야 한다. 실용적인 언어에 대해서는 이 점은 정말로 옳다. 수업 시간에 쓸데없는 이야기를 장시간 늘어놓는 선생이 욕먹을 때 증명되듯, 전할 의미를 군더더기 없이 경제적으로 전하는 임무에서 벗어나 말은 베짱이처럼 게으름 부려서는 안 된다.

그러나 예술로서의 말은 의미 전달의 수단으로서가 아니라 그 자체의 고유성에서, 가령 말의 음악성, 리듬, 구두법 등에서 성립한다. 이 점에 대해 바디우의 『베케트에 대하여』의 다음 문장이 잘 말해 주고 있다. "플로베르 이후 많은 작가들이 그랬듯이, 베케트는 자신에게 중요한 것은 음악뿐이며, 자신이 여러 리듬과 구두법들의 창시자라고 자주 말하곤 했다."[8] 리듬 등을 통해 구성되는 저 고유성을 우리는 작품의 '자율성'이라는 말로도 부른다. 언어 자체의 즐거움의 원천이기도 한 작품의 이 자율성은, 의미 전달이라는 실용성의 기준에서 보자면 말의 낭비일 것이다. 의미 전달의 실용성을 기준으로 삼자면, 의미 대신 말 자체의 생김새를 뽐내는 시적 언어는 거추장스러운 우회로이다. 따라서 우회로를 폐쇄하고 실용적 도구만 남겨야

7
사르트르, 『문학이란 무엇인가』, 28쪽.

8
알랭 바디우, 서용순·임수현 옮김, 『베케트에 대하여』(민음사, 2013), 85쪽.

할 것이다. 그렇다면 결국 아도르노가 『미학 이론』에서 말한 대로 "앙가주망은 불가피하게 미학적인 양보로 되고 만다."[9]

반대로 문학의 자율성 자체에서 문학의 정치적 힘을 찾을 수도 있을 것이다.

아도르노는 '참여'와 '예술의 자율성'을 대립적 축으로 삼고서 생기는 다음과 같은 아포리아적 상황을 잘 알고 있었다. "자율적인 작품은 사회적으로 무관하고 궁극적으로는 모독적인 반동적 작품이라는 판결을 유발하며, 반면에 사회적으로 일의적이고 논증적인 판단을 행하는 작품들은 그로써 예술을 부정한다."[10]

작품이 사회에서 일반적으로 통용될 수 있는 의미의 전달에 대해 생경한 자율성을 가질 때 그것은 사회적 책무를 벗어 버린 반동적 작품으로 낙인찍힐 수 있다. 반면 작품이 사회가 직접적으로 필요로 하는 정치적 메시지를 전하는 수단이 될 경우 작품은 의미의 운반자에 그치며 작품이 되기를 포기할 수 있다. 그런데 이렇게 묘사될 수 있는 상황과 달리, 오히려 아도르노는 예술의 자율성 상실로부터 예술이 기존 사회에 순응하는 길을 가게 될 것이라고 생각한다. "예술이 그 자율성을 포기하면 기존 사회의 활동에 자신을 내맡기게 된다."[11]

예술의 예외성이 사회 안에서 의미와 가치를 통용시키는 기존의 형식에 변화를 주지 않는다면, 기존의 형식에 의해 한계 지어진 의미와 가치만이 남게 되리라는 것이다. 그렇다면 예술의 자율성이 산출하는 새로운 형식이 곧 사회적 해방에 대한 약속이 될 수 있을까? 몇

9
T. W. 아도르노, 홍승용 옮김, 『미학 이론』(문학과지성사, 1984), 168쪽.

10
아도르노, 『미학 이론』, 383쪽.

11
아도르노, 『미학 이론』, 367쪽.

구절을 읽어 보자.

> 예술에서는 사회에 반대하는, 예술의 내재적 운동이 사회적이지,
> 예술의 명시적인 입장이 사회적인 것은 아니다.[12]

> 진정으로 새로운 예술, 모두가 원하는 형식의 해방 속에는 무엇
> 보다도 사회적인 해방이 감추어져 있다. …… 해방된 형식은 기
> 존 상황에 대해 역겨운 것으로 여겨진다.[13]

> 장군이나 혁명의 영웅들을 충실하게 그려 낸 초상화보다도 그림
> 을 그리는 방식 속에 오히려 그와는 비교도 할 수 없을 정도로
> 깊이 있고 사회적으로도 더 중요한 체험이 침전될 수 있다.[14]

그야말로 작품 안에서 선언되고 명시되는 의미(초상화 속의 인
물)가 아니라, 예술 자체의 자율적 표현(그림을 그리는 방식) 속에서
보다 더 중요한 정치적 함축을 발견하는 것이다. 같은 맥락에서 우
리는 괴테의 『젊은 베르테르의 슬픔』에 대해서도 이렇게 생각해 볼
수 있을 것이다.

12
아도르노, 『미학 이론』, 351쪽.

13
아도르노, 『미학 이론』, 394쪽.

14
아도르노, 『미학 이론』, 239쪽.

『베르테르』와 같이 비경향적인 작품도 독일의 시민
의식을 해방시키는 데 현저한 역할을 했다고 볼 수
있다. 괴테는 실연한 자의 감정과 사회의 갈등을 형
상화하는 가운데 이 실연한 자를 죽음으로까지 몰
고 감으로써, 직접적으로 말하지는 않았어도 실제로

는 경직화된 소시민성에 저항하였던 셈이다.[15]

예술의 자율성 자체에서 정치성을 읽어 내고자 했던 이런 아도르노의 예술론을 후배 철학자 랑시에르는 『미학 안의 불편함』에서 이렇게 요약하기도 한다. "예술의 자율성의 핵심이 되는, '따라서' 예술의 해방 잠재력의 핵심이 되는 이질적 감성을 구하라. …… 아도르노의 미학이 요약한 것은 바로 이러한 요구이다."[16]

어떤 점에서 랑시에르는 아도르노 사상을 '비판적으로' 발전시켰다고 보아도 좋을 것이다. 아도르노의 예술의 자율성 개념은 모범적으로 자율성을 구현한 고급 예술과 그렇지 못한 저급 예술 사이의 '위계'를 불러일으키면서, 일종의 예술적 귀족주의를 끌어들일 위험을 안고 있었다. 이에 대해 랑시에르는 다음에서 보듯 예술 행위 내지 작품의 자율성이 아닌, 예술적 향유를 하는 우리 '감성 자체의 자율성'을 내세움으로써 특정 예술 작품만이 귀족화할 가능성을 차단한다. "미적 자율성은 모더니즘이 찬양한 예술적 '행위'의 자율성이 아니기 때문이다. 그것은 감각적 경험 형태의 자율성이다."[17] 이렇게 해서 우리는, 아도르노에게서는 결코 용납되지 않았을 대중 예술 또한 우리의 감성을 변화시키는 정치적 일을 수행할 수 있는 것으로 받아들일 수 있다.

어쨌든 핵심은 참여문학론과 자율성의 예술론 사이의 간격을 가늠하다 보면 예술의 정치성과 관련된 딜레마가 출현한다는 것이다. 사르트르식으로 문학이 의미의 운반자가 될 경우

15
아도르노, 『미학 이론』, 382쪽.

16
자크 랑시에르, 주형일 옮김, 『미학 안의 불편함』(인간사랑, 2008), 76쪽.

17
랑시에르, 『미학 안의 불편함』, 65쪽.

문학은 사라지고, 사회적 맥락 속에 의미만이 남는다. 이때 문학은 고작해야 수사(修辭)로서 의미를 포장하는 예쁜 포장지, 프로파간다의 수단이 될 것이다. 반면 아도르노나 랑시에르가 말하듯 예술이나 예술적 감성이 자율성을 유지하고 그 자율성을 통해 사회에 관여할 경우, 예술은 사회적 현안들에 대해 직접적 주장을 할 수는 없을 것이다. 왜냐하면 그럴 경우, 예술은 자율성을 상실하고 직접적으로 주장되는 의미의 운반자가 될 것이기 때문이다. 심각한 문제는, 정치적 명제와 직접적으로 연결되지 못하는 예술의 자율성이 가져오는 해방은 기존의 정치로부터의 해방인지, 기존의 정치 안에 마련된 놀이터인지 구별하기 어렵다는 점이다.

이런 난점을 대표하는 것이 앙드레 브르통의 초현실주의이다. 브르통은 「초현실주의 제2선언」에서 말한다. "가장 단순한 초현실주의적 행위는 양손에 권총을 들고 거리로 내려가 군중 속으로, 힘이 미치는 한, 무턱대고 총알을 쏘아 대는 데 있다."[18] 이것은 예술에 입각한 해방을 빙자한 범죄에 불과하다. 혹시라도 예술가가 이런 범죄를 정치적 해방의 일환으로 받아들인다면, 예술가는 예술을 기만하고 스스로에게는 면죄부를 남발하는 셈이다. 그리고 저런 범죄의 정체성이란 고작 기존의 사회 질서 안에 그 자리가 얌전하게 정해져 있는 것이라는 점에서 정치적 해방과는 전혀 무관하다.

문학 또는 예술의 정치성과 관련된 이런 딜레마를 어떻게 해소할 것인가? 관건은 정치를 무엇으로 이해해야 하느냐에 달려 있을 것이다. 예를 들어 예술이 관여해야 하는 정치가 특정 후보에 대한 투표를 독려하는 일이라면, 즉 사람들에게 의미를 전달하는 프

18
앙드레 브르통, 황현산 옮김, 『초현실주의 선언』(미메시스, 2012), 132쪽.

로파간다라는 수단을 만족시켜야 하는 일이라면, 예술은 예술 자체의 자율성 또는 정체성을 상실할 뿐 아니라, 정치를 위한 최고의 역할 역시 하지 못한다. 왜냐하면 프로파간다를 위한 전문적 기재들에 비하면 예술은 전적으로 부수적인 까닭이다.

그러니 현행의 정치적 절차가 아닌 '정치 자체'가 관건이 되는 맥락을 생각해 보자. 예를 들어 들뢰즈는 영상 대담『질 들뢰즈의 A to Z』에서 전통적으로 정치에서 기준이 되어 온 다수적인 자들로 '첫째 남성, 둘째 성인, 셋째 이성애자, 넷째 도시 거주자'를 꼽는다. 정치의 장에서 사람들은 이 기준 안에 들기 위해 노력하든지, 이 기준에 의해 소수자로 분류되는 일을 감내하든지 한다. 둘 가운데 어느 길이건 결국 주도적 기준의 폭력 아래 놓이는 방식이다.

문학의 정치란, 이런 기준에 근거해 꾸며진 정치적 절차의 일부에 관여하는 것이 아니라, 기존 정치의 근간을 이루는 이 기준 자체를 파괴하는 일일 것이다. 그것은 예술이 문화 안에 마련된 안전한 캡슐 같은 놀이터 안에 머물며 정치에 해가 없는 막무가내의 객기가 될 때 이루어지는 일이 아니다. 문학의 정치, 나아가 예술의 정치는, 예술이 현금의 정치가 기반을 두고 있는 '저런 기준에 대해' 이질적일 뿐 아니라 위협적인 요소가 될 때 가능할 것이다.

문학과 구원

나는 무엇을 희망할 수 있는가?

문학은 우리를 구원(salvation)할 수 있을까? 아니면 문학에서 구원을 찾는 일은 우물가에 가서 숭늉 찾는 번지수 틀린 억지일까? 구원의 문제를 한 개인의 글쓰기 차원에서 이야기하고 있는 것은 아니다. 한 개인으로서 작가가 문학을 손에 쥐고 구원을 받든 숟가락을 손에 쥐고 구원을 받든, 아니면 그냥 이 문제를 제쳐 두건 그건 정말 '개인적인' 문제다. 우리가 말하는 것은 작가 개인의 삶을 구원하는 문제가 아니다. 사실 개인적 차원의 구원은 그냥 글쓰기가 아닌 다른 직업을 가진 모든 사람의 구원과 똑같으며, 모든 사람은 글쓰기를 통해서든 애인을 통해서든 다른 무엇을 통해서든, 식사 메뉴의 선택에 따라 점심의 만족을 극대화하듯 취향대로 구원받으면 된다. 우리가 말하는 문학의 구원은 작품 안에서 '보편적으로' 논의할 수 있는 구원이다.

그런데 구원이란 도대체 무엇일까? 종교적 원천과 뗄 수 없는 이 말은 일반적으로 위험이나 악, 죽음으로부터 벗어나는 것을 뜻한다. 그런데 문학은 이 어려운 일을 감당할 수 있을까? 또 종교와 필연적인 관계가 없는 문학은 저 종교적 함축을 지닌 구원을 세탁해서 비종교적인 방식으로 자신 안에 수용할 수 있을까? 구원이라는 말을 자의적으로 쓰고 싶지 않다면 구원의 저 기원적인 종교적 의미를 무시할 수 없으며, 문학을 종교에 종속시키고 싶지 않다면 저 구원의 의미를 탈종교화해야 할 것이다. 종교 없는 구원. 이런 문제들과 더불어 일단 깨닫게 되는 것은, 종교적 배경을 지닌 문인이 자신의 종교를 기준으로 해서 문학을 구원의 수단으로 내세우는 것 역시 구원과 관련된 문학의 관심사는 아니라는 것이다. 문학 안에서 구원이라는 말은 자의적인 은유가 되어서도 안 되지만, 그 말의 기원에 있는 종교와도 상관없어야 한다. 서로 배반하는 듯한 이 양면적 요구는 충족될 수 있을까?

사실 문학은 구원에 관심이 무척 많았다. 예를 들어 발터 벤야민의 『독일 비애극의 원천』이 다루는 바로크 시대의 연극을 보라. 바로크 작가 로엔슈타인은 이렇게 쓰고 있다. "그렇다./ 하나님이 교회 묘지에서 수확물을 거두어들이신다면/ 나 이 해골은 천사의 얼굴이 되리라."[19] 인간의 의지 너머에서 메시아가 찾아왔을 때처럼, 해골은 천사의 얼굴을 얻는 구원의 가능성을 사유한다. 벤야민은 말한다. "사탄의 깊은 정신에 자신을 내맡기고 드러냈던 그 세계는 신의 세계이기 때문이다."[20] 구원에 몰두하는 작가는 일상의 죽고 또 죽는 덧없는 것들, 해골이라 일컬을 수 있는 것들이 갑자기 신의 세계 속에서

19
발터 벤야민, 최성만·김유동 옮김, 『독일 비애극의 원천』(한길사, 2009), 349쪽에서 재인용.

20
벤야민, 『독일 비애극의 원천』, 349쪽.

빛나게 될 수 있는 국면을 소망한다.

여기서 벤야민이 말하는 저 신의 세계는 실은 탈종교화된 세속적 세계의 정치적 맥락에 자리한다. 문학과 구원의 연결고리를 보여 주면서도 성지적 논제와 긴밀히 연결되어 있는 벤야민의 이 독창적인 문학론은 오늘날 더욱더 중요해지고 있지만, 아쉽게도 이 문학론만을 본격적으로 추적하는 것은 이 글을 지나치게 좁게 만드는 일일 듯싶다.[21] 이 글에서는 보다 기본이 되는 논의, 즉 구원이라는 논제의 기원과 그것이 문학 안으로 스며들어 온 일반적 양상에 일차적으로 초점을 두려고 한다.

고전적인 정의에 입각해 볼 때 악은 결핍에서 태어난다. 가령 생각하는 능력의 결핍이 야기하는 많은 악을 떠올려 보라. 죽음은 삶이 주는 수많은 것, 참된 것, 좋은 것, 아름다운 것의 결핍을 초래하므로 그 자체로는 악이다. 따라서 이 악으로부터 떠나는 일을 문학이 가능할 수 있다면, 즉 죽음의 반대를 우리에게 줄 수 있다면 문학은 구원의 과제를 떠맡을 수 있으리라.

먼저 죽음이 끝이 아니라는 것부터 살펴보자. 제임스 조이스의 『율리시즈』가 다루고 있는 내용 가운데 하나가 '윤회(輪回)', 즉 그리스적 어원을 가지는 '메템시코시스(metempsychosis)'다. 주인공 레오폴드 블룸은 말한다.

어떤 사람들은 믿기를 …… 우리가 사후(死後)에도 또 다른 육체 속에 계속해서 살아간다는 거요, 그래서 우리는 이전에도 살

21
이 문제에 관해서 좀 더 자세한 논의는 서동욱, 「현대사상으로서 바로크」, 《철학논집》 44권 (2016) 참조.

았었다는 거요. …… 그래서 윤회란 …… 고대 그리스인들이 그
렇게 불렀던 거요. 그들은 예를 들어, 사람들이 동물이나 나무로
변할 수 있는 거라고 믿곤 했었지. 예를 들면, 그들이 님프라고
불렀던 것도.[22]

이런 윤회, 즉 메템시코시스는 들뢰즈 역시 『차이와 반복』에서
흥미롭게 설명하고 있는 것이다.

우리가 하나의 삶에 대해 말할 수 있는 것은 복수의 삶에 대해
서도 타당하다. …… 이는 마치 철학자와 돼지, 범죄자와 성인이
거대한 원뿔의 서로 다른 수준에서 똑같은 과거를 연출하는 것
과 같다. 이것이 바로 윤회라 불리는 것이다.[23]

몇몇 작가가 자신의 작품 속에서 사유하고 있는 이 윤회는 죽
음 뒤에도 살아남을 가능성에 대해 이야기하고 있는데, 특히 조이
스는 이런 불멸성을 즐겨 '에피파니(顯現)'라는 말과 더불어 설명
하기도 했다. 조이스는 『스티븐 히어로』에서 말
한다.

22
제임스 조이스, 김종건 옮
김, 『율리시즈』 상권(범우사,
1988), 140~141쪽.

23
들뢰즈, 『차이와 반복』, 198쪽.

24
James Joyce, *Stephen Hero*
(New York: A New Directions
Book, 1944), p.213.

바로 그 대상의 영혼이 …… 외관이라는 허
울을 벗고 우리에게로 다가온다. …… 조화
로운 구조를 지닌 가장 평범한 대상의 영혼
이 우리에게 빛을 비추는 것 같다. 그러면
그 대상은 에피파니를 달성한 것이다.[24]

비슷한 시기에 프루스트는 『잃어버린 시간을 찾아서』에서 조이스가 말한 메템시코시스나 에피파니와 유사한 이야기를 켈트인의 신앙을 떠올리면서 하고 있다.

> 그 신앙에 따르면, 우리와 사별한 이들의 영혼은 어떤 하등 생물, 짐승이나 식물, 무생물 안에 사로잡혀 있다. 그래서 우리가 우연히 그 나무의 곁을 지나가거나, 혼이 갇혀 있는 사물을 손에 넣거나 하는 날(이날은 대부분의 사람에게는 결코 오지 않기는 하지만)이 올 때까지는 이들의 영혼은 확실하게 잃어버린 채로 남아 있다.[25]

죽지 않고 사물 속에 간직된 혼이 그 혼과 친화적인 이가 지나갈 때 조이스의 에피파니와 같은 것을 달성한다. 즉 그 혼은 말을 건넨다.

세속적인 현대 유럽 문학이 간직한 이런 불사의 이야기, 즉 죽음을 극복하고 살아남는 영혼의 이야기의 기원은 어디에 있는가? 바로 고대 이집트인들에게 있다. 헤로도토스는 『역사』에서 말한다.

> 아이귑토스인들은 영혼 불멸을 주장한 최초의 민족이기도 하다. 그들의 주장에 따르면, 육신이 죽으면 갓 태어난 다른 생물 속으로 들어가고, …… 한 번 순환하는 데 3000년이 걸린다는 것이다.[26]

아이귑토스는 이집트를 말한다. 그리고 이

25
Marcel Proust, *À la recherche du temps perdu*, I(Paris: Gallimard, 1989), p.630.

26
헤로도토스, 천병희 옮김, 『역사』(숲, 2009), 236쪽.

집트인들의 이런 영혼 불사의 이야기는 이집트에 유학 갔던 그리스인 피타고라스를 통해 그리스인들에게도 전해진다. 가장 오래된 철학자 평전 가운데 하나라고 할 수 있는, 디오게네스 라에르티오스의 『그리스철학자열전』(보다 널리 알려진 제목은 『저명한 철학자들의 생애와 사상』이다.)에 피타고라스에 관한 재미있는 이야기가 전한다. "어느 때 그는 강아지가 매를 맞고 있는 곁을 지나쳤을 때 불쌍한 마음에 사로잡혀 다음과 같이 말했다는 것이다. 그만하시오. 그것은 바로 내 벗의 영혼이니까. 울음소리를 듣고 그것을 알았소."[27] 죽은 벗의 영혼은 살아남아 강아지가 된다. 피타고라스 자신의 영혼 역시 피타고라스로서 이승에 태어나기 이전 아이탈리데스, 에우포르보스, 각종 동식물, 헤르모티모스, 피로스 등 여러 사람 및 각종 생명체 속에 들어가 살았었다고 전한다. 물론 저승도 다녀왔다.[28]

윤회를 통한 이런 영혼 불사의 이야기는 플라톤의 『파이돈』에 와서 세련된 형태를 갖춘다. 『파이돈』에 나오는 다음 구절은 사후의 불멸성 자체를 생각의 중심에 놓고 있다.

> 만약에 영혼이 불사한다면, 그것의 돌봄은 사실 우리가 살아 있음이라 부르는 것이 있는 그 시간을 위해서뿐만 아니라 모든 시간을 위해서 필요하네. 그리고 만일 어떤 사람이 그것에 무관심하기라도 하면, 이제 정말 그 위험은 무서운 일로 여겨질 걸세. 만일 죽음이 모든 것으로부터의 해방이라면, 나쁜 인간들에게 그것은 신의 선물이겠지. 그들은 죽을 때 몸으로부터 벗어남과

27
디오게네스 라에르티오스, 전양범 옮김, 『그리스철학자열전』(동서문화사, 2008), 541쪽.

28
디오게네스 라에르티오스, 『그리스철학자열전』, 526~527쪽 참조.

문학과 구원

동시에 영혼과 함께 자신들의 나쁨으로부터도 해방되는 것이니 말일세. 그런데 이제 영혼이 실은 불사인 것이 분명하니, 그것에게는 최대한 훌륭해지고 현명해지는 것 외에는 나쁜 것들로부터의 어떤 도피나 구원도 없네. 왜냐하면 영혼은 교육과 양육 외에는 어떤 것도 지니지 않은 채 하데스로 가게 되는데, 바로 이것들이 저승으로의 여정의 맨 처음부터 죽은 자를 최대로 이롭게 하거나 해롭게 한다고 이야기되는 것이니 말일세.[29]

29
플라톤, 전헌상 옮김, 『파이돈』(이제이북스, 2013), 107c~107d, 148쪽.

플라톤의 이 구절과 더불어, 영원히 꺼지지 않는 지옥 불을 두려워하는 기독교인의 영혼이 종교사 속에 등장할 준비가 된 것이다.

이렇게 이집트인들로부터 시작해, 그리스인들, 즉 피타고라스와 플라톤을 거치며, 죽음을 이겨 내는 불멸의 주제는 서구인들을 사로잡았다. 이 불멸의 사상은 이후 기독교라는 외관을 얻게 되고 그 종교 안에서 '구원'이라는 문제의 핵심을 이룬다.

이후 우리가 보았듯 조이스나 프루스트 같은 이들이 내놓은 현대 문학은 더 이상 종교 안에 머물지 않지만, 구원의 문제를 세속화해서 계속 사유한다. 그래서 우리가 떠맡는 질문은 이런 것이다. 종교 없이 불멸하는 영혼이란 어떤 것인가? 또는 종교 없이 구원받는다는 것은 어떤 것인가?

사실 『잃어버린 시간을 찾아서』의 주인공은, 조이스라면 에피파니라 칭했을 법한 마들렌 체험을 통해 불멸하는 어떤 것을 엿보고 나서 자기 스스로에 대해 이렇게 말하고 있다. "더 이상 나 자신이 보잘것없고 우연적이며 필멸(必滅)하는 존재라고는 느껴지지 않았다."[30] 이 문장은 서구 사상의 바탕에 있는 '같은 것끼리 통한다.'는 생각을 염두에 두지 않는다면 이해하기 어렵다. 동류(同類)의 것만이 서로 알아볼 수도 있고, 영향을 받을 수도 있다는 사상이 그것이다. 따라서 불멸하는 것을 엿본 영혼은 곧 자신의 불멸성 자체를 엿본 것이나 마찬가지이다. 플라톤이 이미 프루스트와 똑같이 생각하고 있었다. 불멸하는 이데아를 인식한 이는 이데아와 동류로서의 불멸하는 영혼을 가지고 있다는 생각 말이다.

프루스트의 주인공은 영원한 것을 엿보게 해 준 마들렌 체험(그리고 소설 말미에 더욱 빈번히 등장하는 비슷한 체험들)을 통해 자신의 영혼을 필

30
Proust, *À la recherche du temps perdu*, I, p.44

멸로부터 구원하고 있는 셈인데, 도대체 이 구원을 어떻게 이해해야 할까? 그것은 정말로 하늘나라로 가서 영원한 행복을 누리는 일일까? 이상향에 대한 상상이 낳은 이런 신화적인 이야기를 제거한다면, 도대체 구원이란 어떤 것일까?

아마도 우리는 사르트르의 『구토』에 나오는 주인공의 체험 속에서 해답의 실마리를 얻을 수 있을지도 모르겠다. 소설의 말미에서 주인공 로캉댕은 음악을 들으면서 프루스트의 주인공과 유사한 체험을 하게 된다. 즉 음악의 배후에 서 있는 불멸하는 것을 이렇게 감지하는 것이다.

존재의 저편에서, 아득히 보이면서도 결코 가까이 갈 수 없는 그 다른 세계에서, 하나의 작은 멜로디가 춤추고 노래하기 시작했다. "나처럼 있어야 해." …… 매일매일 해체되고 벗겨지고 죽음

문학과 구원

을 향해 미끄러져 가는 그 소리들 뒤에서, 여전히 젊고 단단한 멜로디가 매정한 증인처럼 서 있는 것이다.[31]

31
장 폴 사르트르, 김희영 옮김, 『구토』(학원사, 1983), 232~233쪽.

죽음 뒤에도 단단히 서 있는, 그러므로 불멸하는 멜로디가 있다. 그런데 그 멜로디는 뭔가 놀라운 것을 요구하고 있는 것이다. '나처럼 있어야 해.' 즉 참된 것을 보았다면 참되게, 선한 것을 보았다면 선하게, 아름다운 것을 보았다면 아름답게 있어야 한다고 요구하는 것이다. 당연히 불멸하는 그것처럼 있어야지만 그 불멸자와 동류의 것이 될 수 있고 불멸성 역시 얻을 수 있을 것이지 않겠는가? 결국 '나처럼 있어야 해.'라는 목소리는 불멸의 길로 이끄는 가르침인 것이다. 결국 구원의 과제 안에서 진정으로 제시되는 것은, 자신이 엿본 불멸하는 것의 참됨과 좋음과 아름다움을 자기 삶과 일치시키는 것이다. 그리고 그것은 위대한 작품에 대한 독서에서 사람들이 기대하는 일이기도 하다.

2부 유품으로서의 작품 또는 침묵

김수영의 겨울, 또는 닭과 기침

김수영은 겨울 시인이다. 그가 이렇게 겨울을 감사하게 여기기 때문만이 아니다. "난로 옆의 의자에 앉아서 사과 궤짝에 비치는, 마루 유리를 통해 들어오는 따뜻한 햇볕을 바라보고 있으면 잠시나마 이런 안정된 고독을 편하게 즐기고 있는 것이 한없이 죄스럽기까지도 하다."[32] 또한 그가 헛간에 장작이 쌓이는 계절에 태어나서이기 때문만도 아니다. 진짜 이유는 지금부터 내가 일러바칠 비밀이 김수영과 관련되어 있기 때문이다.

얼마 전 어떤 회의가 있었다. 회의를 끝내고 늦은 저녁 식사 자리로 옮겨간 문인들은 메뉴판에 적힌 이국적이면서도 시적인 명칭들(허기지면 다 시로 들린다.)의 유혹에도 불구하고 끝끝내 닭 요리를 주문하지는 않았다. 며칠 전 뉴스에 나온 '조류독감'이 원인이었다.

[32]
김수영, 「삼동(三冬) 유감」, 『김수영 전집』 제2권(민음사, 2003), 130쪽.

양계와 기침. 김수영이 준비해 놓은, 서로 만날 것 같지 않던 두 개의 화두는 이 조류독감의 시대에 기다렸다는 듯 조우하며 우리를 곤혹스러운 사유의 지평으로 몰아넣는다. 그것들은 김수영 자신도 곤란하게 할 것이다. 다 알다시피 김수영은 양계를 생업으로 했다. "필자는 생업으로 양계를 하고 있는 지가 오래되는데"[33]라고 그는 운을 뗀다. 그런데 그는 또한 기침의 시인이기도 하지 않은가? "젊은 시인이여 기침을 하자."[34] 이 유명한 가르침을 누가 모른단 말인가? 이 기침은 단순한 헛기침이 아니라, 술과 담배에 찌들어 겨울마다 감기에 걸리고 늘 가래를 그르렁거리며 이빨은 싯누렇고, 주머니의 물건들을 꺼내면 담배 가루가 묻어 나오는 인생 막장을 향해 가는 자들의 '오기'에 찬 기침이다. 그런데 이 조류독감의 시대에도 양계장 주인 김수영은 기침을 하자고 도발할 수 있을까? 양계장이 다 사라지거나 사람들이 다 독감에 걸리거나 해야 하는 이 절체절명의 순간에도, '콜록콜록' 이렇게 기침을 하자고?

우리는 양계장을 순식간에 지옥으로 밀어 넣을 무서운 전염병을 그가 얼마나 두려워했는지 잘 알고 있다. 그는 뉴캐슬, 티푸스와 함께 양계의 3대 병역 중 하나라며 특히 콕시즘에 매우 큰 공포를 느끼고 있었다. 아직 살았다면, 이 세 가지에다 조류독감을 하나 더 추가하고 아예 경기(驚氣)를 일으켰겠지? 그런데 늘 길 없는 곳에 서서 새 길이라고 우기는 이 시인은 아주 이상하게도 상징주의 시대의 '저주받은 시인론'에 맞설 만한 '저주받은 양계업자론'을 내세운다. "양계는 저주받은 사람의 직업입니다. 인간의 마지막 가는 직업으로서 양

33
김수영, 「아직도 안심하긴 빠르다」, 『김수영 전집』 제2권(민음사, 2003), 173쪽.

34
김수영, 「눈」, 『김수영 전집』 제1권(민음사, 2003), 123쪽.

2부 유품으로서의 작품 또는 침묵

계는 원고료 벌이에 못지않은 고역입니다."[35]

　해괴하게도 양계업은 단숨에 원고 벌이, 즉 글쓰기와 동종의 것이 된다. 그러므로 김수영이 세속적 세상에서 쓰는 언어로 시를, 또는 글쓰기를 풀이한 것이 바로 양계인 것이다. 그는 이번에도 자신이 어디로도 달아나지 못하도록 등 뒤에 지옥의 강이 흐르게끔 했으며, 그 모든 지옥의 시인들이 그랬듯 저주의 과일을 한입 스스로 베어 물고 이렇게 웃음을 짓는다. "이제는 오히려 이 고역에 매력을 느끼고 있는지도 모릅니다."[36] 이게 닭들의 흑사병을 눈앞에 둔 양계 업자가 할 소린가? 아드리안 레버퀸처럼 그는 감염되기를 원하는 예술가였다. 양계를 하건 원고를 팔건, 그러므로 무슨 외관을 쓰고 한세상에 체류하건 그는 날마다 기침을 하고 무덤을 파고, 그러므로 "인간의 마지막 가는 직업으로서" 시를 쓰고 있었던 것이다. 그리고 닭고기를 먹지 않은 그날 회의 뒤풀이, 우리가 배신한 것은 사천식 닭요리가 아니었다. 우리 모두 겨울의 배신자, 문학이 깨진 계란처럼 자궁에서 흘러나올 때부터 감염되어 있던 운명적 바이러스가 일으키는 독감과 기침의 배신자였다.

　겨울이다……. 무엇을 할까?

　기침을 두려워하지 않은 양계 업자의 가르침대로, 젊은 시인이여 기침을 하자.

　하나둘 날리기 시작한 소리 없는 눈송이들이 세상의 모든 종(鐘)에 부딪치며 들리지 않는 진동으로 겨울 하늘에 작은 균열을 만들어 가는 이 저녁 시간에, 생애 마지막 중병에 걸린 듯,

35
김수영, 「양계(養鷄) 변명」, 『김수영 전집』 제2권, 60쪽.

36
김수영, 「양계(養鷄) 변명」, 60쪽.

김수영의 겨울, 또는 닭과 기침

시인이여

비호감의 충혈된 눈으로 콧물, 눈물을 짜내며

기침을 하자

하늘에 걸린 추운 종들이 울듯

콜록콜록…….

2부 유품으로서의 작품 또는 침묵

헥토르와 맥베스, 문학의 탄생

헥토르와 맥베스는 인간과 운명을 보여 주기 위해 신이 틀어 주는 위대한 영상이다. 호메로스는 플라톤이 말한 대로 헬라스를 교육했고, 그 자격으로 인류를 교육했다. 그러니 이후 역사와 문학에서 영웅이건, 기사이건, 정숙한 부인이건 호메로스의 인물들을 얼마간 닮고 있는 건 당연한 일인 것 같다.

맥베스는 헥토르를 닮았는가? 사람들은 대체로 고개를 저을 것이다. 헥토르의 도덕성과 맥베스의 탐욕은 가장 먼 거리에 놓여 있으니까. 그런데 두 인물은 『일리아스』와 『맥베스』 두 작품의 종국에, 포위된 성에서 마지막 싸움을 준비해야 하는 매우 똑같은 처지에 놓이게 된다.

그리고 둘 모두의 과오가 똑같은 방식으로 찾아온다.

맥베스의 눈앞에선, 움직이지 않는다던 버남 숲이 던시네인까지 걸어오고, 여자가 낳지 않은 자가 싸움을 걸어온다. 마녀들의 말에 속은 것이다.

> 이중의 뜻으로 우리를 속이는
> 사기꾼 악마들은 아무도 믿지 마라,
> 우리들의 귓전까진 약속을 지키다가
> 희망하면 깨 버린다.[37]

37
윌리엄 셰익스피어, 최종철 옮김, 「맥베스」, 『셰익스피어 전집』 제5권, 5막 8장(민음사, 2014), 465쪽.

헥토르에게도 같은 사건이 벌어졌다. 아킬레우스와의 싸움을 앞두었을 때 그가 갖게 되는 온갖 상념은 햄릿의 번민을 능가한다. 포기하라는 유혹, 실패와 비웃음에 대한 두려움, 용기, 무고한 백성들의 죽음에 대한 자책, 충고를 듣지 않은 후회, 책임자의 의무감 등등이 한 숟가락도 덜어 내서는 안 되는 가득 찬 물병처럼 한 인간의 영혼을 채운다. 이런 영혼의 형벌을 겪는 인간을 들여다보고 있는 순간만큼은, 호메로스는 지중해의 파노라마를 노래하는 음유시인이 아니라, 북쪽의 겨울 도시에서 스트린드베리의 드라마를 대필하고 있는 키르케고르처럼 보인다.

아킬레우스에게 쫓겨 헥토르가 일리오스의 성벽을 세 바퀴나 돌았을 때 달콤한 목소리가 들려온다. 바로 동생 데이포보스가 원군으로 찾아와 함께 아킬레우스를 막아 내자고 소리친다. 맥베스도 마녀의 달콤한 말소리를 믿지 않을 수 없었는데, 헥토르가 어떻게 동생의 말을 믿지 않겠는가? 힘을 얻은 헥토르는 창을 던졌고, 우리 모두가 알고 있는 것처럼 아킬레우스를 맞히지 못했다. 그는 큰 소리로 데이포보스를 부르며 다시 긴 창을 달라고 했다. 그러나 이미 동생은 사라지고 없었다. 그제야 헥토르는 여신 아테네가 동생으로 변장하고서 자신을 속인 것을 깨달았다.

> 아아! 이제야말로 신들께서 죽음으로 부르시는구나.
> 나는 영웅 데이포보스가 내 곁에 있는 줄 알았는데
> 그는 성벽 안에 있으니 아테네가 나를 속였구나.[38]

헥토르도 맥베스처럼 인간의 능력을 뛰어넘는 존재들의 '속임수' 때문에 죽게 되는 자인 것이다. 진정한 과오란 무엇인가? 인간으로서 간파할 수도 교정하거나 피할 수도 없는 과오이다. 아무리 잘 계산해 보고 아무리 잘 들여다보아도, 마녀나 아테네의 속임수는 인간을 넘어서 있는 것이기 때문에 헥토르와 맥베스는 모두 속을 수밖에 없다. 파멸은 이 운명적 과오의 틈새를 비집고 들어온다.

그러면 영웅이란 무엇인가? 이 파멸 앞에서 자기가 해야 할 바를 계속하는 자이다. 헥토르는 파멸을 앞두고서 말한다.

> 운명이 나를 따라잡았구나!
> 하나 내 결코 싸우지도 않고 명성도 없이 죽고 싶지는 않으니
> 후세 사람들도 들어서 알게 될 큰일을 하고 나서 죽으리라.[39]

그는 싸워서 이길 수 없다는 것을 안다. 그러나 그는 그가 해야 할 일을 한다. 맥베스도 그렇다. 여자가 낳지 않은 맥더프에게 말한다.

38
호메로스, 천병희 옮김, 『일리아스』(숲, 2007), 603쪽.

39
호메로스, 『일리아스』, 603쪽.

헥토르와 맥베스, 문학의 탄생

던시네인 언덕으로 버넘 숲이 왔지만

대적하는 네놈이 여자 소생 아니지만

난 끝까지 해 보겠다.[40]

40
셰익스피어, 「맥베스」, 5막 8장, 465쪽.

만일 이 이야기들의 전 구간에서 문학이 시작되는 시점을 꼭 집어서 말해야 한다면, 바로 이 바로잡을 수 없는 과오를 알아챘을 때일 것이다. 사람들은 과오 앞에서 여러 가지 일을 한다. 그것을 '내재화'해서 덥석 자기 소유로 만드는 것, 곧 죄의식의 대상으로 삼는 일도 한다. 이때는 맥더프든 아킬레우스든 주위 세계는 순식간에 사라지고 전쟁은 멈추어 버리며, 팔 안에 죄를 지어 불구가 된 자아가 갓난아이처럼 애지중지 안겨 있게 되는데, 그 아이를 다시 깨끗하게 해 보려고 기도를 시작할 수도 있다. 수치와 과오를 내면화할 때 그는 종교적 인간이 되어 구원받을 수 있을지도 모른다. 이는 인류 차원의 정신병이 시작되는 것이며 이후엔 죄를 씻어 구원을 얻기 위해 무수한 증오와 살해가 늘 처음인 듯 다시 시작된다.

그러나 이렇게 종교를 탄생시키지 않는다면? 영웅은 하도록 되어 있는 일, 즉 조건이 붙을 수 없는 일로서 글을 쓸 것이고, 물론 과오, 그러니까 운명 때문에, 밟힌 개구리처럼 대가 없이 소멸할 것이다.

2부 유품으로서의 작품 또는 침묵

유품으로서의 작품 또는 침묵

쓰거나 아니면 남의 작품을 읽거나 하는 긴 노역의 어느 매듭에서, '작품의 본성이란 무엇인가?'라는 기본적인 물음에 생각이 가닿을 때가 있다. 작품의 본성에 대하여 생각해 보려면, 좀 이상하게 들릴지 모르겠지만 '죽음'에서부터 시작해야 한다. 잘 알다시피 햄릿은 죽음 앞에서 망설인다. 무(無)가 되는 것이 두려워서가 아니다.

> 죽는 건 자는 것, 자는 건
> 꿈꾸는 것일지도 ── 아, 그게 걸림돌이다.
> 왜냐하면 이 죽음의 잠 속에서 무슨 꿈이
> 뒤엉킨 인생사를 다 떨쳐 버렸을 때
> 우리를 찾아올지 생각하면 망설일 수밖에 ──[41]

그는 죽음 뒤에 남을 자신의 분신, 또는 시신, 또는 '쓰레기!'라고 일컬어도 좋을 바로 저 꿈 때문에 죽지 못한다. 프루스트의 잠이 보여 주는 것처럼 꿈이 된 우리는 철저히 수동적이다. 꿈이 이끄는 대로 콩브레의 집, 탕송빌에 있는 생루 부인의 집 등등 수많은 방을 떠돌아다니고 프랑수아 1세와 카를 5세의 전투를 자신의 일로 체험하기도 한다. 라캉이 말하듯 꿈의 수동성 속에서 우리는 주체를, 코기토를 잃어버린다.

> 주체는 꿈이 어디로 이끄는지를 알지 못한 채 따라가지요. 경우에 따라선 거리를 두며 단지 꿈일 뿐이라고 중얼거릴 수도 있지만, 꿈속에서는 어떤 경우에도 자신을 데카르트의 코기토처럼 사유하는 존재로 파악하지 못합니다.[42]

죽음은 무가 되는 것이 아니라, 통제 불능의 꿈이 되는 것, 치울 수 없이 밀려들며 아무리 역겨워도 외면할 수 없는 것, 이웃에게 보이기 부끄러워 없애려 해도 막무가내로 존재하는 쓰레기가 되는 것, 액면 그대로 유물론의 관점에서 시신이 되는 것이다. 더 이상 나의 의지와 항변을 통해 책임지는 일을 할 수 없게 되는 상태, 햄릿은 죽음을 이런 '무책임'의 상태로 알고서 머뭇거렸다. 이 덴마크 신사는 무(無)가 되는 것이 아니라 무책임한 상태가 되는 것이 두려운 것이다.

그런데 정말 어떻게 더 해 보려고 해도 본성상 해 볼 수 없는 것들이 있다. 작가가 인생의

41
윌리엄 셰익스피어, 최종철 옮김, 「햄릿」, 『셰익스피어 전집』 제4권, 3막 1장(민음사, 2014), 387쪽.

42
자크 라캉, 맹정현·이수련 옮김, 『자크 라캉 세미나 11』(새물결, 2008), 119~120쪽.

2부 유품으로서의 작품 또는 침묵

수레를 밀고 가노라면 거기서 자꾸 죽은 뒤에 남는 시신 내지 오물 같은 것이 뚝뚝 떨어지는데, 그것은 바로 작품이다.

생산된 작품에 책임을 지는 극단적인 방식으로 어떤 이는 그것을 태워 버리는 것을 떠올릴지도 모른다. 가능할까? 완결된 작품(우리가 여기서 취급하는 것은 오직 '완결된' 작품이다.)은 자신을 탄생시킨 작자의 손이 닿는 것을 소름 끼치게 싫어한다. 그것은 마치 소매치기의 솜씨처럼 깔끔하게 세공된 수학 공식이 새 부호가 첨가되는 것에 경악하거나, 완성된 스텝이 서툰 춤꾼의 몸에 실리기를 증오하는 것과도 같다. '더 이상 나에 대해서 관여하지 말아요!' 완결된 시는 이미 완벽한 화장을 하고 있기에 시인의 눌변이 자작시 해설을 통해 눈 화장을 해 주려 하면 기겁을 하고 만다. 완결된 것은 그 완결성 때문에 누구도 더 손을 댈 수 없는 것이다. 가령 그리스의 조각가는 헤겔이 말하듯 작품에 어떤 현실성도 새로 추가할 수 없다. "예술가로서는 그의 작품에 이미 모든 것을 쏟아 넣었으므로, 특정한 개인으로서의 자기 자신에 관한 한 작품 속에 하등의 현실성을 가미할 여지가 없다."[43] 완결된 작품은 작가의 소유가 되지 못한다. 작품이 완결되면 작품은 작가의 애정 표현을 완강히 거부한다는 사실에 대한 상심은 피그말리온의 신화 안에선 병적인 사랑의 형태로 자리 잡기도 했고, 말러의 경우 일종의 환상을 불러 일으키기도 했다. 현대의 피그말리온이라 해도 좋을 말러는 자신의 가장 아름다운 가곡을 자기 자신과 구별하지 못했다. 그 환상은 유명한 말 속에 남아 있다. "「나는 세상에서 잊혀지고(*Ich bin der Welt abhanden gekommen*)」, 이 작품은 바로 나다!"

책임이 아니라 오히려 무책임만이, 즉 책임

---

[43]
헤겔, 『정신현상학』 제2권, 99쪽.

이라는 인간의 영역 바깥에 있는 화마와 지진과 홍수만이 작품을 집어삼킬 수 있는데, 그때 삼켜지는 것은 사실 작품이 아니라 물질 뿐이다. 책이 실려 있던 종이, 조각이 실려 있던 돌이 부서질 수 있을 뿐이다.

여기서 이제 우리는 한 작가의 인생이 겪었던 중대한 순간과 만나야 한다.

'저걸 어떻게 한담?' 병석에 누운 카프카는 자신의 원고들을 생각하고 있었다. '불태울까? 그럼 종이만 타 버릴 거야. 출판을 할까?' 그러나 저 작품들의 예외적인 본질이, 즉 형식적 미완을 통해 완성을 달성하는 저들의 예외성이 스스로 출판을 거부하고 있다. K가 성에 도착하거나 도착하지 못하거나 중도에 죽거나 하는 방식으로 『성』이 끝날 수 있단 말인가? 도대체 『성』은 본성상 마지막 문장을 허락하거나 할 작품인가? 오로지 작품의 미완만이 K의 방황을 완성할 수 있다. 가장 고통스러운 세계에서는 프로메테우스의 간이 끝없이 재생되는 과정이 끝없이 생중계되듯, 이야기는 끝을 모르고 흐지부지해져야 한다. 한 문장도 더 써넣을 수 없고, 없앨 수도 없고, 변명할 수도 없다. '내가 죽으면 저것들은 햄릿의 꿈처럼 제멋대로 움직이겠지. 아, 그야말로 잘못 결혼한 신부(新婦) 같구나.'

그래서 그는 친구에게 말한다.

"막스, 내가 죽으면 다 태워 버리게."

환자가 죽기 전부터 주위 사람들은 아주 실무적인 일로 눈코 뜰 새 없이 바쁘기 마련이다. '나는 부고장 보낼 주소록을 만드느라 골머리를 앓고 있는데, 아무리 친구이지만 넌 이렇게 한가한 소리나 하고 있다니.' 브로트는 서류에서 눈도 떼지 않고 대꾸한다.

"이런 바보 같은 소리! 그건 아무 이야기도 하지 않은 거나 마찬가지야! 차라리 부고를 보낼 이 주소록이나 검토해 보면 기분이 한결 나을 걸세. 자넨 이제 10년째 절교 중인 이에게도 화해 않고 말을 걸 수 있다네."

카프카가 바보 같은 소리라는 걸 몰랐을까? 그러나 그는 친구를 위해 마지막 말을 바보같이 해야만 했다. 그 말이 작품에도 친구의 마음에도 착상하지 못하고 어리석은 무정란처럼 잠깐 탁자 위를 굴러다니다 떨어져 탁 깨져 버리도록 말이다. 그렇다. "태워 버리게."라는 말은 탁 깨져서 없어져 버리기 위한 운명을 너무도 충실히 수행한 셈이다.

그럼 살아남은 이 친구, 모든 세기를 통틀어 가장 위대한 편집자의 역할 가운데 하나 앞에 끌려 나온 이 친구는 뭘 했는가?

사실 아무것도 안 한 셈이다. 그는 무엇의 침투도 허용하지 않는, 그러니까 어떤 형태의 것이건 죽음조차 스며드는 것을 허용하지 않는 그 작품들의 본성을 그대로 놔두었다. 그리고 그는 그저 놔두는 이 작업에 출판이라는 명칭이 붙는 것을 겸손하게 허락했다.(그러나 카프카의 작품들을 사람들이 영원토록 그 앞에 서 볼 수 있도록 그냥 놔두는 일은 얼마나 힘든 전쟁이었는지 우리는 잘 알고 있다.)

그리고 이는 분명 '유품'을 제대로 다루는 일이기도 했다. 유언의 윤리는 집행되는 데 있다. 유품의 윤리는 마음대로 써먹는 데 있다. 고인이 깜짝 놀랄지라도, 유언과 유품은 서로 다른 운명 속으로 들어간다. 그렇다면 문학은 유언이 아니라 유품이다. 우리 모두가 록펠러의 전 재산을 낭비하듯 작품들을 마음대로 써먹고 있지 않은가? 햄릿의 손댈 수 없는 고삐 풀린 꿈은 예술의 영역에선 무책임이 아니라, 오히려 자유라는 형태로 작품의 윤리를 달성하는 셈이다.

결국 작가란 모두 죽은 작가밖에 없다. 작가는 작품을 완결 짓는 매 순간 죽고 그의 입은 침묵으로 봉해진다. 어떤 형태로든 계속 말을 해야 한다면 그것은 작품의 한 부분이 계속 쓰이는 중이라는 뜻이며, 어느 순간이든 단 하나의 비석도 더 세워지지 못할 완결된 공동묘지로 다가서고 만다. 찬사든 이해든 오해든 비웃음이든 무관심이든 증오든 악의든 유품은 사용되기 시작하며, 작가가 더 말할 수 없는 순간이, 침묵해야 하는 순간이 찾아온다. 그것은 때로 복잡한 괴로움을 낳으리라……. 흠, 그러니까 여기엔 어느 시기 덴마크의 예외적인 생처럼 침묵의 요하네스라는 서명이 적합할까?

주안 미로의 아이들

가끔 예술이 우리 삶에서 무슨 의미를 지니는지 생각해 보게 된다.

브뤼셀에서 초현실주의 화가 주안 미로의 회고전이 열리고 있었다. 내가 살고 있는 도시에서 멀지 않은 곳이라 한가한 날을 골라 가족들과 갔다. 교차하는 복잡한 선들, 자유로운 형상을 통해 구현된 별과 새와 사람이 흩어져 화폭 가득 천진함과 자유를 구가하고 있었다. 그림을 몇 점 보았을 때 세 살 난 딸아이가 신기한 듯 말했다.

"화가한테도 애기가 있나 봐?"

의도 없이 이루어진 즐거운 농담이었다. 몇몇 초현실주의 화가의 그림을 어린아이가 그린 것처럼 보는 관점은 일종의 오해인가? 가령 철학자 들뢰즈는 예술 작품으로서의 회화와 어린이의 그림의 차이를 '구성'의 완성도에서 찾기도 했다.

그런데 비평적 논쟁과 별도로, 미술관은 정말 미로의 그림에 숨겨진 어린이의 세계를 재미있는 방식으로 이끌어 내고 있었다. 미술관 한쪽에는 어린이가 직접 그림을 그릴 수 있는 체험 공간이 마련되어 있는데, 여기서 미로의 모티브들은 어린이들이 다루기 쉽도록 다양하게 응용된 소재로 제공되었다. 아이들은 미로의 그림을 새롭게 창조하고, 그의 그림으로 수첩과 부채와 모자를 만들며, 정말 '화가의 애기들'처럼 거장의 세계를 마음껏 즐기고 있었다. 미술관에 어린이의 체험을 위한 기능이 마련되어 있는 것은 유럽에 국한된 일은 아니며, 오히려 꽤나 보편적인 것 같다. 예전에 경기도 양주시 장흥의 한 미술관을 찾았을 때도 미술 체험을 배려한 공간을 만나서 아이와 즐거운 시간을 보낸 적이 있으며, 타이베이의 국립고궁박물원에서도 비슷한 공간에서 명작 청원본(淸院本)「청명상하도(淸明上河圖)」의 복제물을 아이들이 자유롭게 가지고 노는 장면을 접할 수 있었다.

그런데 어린이들이 만져 보고 다시 그려 보고 새롭게 응용해 보는 장난감이 될 때 미로의 그림은 더 풍성해지는 것 같았다. 아마도 그런 장난이 예술과 삶의 원천에 동시에 자리 잡고 있다고 생각되는 거침없는 놀이의 즐거움을 누리게 해 주기 때문이리라. 허기져 밥을 먹고 졸음이 와 잠을 자고 호기심이 생겨 세상에 대한 공부를 하듯, 상상력과 손의 자유가 늘 삶의 근본에서 예술을 원하고 있다.

그렇다면 예술의 참다운 자리는 미술관이라기보다는 우리가 보내고 있는 나날의 삶이 아닐까? 연구의 대상이거나 교본 속에 정형화된 대상으로서의 전문적인 예술은 삶의 양식으로서의 예술 뒤에 찾아왔다. 미술관에서 아이들이 흥미와 즐거움 속에서 화가의 작품을 장난감 삼아 가지고 노는 일은 삶의 근본적인 자리에서 예술을 발견하는 연습이리라. 『예술 작품의 기원』에서 하이데거가 말하고 있는, 문화와 박물관과 연구 이전의 영역으로서 '놀이 공간(spielraum)' 역시 바로 저 근본적 층위의 예술을 가리키는 이름이다.

　살아가는 하나의 불가결한 방식으로서의 예술에 대해 생각할 때 구스타보 두다멜의 음반들이 떠오른다. 폭력과 마약에 노출돼 있던 거리의 아이들에게 악기를 쥐어 주고 삶의 막다른 골목에 예술의 즐거움이라는 출구를 마련해 준 것이, 이미 너무도 유명해진 베네수엘라의 음악 교육 제도인 '엘 시스테마'이다. 두다멜은 이 엘 시스테마 출신이다. 그가 '엘 시스테마'의 청소년들을 지휘한 음반에서는 거리의 아이들이 느끼는 분노와 즐거움과 자유가 그대로 분출되고 있다. 그들의 음악은 예술이 삶에 얹혀 있는 잉여적인 호사나 공부할 거리가 아니라 필연적인 삶의 한 양식이라고 말하는 것 같다.

　하이데거는 근대성의 특징 가운데 하나로 '예술'이 '미학'의 시계(視界) 안에 편입된 사건을 들고 있다. 우리의 근대에 와서 작품은 연구되고 고증되고, 삶의 표현의 일부인 축제가 아니라 폐쇄적이고 접근 조건이 무척 까다로운 박물관과 공연장에 자리하게 되었다. 예술은 미학이라는 학문이 제시하는 규범의 관리를 받게 되었다.

　이런 과정으로부터 우리가 익히 아는 무수한 예술 관리 방식들이 출현한다. 전문가의 연구, 입시 제도의 일부, 등단 같은 자격증, 비평가들만을 위한 은어로서의 예술. 이러한 모든 것으로부터 삶이 예술을 자신의 일부로 돌려받는 날을 꿈꾸지 않은 적이 있었던가?

예술, 자유, 오락, 삶이 서로 등 돌리고 있는 제도와 규범을 벗어나, 모서리가 꼭 맞는 색종이들처럼 포개지는 날. 붓을 들고, 초현실주의 화가의 그림을 존중하여 모방하는 것이 아니라 그것과 함께 놀이하는 아이들이 잠시 그날을 꿈꾸게 해 주었다.

다빈치의 그림 한 점

딸아이를 얻고 나서 경험하게 된 일, 개인적으로는 선물로 생각되는 일은 여자의 눈으로 세상을 한 번 더 살아 볼 기회를 얻게 되었다는 것이다. 이것은 두 가지 점에서 나의 어리석음을 살펴보게끔 한다. 하나는 아무리 여자의 눈으로 세상을 한 번 더 산다 하더라도 여성의 직접적 경험 그 자체에 미치지 못하는 것이 아닐까 하는 경험의 한계에 대한 생각이고, 다른 하나는 이성(理性)을 통해 벌써 가졌어야 할 여자의 눈을 경험 이후에야 획득하게 되었다는 것이다. 전자와 관련하여 여성적 경험의 독자성을 가지지 못했다는 상심을 위로해 주는 것은, 생각의 노력이 경험의 빈 영역을 채워 줄 것이라는 희망이고, 후자와 관련해 이성의 어리석음을 위무해 주는 것은, 우리는 필연적으로 경험주의자일 수밖에 없다는 생각이다.

어쨌든 딸아이를 통해 여자의 눈으로 세상을 다시 살게 된 것은 즐거운 일이다. 그야말로 '즐거운 지식'에 도전할 만한 '즐거운 경험'이다. 이와 비슷한 즐거운 체험을 예전에도 한 적이 있는데, 다 빈치의 그림과 더불어서였다. 유럽에서 공부하던 시절 런던에 갈 기회가 생기면 내셔널 갤러리를 빼놓지 않고 방문하곤 했다. 테이트에 있는 베이컨의 것과 같은 현대 회화들, 터너의 그림들과 더불어 꼭 찾게 되는 그림들이 내셔널 갤러리에 있다. 반에이크의 궁극의 얼굴이라 할 수 있는, 자화상으로 추정되는 중년 남자의 초상화가 있으며, 왜상적 대상으로 유명한 홀바인의 그림이 있고, 바로 다 빈치가 그린 미완성의 성화 「안나와 세례 요한과 함께 있는 동정녀와 아기 예수」가 있다. 다빈치만큼 중간에 포기한 작품이 많은 작가도 드물 것이고, 바로 그 포기한 작품들을 통해 예술성을 입증한 작가도 없을 것이다. 아마도 미완성의 유작들을 통해 기념비가 된 카프카가 이에 비견될 만할까?

그림은 마리아와 그녀의 어머니 안나를 그린 것으로 알려져 있긴 하지만, 많은 사람이 말하듯, 그리고 그림 자체의 정황에서도 짐작할 수 있듯 그림 속의 인물들은 마리아와 그녀의 사촌 언니 엘리사벳일 가능성이 크다. 사실 누가 됐든 상관없다. 어차피 인물의 이름은 인물에 얹혔다가 젖은 나뭇잎처럼 쉽게 떨어져 버리니까. 적어도 우리에겐 인물의 이름이 그림의 길을 찾는 나침반이 되어 주지는 못할 것이다. 그림 속에서 마리아는 예수를 데리고 세례 요한의 어머니인 사촌 언니를 방문했다. 두 여인 사이로 어미 품을 맴돌며 장난치듯 두 사내아이가 즐거운 한때를 보내고 있다.

두 여인은 너무도 친밀하다. 연하의 여자는 연상인 여자의 무릎 위에 앉아 있고, 아이들은 어미 닭의 날개 속을 들랑거리는 병

2부 유품으로서의 작품 또는 침묵

아리들처럼 두 여인 곁에 꼭 붙어 있다. 두 여인의 지나치리만큼 친밀한 밀착에 대해 프로이트는 「레오나르도 다빈치의 유년의 기억」에서 이렇게 말한 적이 있다.

> 이 그림에서는 안나와 마리아를 서로 떨어뜨려 놓기가 결코 쉽지 않다. …… 어디서 안나의 모습이 끝나고 어디서 마리아의 모습이 시작되는지를 꼭 집어 말할 수 없는 애매한 부분이 그림에는 많다.[44]

프로이트가 이런 말을 하는 까닭은 자신의 가설을 설득하기 위해서이다. 즉 다빈치의 정신 세계 속에는 두 어머니, 친모와 계모가 함께 있다는 것을 저 얽힌 두 여인의 신체가 표현하고 있다는 것이다. 정신분석학자의 이 가설과는 명백히 거리를 두고 싶지만, 적어도 저 문장이 그림에 대해 묘사하고 있는 바는 참 적절하다.

44
지그문트 프로이트, 정장진 옮김, 『예술과 정신분석』(열린책들, 1997), 82쪽.

　서로 완벽하게 한 쌍을 이루는 두 몸. 그리고 한 선율에 다른 선율이 얽히듯 너무도 행복하게 이 여인들 사이에 존재하는 두 아이. 내가 이 그림을 볼 때마다 생각하지 않을 수 없는 것은 이 그림이 지닌 성화로서의 면모와는 아무런 상관이 없는, '완벽한 가족'이다. 사촌 언니는 남편이고 마리아는 아내이다. 두 여성으로 이루어진 금실 좋은 부부와 두 어린이로 이루어진 가족. 여기에 남자란 없다. 폭력도 없다. 여성들만으로 완벽한 가족을 이루고, 아이들을 교육하며, 행복과 평화를 이루는 모습을 본다. 이 가족은 내게 문명이 가질 수 있는 여러 길 가운데 문명 자신이 매우 고심하고 스스로를 걱정하며 채택한, 승리로 향하는 하나의 길이자 낙관이며 자신감의 표현으로 다가오기도 한다. 모든 시행착오를 거친 후 인간은 이렇게 여성들이 지닌 영리함과 따뜻함만으로 가족을 만들 수 있다는 것, 그리고 여성의 눈이 보는 대로 세상은 만들어지고 기록될 수 있다는 것.

『홍루몽』의 가보옥이 여자는 물로, 남자는 흙으로 만들어졌다고 말했을 때 그가 염두에 두었던 이상(理想)도 저와 같은 것이었으리라. 물론 이 완벽한 그림과 가족은 플라톤이 이데아를 그릴 때 썼던 것과 동일하고 순수한 도형의 선과 같은 것이며, 따라서 현세의 남자와 여자와도 상관이 없는 것, 그럼에도 모든 사물이 참조할 수 있는 좌표이겠지만 말이다.

「코랄 웍스」와 건축 해체 이야기

컬럼비아 대학교 건축과를 이끄는 베르나르 추미(B. Tschumi)에게 어느 날 자크 데리다가 물었다. "나는 도대체 왜 건축가들이 내 책에 관심을 가지는지 모르겠소. 해체란 형태의 부정, 체계의 부정, 구조의 부정이 아니오? 이런 것들은 건축 자체와 정반대되는 것인데 말입니다." 추미는 다음과 같이 대답했다. "정확하게 바로 그런 이유로 당신 작품에 관심을 기울이지요." 이 짧은 문답은 이른바 '해체주의'로 불리는 현대 건축의 새로운 경향을 잘 요약한다. 피터 아이젠먼(P. Eisenman)은 건축에서의 고전적 형식과 구조, 인간 중심주의 등을 부정하는 이 경향의 중심에 서 있는 예술가 가운데 한 사람이다.

우리는 상식적으로 인간 중심주의와 건축을 떼어서 생각할 수 없을 것만 같다. 건축은 그 안에 거주하는 인간의 존재 방식, 인간의 몸 크기를 절대적 척도로 삼을 수밖에 없는 것처럼 보이기 때문이다. 그런데 무엇보다도 이러한 인간 중심주의와 결별하는 데서 아이젠먼의 건축 예술은 출발한다.

> 고전 건축이란 인간 중심적 건축을 말한다. '르네상스 이래' 약 400년 동안 인간의 신체라는 근원적 크기가 건축적 착상을 지배했다. …… 나의 작품에서 나는 전통적 건축 미학의 크기나 기능 같은 인간 중심주의적 기원의 체계적 특권에 대한 비판을 시도한다. …… 전통적 건축 미학은 체계, 종결, 대칭, 규칙성 등을 당연시한다. …… 내게 이런 것은 더 이상 유효해 보이지 않는다.[45]

요컨대 대칭, 종결, 규칙성 등 고전 건축의 금과옥조는 너무도 인간적인 척도의 산물이라는 것이 아이젠먼의 생각이다. 아이젠먼은 이러한 인간적 척도를 버림으로써 새로운 건축 미학의 가능성을 모색한다. 가령 "전통 건축에서는 현전하는 것은 고형체이고 부재한 것은 빈 공간이다."[46] 이러한 건축적 사고를 아이젠먼은 "'현전'과 '근원'에 대한 인간적인, 너무나 인간적인 욕망"[47]의 소산으로 이해한다. 오히려 "빈 공간은 고형체만큼이나 현전한다."[48]

아이젠먼은 자신의 이러한 건축 철학을 여러 걸작을 통해 증명해 나갔는데, 그 가운데 하나의 문제작으로서 「코랄 웍스」를 들지 않을 수 없다. 1980년대 중반 프랑스 정부는 파리 외곽 라 빌레(La Villette)에 공원 건립을 계획하고, 공

45
J. Derrida and P. Eisenman, *Chora L Works* (NewYork: The Monacelli Press, 1997), p. 7.

46
Derrida and Eisenman, *Chora L Works*, p. 7.

47
J. Derrida, "Pourquoi Peter Eisenman écrit de si bons livres," *Psyché* (Paris: Galilée, 1987), p. 496.

48
Derrida and Eisenman, *Chora L Works*, p. 7.

2부 유품으로서의 작품 또는 침묵

모를 통해 추미를 총책임자로 발탁했다. 추미는 제임스 조이스의
『피네간의 경야(Finnegan's Wake)』를 건축적으로 형상화한 「조이스
정원」을 1977년에 조성한 바 있는데, 다양한 건축 규범을 모아 일
종의 교차로를 꾸미는 것이 이 작품의 기본 착상이었다. 추미는 이
기획을 보다 확대하고 심화해 라 빌레 공원에서도 다양한 건축 규
범들의 조화를 시도해 보기로 했다. 이에 따라 공원의 각 부분을
다양한 개성의 여러 건축가에게 맡기기로 했는데, 그 일원으로 아
이젠먼도 데리다와 한 팀을 이루어 참여했다. 그들의 기획이 바로
「코랄 웍스」이다.

그런데 그들이 「코랄 웍스」 프로젝트를 당국에 제출했을 때 그
규모는 할당된 예산의 두 배를 넘었다. 당연히 프랑스 정부는 기획
의 축소와 수정을 요구해야만 했다. 그들이 두 번째로 프로젝트를
제출했을 때는 규모가 예산의 여섯 배를 넘었다. "이들은 라 빌레
에 공원을 만들고 싶은 마음이 없다. 그들이 원하는 것은 오히려
한 권의 책을 출판하는 것이다."라며 프랑스 관리는 고개를 흔들
었다. 결국 라 빌레 공원은 아이젠먼과 데리다를 빼놓고서 완성을
보았으며, 「코랄 웍스」는 오늘날까지도 실현되지 않은 채 도면으로
만, '미래의 건축'으로만 남아 있는 작품이 되었다. 그러나 이 작품
이 기획되는 과정 중에 남겨진 방대한 자료들, 즉 아이젠먼과 데리
다의 회의 녹취록, 도면, 모형, 서신, 보고서, 논문 등등은 해체주의
건축의 정수를 보여 주며, 전위적인 건축적 모험의 역사에서 하나
의 빛나는 도전으로 기록된다.

「코랄 웍스」는 어떤 작품인가? 'Chora L Works'라는 제목 자체
가 이 작품이 중층적으로 다양한 함의를 담고 있음을 암시해 준다.

우선 표면적인 함축은 말 그대로 '코랄(합창)'이다.[49] 또한 「코랄 웍스」는 헨델의 「왕궁의 불꽃놀이(*Music for the Royal Fireworks*)」를 넌지시 환기하기조차 한다.[50] 이러한 점들은 이 건축물이 오케스트라가 만들어 내는 조화로운 소리의 건축을 돌과 액체라는 광물적 소재 안에 투영하려는 의도를 지녔음을 알려 준다. "작품은 음악적이 되며, 다수의 목소리를 위한 건축이 된다. 여기서 서로 다른 다수의 목소리는 차이를 형성하는 동시에 조화를 이룬다."[51] 이런 작업은 건축을 통해 합창을 석질화(石質化)하는 기획이라 할 만하다.

그런데 이 작품의 제목 안에는 좀 더 중요한 뜻이 들어 있으니, 그것은 'Choral'에서 'L' 자만 따로 떼어내고 '코라 L 웍스(Chora L Works)'로 쓰는 이유이기도 하다. 'L' 자가 떨어져 나간 '코라'는 바로 우주의 생성에 관한 플라톤의 저작 『티마이오스』에 나오는 수수께끼 같은 개념 '코라(Khôra)'를 가리킨다. 널리 알려져 있다시피 플라톤에서 우주는 '이데아'와 이 이데아의 모사물인 '감각적인 것들'로 이루어져 있다. 데미우르고스라는 신이 사물들의 모범적 원형으로서 이데아를 청사진 삼아 빚어낸 것이 바로 우리가 세계 안에서 만나는 감각되는 것들이다. 자, 설계도(이데아)도 있고, 그 설계도에 따라 만든 완성품(모사물)도 있다. 그렇다면 신은 어디서 재료를 구해 왔을까? 이를 설명하기 위해 플라톤은 '코라'를 내세운다. 바로 기원(이데아)과 그것의 모사물의 질서 안에 편입되기 이전의 원초적인 질료가 널려 있는 공간(사이트), 일종의 채석장이 코라인 것이다. 아이젠먼과 데리다는

49
Derrida, "Pourquoi Peter Eisenman écrit de si bons livres," p. 499.

50
Derrida, "Pourquoi Peter Eisenman écrit de si bons livres," p. 500.

51
Derrida, "Pourquoi Peter Eisenman écrit de si bons livres," p. 499~500.

이러한 신화 자체가 지닌 건축적 본성을 재빨리 눈치챘다.

> 플라톤이 건축가 신(神) 데미우르고스에 관해서 말한 것, 장소와
> 장소 안에 모형의 이미지를 새기는 기입의 작업에 관해 말한 것
> 등등 심오한 수수께끼는 모두, 일종의 건축학적 시금석이자 엄격
> 한 도전처럼 보인다.[52]

세계를 창조한 건축가로서 데미우르고스보다 앞섰던 것, 창조
자보다도 나이가 많은 것은 무엇인가? 그것이 바로 신의 손길이 닿
기 이전의 사이트인 '코라'이다. 데미우르고스의 손에 의해 이데아
(기원)의 모사물로 자리 잡기 이전에 코라 위에 놓인 질료, 즉 기원
의 신화에 빨려 들어가기 이전의 우주, 유기체의 모습을 갖추기 이
전의 무질서한 채석장으로서의 우주는 어떤 모습인가? 「코랄 웍
스」는 기원과 모사물의 질서 이전의 세계, 이 원초적 사이트인 코
라의 모습을 되찾으려는 야심적인 기획이다. 아이젠먼은 바로 이런
방식으로 건축을 통해 '기원의 신화'를 공격할 수 있다고 생각했다.
「코랄 웍스」는 모든 종류의 원본적 이데아가 붕괴한 세계, "원형 없
는 조직, 기원이 없는 기억",[53] 오직 '체계가 없는 분산'만으로 된
세계를 보여 주고자 한다.

그렇다면 과연 건축은 플라톤의 코라를 어
떻게 표현할 수 있을까? 코라 안에 놓인 재료들
은 과연 어떤 모습이었을까? 플라톤은 재미있
게도 코라를 '키질' 같은 것을 하기 위한 '체'로
이해한다.

52
Derrida, "Pourquoi Peter
Eisenman écrit de si bons
livres," p. 498.

53
Derrida, "Pourquoi Peter
Eisenman écrit de si bons
livres," p. 508.

「코랄 웍스」와 건축 해체 이야기

코라는 결코 닮지 않고 균형이 잡히지 않은 힘들(dynameis)로 가득 차 있기 때문에, 그것의 어떤 부분에서도 평형을 이루지 못하고, 그것들(힘들)로 인해서 그것이 균형을 잃고서 온갖 방향으로 기우뚱거리며 흔들리게 되는가 하면, 또한 그것이 운동하게 됨으로써 다시 그것들을 흔들어 놓게 된다는 겁니다. …… 키나 곡식을 가려내는 일과 관련된 기구들에 의해 흔들리고 까불리는 것들이, 그중에서 단단하고 무거운 것들은 한쪽으로, 엉성하고 가벼운 것들은 다른 자리로 옮겨 가서 자리를 잡는 것과도 같죠.[54]

54
플라톤, 박종현·김영균 옮김,
『티마이오스』(서광사, 2000),
52e~53a, 147~148쪽.

그러므로 아이젠먼이 기우뚱하게 기울어져서 흔들리는 체의 모습으로 「코랄 웍스」를 기획한 것은 실은 플라톤의 엉뚱한 생각에서 나온 것이다.

「코랄 웍스」는 체로 쳤을 때 나타나는 재료들의 모습을 포착한다. 우리가 어떤 재료를 일종의 필터 같은 체 위에 놓고 치면 대개 무거운 것들은 아래로 쳐지고, 가벼운 것들은 위에 모인다. 쉽게 말해 층들이 생긴다. 그러나 이 층들이라는 것들도 명확히 구분된 것이라기보다는 재료 알갱이들의 '무질서한 분포'에 가까운 것이다. 이것이 뜻하는 바는 무엇인가? 바로 어떤 식으로도 '전체화되지 않는 장소'를 「코랄 웍스」는 추구한다는 것이다.

각 층은 전체화되지 않는다. 전체화될 수 없는 양피지(palimpseste)의 이 구조는 그 요소 중 하나가 다른 요소들을 위한 자원으로 쓰일 가능성을 만들어내고, 내적 차이의 놀이에서 재현과

객체화가 불가능한 하나의 미궁을 만든다. 이것이 진정한 「코랄 웍스」의 구조다. 그 돌과 금속의 구조 및 층들의 중합은 플라톤적 '코라'의 심연에 몰입되어 있다.[55]

전체화되지 않는 건물, 유기체가 아닌 건물을 상상해 본 적이 있는가? 「코랄 웍스」는 바로 이러한 건축에 도전한다. 그러므로 그것은 플라톤의 코라에 관한 "감각적 안내문"[56]이라 할 만하다.

아이젠먼의 설계도들은 어느 것이건 항공기 제작용 프로그램을 사용해서 만들어야 할 정도로 복잡하기 짝이 없다. 그것은 '유기체'로서의 건물보다는 건물의 태아의 모습, 모든 기관이 유기체를 이루기를 거부하고 무질서하게 흩어진 미정형의 어떤 것의 모습에 가깝다. 이 건축 모험의 종착지는 어디가 될 것인가? 그를 증오하는 비판자들이 예견하듯 그의 집들은 허무하게 무너져 버리고 말 것인가? 또는 "피터 아이젠먼은 왜 이렇게 좋은 책을 쓰는가."라는 데리다의 감탄처럼, 그는 건축을 신대륙에 상륙한 퓨리턴들의 해변과도 같은 매혹적인 새 땅으로 인도할 것인가? 분명한 것은 현대 건축은 미래를 소유하기 위해, 이미 마련된 어떤 안식처에도 닻을 내리지 않고 논쟁과 실험의 가시밭길을 쉬지 않고 걸어가고 있다는 점이다.

55
Derrida, "Pourquoi Peter Eisenman écrit de si bons livres," p. 504.

56
Derrida and Eisenman, *Chora L Works*, p. 11.

사물이란 무엇인가?

오드라데크, 틀뢴의 원추형 물체
— 세상을 먹어 치울 가장 위험한 사물

사물은 우리 주변을 가득 채우고 있고 우리는 어디에 가든 사물과 마주친다. 사물(thing)이란 도대체 무엇인가? 고대 이래 사람들은 이 물음에 사로잡혀 왔다.

그러나 누군가 이렇게 의아스럽게 생각할 수도 있을 것이다. '내 눈앞에 지금 놓여 있는 물건(a physical item)이 사물이지 않은가? 이런 당연한 답을 구하는 것도 물음인가?'라고 말이다. 여기서 '물건'이나 '사물'이라는 표현 속에 들어 있는 '물(物)'이라는 글자는 사물에 대한 우리의 접근을 방해하는 어떤 선입견을 강요하는 것 같다. 그것은 특정한 법칙, 즉 '물리(物理)'라는 법칙을 사물을 파악하는 제일가는 길로서 우리에게 대뜸 제시하는 것이다.

사물이란 '물리'의 지배 아래만 놓여 있는 어떤 것이라는 말인가? 그러나, 가령 프루스트의 사물인 마들렌은 설탕과 버터라는 물리적으로 파악되는 성질에 제한되지 않는 정신적 등가물을 가지

　　　　　　　　　　2부 유품으로서의 작품 또는 침묵

고 있다. 마르탱빌의 종탑도 그렇고, 게르망트 대공의 연회에서 발에 걸린 포석, 숟가락 소리 역시 마찬가지이다. 켈트족 역시 그들의 신화 속에서 이런 비자발적 기억 같은 것이 발견해 내는 정신적 등가물을 가진 사물들을 증언한다. 그리운 이들의 영혼은 죽은 뒤에 친숙한 사물 속에 몸을 숨기고 있다가 친지가 나타나면 말을 건넨다고 켈트족은 믿는다. 요컨대 우리 이성이 아는 세계의 표현으로서 '물리'는 사물의 아주 작은 비밀만을 벗겨 내고 있다.

사물이 너무도 다양한 면모를 지니고 있다면, 도대체 사물에 어떻게 접근할 것인가? 하이데거는 『사물에 관한 물음』이라는 책을 썼는데, 여기서 그리스인들, 그러니까 서구인의 근원적 사유 방식을 소유한 이들이 사물을 어떻게 분류하고 있는지 보여 준다.

(1) 타 퓌지카: 가장 먼저 있는 것

(2) 타 포이오메나: 인간에 의해 생산된 것

(3) 타 크레마타: 사용되는 것

(4) 타 프라레타: 우리의 각종 실천과 관련된 것

(5) 타 마테마타: 우리가 그 자체로서의 사물을 체험한 것

첫 번째 것은 주어진 자연이라 일컬을 수 있을 것이다. 그것은 자연과학이 제한된 개념을 통해 재단(裁斷)한 자연이 아니라, 만물을 떠받치고 있는 원리(arche)이며, 그런 의미에서 가장 먼저 오는 사물로서의 자연, 즉 가공되지 않은 것이다. 두 번째 것은 이로부터 인간을 통해 출현한 것, 즉 생산된 것이다. 세 번째는 우리가 사용하는 사물, 네 번째는 사용뿐 아니라, 도덕적 실천 등을 포함한

사물이란 무엇인가?

우리의 행위와 관련된 사물, 다섯 번째는 우리가 '인식'할 수 있는 바 사물이 영위하는 모습, 즉 수학적으로 파악된 것을 일컫는다.

이 분류를 우리 나름대로 더욱 줄여 보자. 그러면 가장 근본적인 층위에서 살펴볼 수 있는 사물의 면모란, 어떤 이차적인, 추상적인, 학문적인, 실용적인 개념에도 매개되지 않은 모든 것의 원천으로서의 자연이라는 사물, 그리고 실용적 차원이 되었든 도덕적 차원이 되었든 사용되는 사물, 마지막으로 수학을 통해 드러나는, 이론적으로 인식하는 차원의 사물이다.

근대인들은 이 마지막 종류의 사물, 수리물리학적 인식의 대상으로서 사물을 사물성의 주도적 의미로 생각했다. 대표적인 것이 데카르트가 고안한 '생각하는 사물(res cogitans)'일 것이다. 이것은 문자 그대로 '사물(res)'이다. 우리 인간의 의식을 일컫는 이 '생각하는 사물'이란 자연이나 음식이나 예술에 대해 어떤 취향(아름답다, 장엄하다)을 가진 사물이 아니라, 세계의 수리물리학적 질서의 원천이 되는 사물이다. 이 생각하는 사물 안에 들어 있는 '본유관념'은 세상에 있는 모든 사물의 질서를 반영하고 있는 것인데, 그 질서란 바로 수학이다.

근대에 등장한 이 생각하는 사물은 오랜 세월 세상의 모든 사물을 수리물리학적 질서 바깥으로 빠져나가지 못하게 했다. 강물은 발전소를 위한 수량으로, 숲은 가공되기 위한 목재의 총량으로, 눈 덮인 에베레스트 산은 생수 회사가 확보할 자원의 총계로 파악되었던 것이다. 근대인, 그리고 근대인으로서 우리 자신이 사물에서 누리는 이 유용성의 바탕에는 사물의 객관성을 보증하는 수리물리학적 질서가 있다.

2부 유품으로서의 작품 또는 침묵

이와 반대편에서, 계산하는 이성보다 심층에 있는 원초적인 자연으로서의 사물이 지닌 의미에 인류는 끊임없이 접근해 왔다. 그 대표적인 작품이 에피쿠로스의 학문을 전하는, 고대 세계의 거의 유일무이하게 살아남은 목소리인 루크레티우스의 『사물의 본성에 관하여』이다. 시(詩)로 쓰인 이 작품은 제목이 알려 주듯 바로 '사물에 대해 탐구'하고 있다. 어떤 면에서 고대의 스피노자나 니체라 불러도 좋을 루크레티우스는 이 작품을 통해, 사물을 다루는 아주 고통스러운 실천, 즉 속죄와 금욕과 처벌의 방식을 대표하는 기독교의 대척지에서 사물에 접근한다. 한마디로 그 접근의 가르침이란, 근원적인 자연으로부터 출현한 그대로의 사물들이 자기 좋은 대로 있도록 놔두라는 것이다. 자기들 좋은 대로 있는 사물들이란, 아프로디테, 즉 베누스의 가르침을 새겨, 강제적인 법이 아니라 자연 안의 본래적인 끌림에 따라 서로 기쁜 관계를 맺는 사물들이다. 그래서 이 작품은 베누스에 대한 이런 기도로 첫머리를 장식하고 있다.

> 모든 것의 가슴에 매혹하는 사랑을 심어 넣어,
> 종족을 좇아 열심히 자손을 생산하도록 만드십니다.
> ……
> 제가 사물들의 본성에 대하여 친애하는 멤미우스 집안의 자손에게
> 엮어 보이고자 시구들을 쓰는 데에 당신께서 동맹자가 되시기를 간절히 원하나이다.[57]

57
루크레티우스, 강대진 옮김, 『사물의 본성에 관하여』(아카넷, 2012), 26~27쪽.

루크레티우스는 '사물의 본성'에 접근하려

는 단순한 시도를 통해 사물을 얽매는 모든 근거 없는 법으로부터 사물을 해방한다. 그리하여 잊혔던 루크레티우스의 작품이 르네상스 시대에 재발견된 후 루크레티우스의 인도를 받는, 사물의 해방을 구현하는 작품이 쏟아진다. 그린블랫이 잘 분석하듯, 대표적인 것이 루크레티우스의 독자 보티첼리가 베누스를 주인공으로 그린 작품들, 즉 「베누스의 탄생」과 「봄」일 것이다. 앞 시 구절의 첫 두 행을 가시화하듯 서로 끌리는 자연의 사물들 사이에서 베누스는 탄생한다. 그리고 폴리치아노뿐 아니라 루크레티우스의 다음 시구를 그대로 가시화했다고 해도 좋을 「봄」이 그려진다. "봄과 베누스가 지나간다. …… 어머니인 플로라가 그들을 위해 앞길에 온통/ 빼어난 꽃들과 향기를 뿌려 채운다."[58] 이것은 바로 사물들의 관능적 결합의 이야기이다.

58
루크레티우스, 『사물의 본성에 관하여』, 398쪽.

사물을 규율하는 기독교적 법으로부터 해방된 사물 자체에 접근하는 이 시는 당연히 기독교 세계에선 하나의 위험물, 금서가 되어 버린다. 그러나 인류는, 그러니까 우리는 모든 근거 없는 규율의 강제를 뛰어넘어 사물의 본성에 다다르기 위한 시도를 그치지 않는다.

현대에 출현한 아주 특이한 두 사물은 그러한 시도를 실천하고 또 완성하는데, 바로 카프카가 이야기하는 오드라데크와 보르헤스의 원추형 신상(神像)이 그것이다.

이 사물들은 모두 우리 세계의 어떤 개념이나 척도나 말을 통해서도 가시화되지 않는 것들이다. 카프카는 「가장의 근심」에서 오드라데크에 대해 말한다.

그 밖에 이것에 대해 더욱 상세한 것은 말할 수 없다. 왜냐하면 오드라데크는 유난히 움직임이 많아서 붙잡을 수 없기 때문이다. 그는 번갈아 가며 천장에 있다가 계단에 있기도 하고, 복도에 있는가 하면, 현관에 있기도 한다. …… "넌 어디서 살지?", "정해지지 않은 집" 하고 말하면서 그는 웃을 것이다. 그러나 그 웃음은 폐를 가지고는 만들어 낼 수 없는 그런 웃음이다. …… 내가 죽고 난 후에도 그가 살아 있으리라는 생각이 나에게는 몹시 고통스럽다.[59]

"정해지지 않은 집"을 가진 오드라데크는 그야말로 어떤 정체성도 가지지 않는 사물이다. "그가 도대체 죽을 수도 있을까?" 심지어 오드라데크는 필멸하는 것들의 흐름을 유유히 거슬러 오르는 불사의 것이기까지 하다.

59
프란츠 카프카, 이주동 옮김, 『변신』(솔, 1997), 242쪽.

보르헤스는 「틀뢴, 우크바르, 오르비스 떼르띠우스」에서 역시 이 세상에서는 정체성을 확인할 수 없는 사물을 출현시킨다. 그것은 선술집에서 죽은 채 발견된 어느 목동의 주머니로부터 흘러나왔다.

한 남자아이가 그 원추형 금속체를 주우려고 애를 써 보았지만 실패했다. 한 남자가 간신히 그것을 들어 올렸다. …… 아주 작음에도 불구하고 동시에 무겁기 그지없던 그 물체에 대한 확인은 나를 구토감과 두려움의 기분에 휩싸이도록 만들었다. 그 동네의 어떤 사람은 그것을 불어 오른 강물 속에 내던져 버리자고 했

사물이란 무엇인가?

다. …… 그 작지만 아주 무거운 원추형 물체들은 틀뢴의 몇몇 지
방에서 신의 형상에 해당했다.[60]

60
호르헤 루이스 보르헤스, 황
병하 옮김, 『픽션들』(민음사,
1997), 47쪽.

보르헤스는 우리 세계 안에는 없는, 그러므
로 우리 세계 안에서 정체성을 가지지 않는 물
체의 침입을 기술하고 있다.

그런데 여기서 말하는 '우리 세계'란 무엇
인가? 그것은 우리의 선입견이 지배하는 세계, 몇몇 한정된 영역에
국한된 수리물리학적 법칙을 보편적인 사물의 법칙처럼 확대한 세
계, 그리고 무엇보다 매우 제한적이며 또 폭력을 수반하기도 하는
종교와 도덕법칙의 세계일 것이다.

2000년 전 루크레티우스는 이런 세계를 찢고 원초적인 사물의
세계, 쫓아야 할 내세의 가치 없이 오로지 현세적 자연 안의, 기쁨
을 위한 베누스의 결합만이 있는 사물의 세계에 접근하려고 했다.

현대 문학의 진귀한 시도, 카프카와 보르헤스의 시도는, 이 세
계에 없는 낯선 사물의 도입을 통해 루크레티우스가 끝장내고 싶
어 했던 이 세계에 종말을 주려고 한다. 카프카와 보르헤스의 사물
은 어떻게 이 세계를 끝장낼 수 있는가?

기존의 세계의 사물이란 세 개의 조건 속에 반드시 들어와야
했다.

(1) 로고스: 사물은 이성을 통해 다루어질 수 있고 언급될 수 있
는 무엇이어야 한다.

(2) 범주: 사물이 언급될 때 그것은 반드시 범주를 통해 정리된다.

2부 유품으로서의 작품 또는 침묵

(3) 충족 이유율: 사물은 반드시 다른 것이 아닌 지금 이 모습대로 출현한 '이유'를 가진다.

우리가 살펴본 현대의 사물은 이 세 가지 가운데 어느 것도 존중하지 않는다. 이 무서운 대상들은 이 모든 것을 거스르며 우리를 찾아온다. 오드라데크와 틀뢴의 원추는 로고스(말)를 통해 우리 사유 안에 입장하지 않는, 도무지 뭐라 이름을 붙일 수도 말을 건넬 수도 없는 것이다. 당연히 양, 질, 관계, 양상 등 어느 범주에도 포섭되지 않는다. 무엇보다 그들의 출현은 당혹스러우리만큼 '이유가 없다.'

만일 우리가 기존의 역사와 가치를 끝장낼 메시아를 기다린다면 이런 사물의 출현이 그것 아닐까? 낯선 사물인 틀뢴의 신상이 문자 그대로 메시아인 것이다. 그러나 우리 세상에선 모든 것이 적절한 이유 없이 출현할 수 없다면(충족 이유율), 우리는 낯선 사물을 영영 마주하지 못할 것이다. 그러나 만일 적절한 이유 없이도 사물들이 마구 도래할 수 있는 영역이 있다면? 바로 그 영역이 로고스도 범주도 충족 이유율도 필연성을 상실하는 '예술'의 영역이다. 거기서 우리는 세상의 찢어진 천막 너머로 도래하는 낯선 우주, 아니 아무런 이름 없는 어떤 것과 조우할 것이다.

숫자 100의 특별함과 「공룡 100만 년」

어려서 신설동에 살 때 일이다. 오늘날은 흔적도 찾기 어렵지만 신설동 오거리 목 좋은 곳에 극장이 하나 있었다. 당시 극장 간판이야말로 어린이들을 위한 미술관이었는데, 아이들이 영화를 보러 정말로 표를 살 수 있는 일은 드물었고 그 미술관 앞에서 상상의 나래를 펼치는 것이 고작이었다.

그런데 어느 날 굉장한 작품이 올라온 것이다. 로봇과 함께 사내아이들의 양대 로망이라 할 수 있는 공룡 그림이 올라왔다. 결국 어머니를 조르고 졸라 며칠 뒤 동생과 함께 극장에 들어가는 데 성공했다. 문 하나를 지나면 순식간에 암흑의 공간이 펼쳐지고, 안내원들이 손전등으로 표를 확인한 후 작은 비상등을 따라 좌석을 찾아 주는 극장의 의식(儀式)은 얼마나 경이로웠던가! 그리고 잊을 수 없는 놀라운 광경을 보게 되었다. 정말 어마어마한 크기의 공룡들이 나왔고, 익룡이 여자를 납치해 갔으며, 심지어 공룡은 아니지

2부 유품으로서의 작품 또는 침묵

만 공룡만큼 거대한 거북이도 나왔다. 19세기보다 더 짙은 휴머니즘을 어디서 배웠는지 원시인들은 약자를 보호하며 처절할 만큼 감동적으로 공룡들과 투쟁했다. 온갖 괴물의 뼈를 넣고 끓인 서덜탕 같은 이 영화는 바로 돈 채피 감독의 「공룡 100만 년(One Million Years B.C.)」이다.

이 영화를 유명하게 만든 건 포스터 한 장이 아니냐고? 부정할 순 없다. 이 포스터는 감옥에서조차 인기였다. 영화 「쇼생크 탈출」을 보면 주인공이 감방의 탈출로를 가리기 위해 붙여 놓은 큰 그림이 나오는데, 바로 1960년대 섹스 심벌이었던 라켈 웰치가 원시인의 모피 비키니를 입고서 찍은 이 영화의 포스터이다. 이 포스터 단 한 장으로 이 영화는 성공을 거두고 고전의 반열에 올라섰다고 조금 과장해 봐도 돌을 맞진 않을 것 같다. 온갖 컴퓨터 그래픽 효과를 자유자재로 만들어 내는 오늘날의 관점에서 보면, 이 영화의 공룡들이란 참 어설프기 짝이 없다. 그러나 공룡 영화의 고전으로서 이 영화가 사람들의 두뇌에 새긴 흔적은 인두 자국처럼 놀랍고 선명한 것이어서, 후에 국내에선 똘이 장군이 스스로 주연을 맡은 「공룡 100만 년 똘이」라는 영화를 창조하는 데도 적지 않은 영향을 주었다. 공룡, 원시인, 버뮤다 삼각지대, 심지어 외계인까지 동원되는 이 1980년대 초반 작품은 좀 중구난방인 감이 없지 않은 애니메이션이었다. '역시 우리의 똘이 장군은 반공 소년으로서 붉은 돼지를 쫓고 간첩을 잡아야 박력도 들어가고 힘도 내지, 공룡을 상대할 때는 영 아니야.'라고 씁쓸해한 소년이 많았으리라.

100이라는 숫자는 채피의 이 영화를 떠올리게 만든다. 영화 제목의 '100만'이, 100이라는 숫자와 연관을 가지는 것은 서양이 아닌 우리 문화에 속하는 일이지만 말이다. 영어의 '밀리언(million)'이라는 단어 자체 안에는 100이라는 표기 형태를 찾아볼 수 없다. 오히려 서구 문화에서는 '10만(a hundred thousand)'이 100이라는 숫자 표기와 관련이 있다. 셈하는 방식의 상대성 때문에 100이 나타나기도 하고 사라지기도 하는 이 사실로부터도 벌써 우리는, 100이라는 숫자만의 고유성은, 가변적으로 이렇게 저렇게 정해지는 셈의 단위가 아니라, 규정할 수 없는(즉 무한한) 이념으로서 다루어져야 하지 않는가 하는 점을 어렴풋이 느끼게 된다.

다시 이 영화를 떠올린 것은 얼마 전 시조새와 관련해서 창조론과 진화론의 대립이 가시화되었을 때이다. 창조론자들은 괴물들과 인간들을 같이 그려 놓은 고대의 유물을 보고서 공룡과 인간이 공존했다는 주장을 한다고 했다.(논거 가운데 하나이다.) 공룡과 인간이 진화의 단계상 거리를 두고 출현한 것이 아니라, 창조에 의해 한 번에 만들어졌다는 증거라는 것이다. 어? 바로 이 영화 「공룡 100만 년」이 그렇잖아? 인간과 공룡이 같은 생태계 안에서 함께 사투를 벌이는 이 영화는 혹시 진화론을 비판하기 위한 고도의 술책인가? 영화의 제목 자체가 진화론과 과학을 철저하게 비웃고 있다. 공룡은 6500만 년 전에 이미 지구에서 사라졌으니, '기원전 100만 년'이라는 영화의 원제는 공룡이 사라진 지 6400만 년이나 되는 아주 늦은 시기를 엉뚱하게 겨냥하고 있는 것이다. 그야말로 대놓고 과학을 무시하고 있다. 좀 다른 얘기지만, 이에 비하면 수작 중의 수작인 호건의 『별의 계승자』가 제시하는 '5만'이라는 숫자는 얼마나 정교하게 과학적으로 계산된 것인가!

물론 저 영화에 대한 이런 비판은 진지한 표정으로 할 수 없는

2부 유품으로서의 작품 또는 침묵

어리석은 것이라는 것은 누구나 알리라. 예술 작품 속에서 사실에 대한 진실을 탐구하는 것은 무의미한 까닭이다. 예술로서의 영화는 과학 또는 진화론 너머로 무한히 자신을 확장해 나갈 수 있지 않은가? 칸트식 표현을 빌려 말하자면, 예술 안에서 상상력은 개념에 종속되지 않고 작동한다. 여기서 개념이란 과학적 명제들을 구성하는 것이다. 이렇게 과학적 명제를 뛰어넘음으로써, 예술은 '사실의 세계 속에서 확인된다는 조건 속에서만 의미를 지니게 되는 진리'와 이별한다. 그리고 예술은 진리와 이별하는 대신 더 큰 것을 얻게 된다. 바로 사실의 세계 속에서 확인할 수 없고 오로지 마음속에 품어 볼 수만 있는 것, 흔히 '이념'이라고 부르는 것을 예술은 자신 안에 간직할 수 있게 된다.(물론 그 이념의 구체적 내용은 개개 작품마다 다르다.) 과학적 명제는 참이기 위해서는 경험 안에서 확인되어야 하지만, 이념은 마음속에 있을 뿐 경험 안에서 자신의 대응물을 발견하지 못한다.

우리 삶은 경험 안에서 확인되는 진리가 아니라 바로 이 이념을 기둥으로 삼고 서 있는 것이 아닌가? 가령 이념의 한 가지로서, '자신의 인생 전체'라는 상념에 대해 생각해 보자. 우리는 인생의 매 순간 진리에 몰두한다. 우리가 몰두하는 과학적 법칙은 경험 중에서 확인되어야 비로소 진리일 수 있기에 우리는 그 확인의 방법으로 실험을 수행한다. 비단 이런 학문 세계에서만 사실의 차원에서 확인 가능한 진리에 몰두하는 것이 아니다. 일상 속에서 역시 우리는 이런 진리에 몰두하는데, 가령 신문에서 읽은 것이 정말이라고 믿을 수 있기 위해선, 그것은 사실 속에서 확인될 가능성을 가져야 한다. 계약서는 합의한 대로 맞게 쓰여 있는지, 약속한 일은 지켜지고 있는지, 우리는 늘 이런저런 일들이 참되게 돌아가는 데 마음을 쓰고, 또 그것이 참된지 아닌지 확인할 수단을 경험 가운데서 얻어 낸다.

그러나 나날 속에서 잡다하게 이루어지는 이러한 모든 일은 무엇의 인도를 받고 있는 걸까? 바로 '자신의 인생 전체'라는 '이념'의 인도를 받고 있다. 누구나 여러 가지 일을 하며 하루하루를 보낸다. 학업을 위해 시간을 보내며 또 직장 일이 있고, 살림이라는 폭넓은 말로 일컬어지는 자질구레한 일들이 우리의 하루를 각기 필요한 만큼 조각조각 빼앗아 간다. 그러나 이 모든 개개의 일은 자기 충족적이 아니다. 그것들은 풍경화 안의 소실점 같은 '하나의 지향점'이 있기에 비로소 의미를 지니는 것인데, 바로 '하나의 인생 전체'라는 이념이 그것이다. 경험은 잡다한 조각들일 뿐인 까닭에 하나의 인생 '전체'는 결코 경험 안에 주어지지 않는다. 우리는 그것을 머릿속에 생각으로서 가지고 살 뿐이다. 그러나 나날의 경험 속에서 참되거나 그른 것으로 확인될 수 있는 모든 일은 바로 이 하나의 사념, 하나의 이념인 '한 인생 전체'를 설계도로 삼고서만 비로소 의미를 지니는 것이다. '이게 도대체 인생에 무슨 의미가 있나?' 어떤 사안 하나를 손에 들고 물을 때 우리는 사실에서 일어나는 개별적인 일을, 경험 안에 다 구겨 넣을 수 없는 삶 전체에 비추어 보고 있는 것이다. 또한 이 물음에 쉽게 대답하지 못하는 까닭은 삶 전체란 경험 안에서 확인할 수 있는 사실로써 주어지지 않는 까닭이다.

만일 예술이 위대하다면, 경험적 사실로써 확인되는 것은 아닐지라도 인간이 누리는 삶의 방식에 개입하는 저런 이념을 제시할 수 있기 때문일 것이다. 예술은 바로 이념을 창조하는 힘이다. 이념은 경험 안에서 진리로써 확인되지 못하는 것, 즉 과학이 아닌 것이지만 모든 개개의 경험적 진리 탐구를 이끄는 원동력이 된다. 「공룡 100만 년」 안에 구현되어 있는, 사실관계로부터 자유롭게 풀려나온 사태(사실상 양립할 수 없는 인간과 공룡의 생태계가 얽혀 있는 일)는 바로 이렇게 경험에 대응하는 진리를 초월해 이념을 창조할 수 있는 예술 고유의 힘에서 유래한 것이다.(물론 이 영화가 '훌륭한 작품'이라는 미적 기준(이것은 늘 특정한 철학, 문화, 시대 중 한 가지에 종속되어 있다.)을 충족했는가는 또 다른 문제지만.)

그렇다면 이제 우리는 거꾸로 생각해야 하는 것이 아닐까? 「공룡 100만 년」이 진화론을 무시한 것은 그것이 예술이라는, 과학적 경험으로부터 자유로운 영역 안에 있기 때문이다. 만일 정말 비난받아야 할 것이 있다면, 바로 예술 안에서만 가치를 지닐 수 있는 이념을 마치 경험 안에서 확인할 수 있는 것인 양 거기에 진리의 이름을 주고 진화론과 맞세우는 입장이 아닐까? 이념적인 것이 경험적 진리의 차원으로 내려와 그 차원을 담당하고 있는 과학과 맞서서 경험적 진리를 흉내 낼 때 세상은 뒤죽박죽이 된다.

그렇다면 이제 우리는 100이라는 숫자의 의미를 알 수 있다. 고증적으로 볼 때 100만 대군을 일으킬 능력도 없는 초라한 고대 국가들이 걸핏하면 100만 대군을 일으켜 전쟁을 했다는 이야기를 역사책에서 심심찮게 읽는다. 이때 100은 특정한 셈의 체계 안의 한 단위가 아니라, 경험을 넘어선다는, 경험적 한계를 지니지 않는다는 것을 뜻하는 지표이다. 그것은 인간이 제한된 경험 안에서 확인할 수 있는 양(量) 너머를 사유할 수 있는 인간 사유 능력의 무한성을 가리켜 보이는 표시이다. 그러므로 우리가 100이라는 숫자를 특별히 기념한다면 그것이 바로 무한히 넘쳐 나는 인간의 정신을 가시화하고 찬양할 수 있는 방식이기 때문에 그러하리라.

99는 평범하지만, 하나가 보태져 100이 되면 갑자기 한계가 없는 숫자가 된다. 인간의 생각은 100이라는 숫자를 마술 양탄자처럼 타고 무한한 궤도에 가닿는다. 만일 역사의 여러 순간에서 인류가 계산 가능한 제한된 경험 세계를 넘어 놀라운 비약을 할 수 있었다면 그것은 바로 경험적 진리 바깥에서 무한하게 사유를 펼치는 능력 때문이리라. 그 사유를 전개하고 표현할 때 인간은 '100'이라는 말이 필요했다.

온천론(溫泉論)

나의 첫 시집과 이상

이상은 병이 생긴 후 직장에 사표를 내고 황해도 배천(白川) 온천으로 요양을 하러 간다. 그때의 체험에 대해 「봉별기(逢別記)」에서 이렇게 쓰고 있다.

> 스물세 살이오. — 삼월이오. — 각혈이다. 여섯 달 잘 기른 수염을 하루 면도칼로 다듬어 코밑에다만 나비만큼 남겨 가지고 약한 제 지어 들고 B라는 신개지(新開地) 한적한 온천으로 갔다. 게서 나는 죽어도 좋았다.[61]

적진으로 말을 달리는 장수나 장작더미 위의 순교자는 곧잘 이렇게 이야기한다. "죽어도 좋았다……." 그런데 온천에 놀러 가면서 죽어도 좋다니. 어쨌든 거기서 금홍이를 만나는 식

61
이상, 「봉별기」, 『이상 소설 전집』(민음사, 2012), 117쪽.

으로 이상의 문학과 삶은 우리가 잘 알고 있는 궤적을 획득한다. '제비'를 개업하고, 맥주와 붕어과자와 장국밥을 사 먹으며 금홍이와 헤어지고, 베개를 선물 받고 등등……. 그것은 전쟁 영웅이나 순교자의 경우만큼이나, 아니 그 이상으로, 죽음과 맞바꾸어도 좋을 인생이었다고 어떤 사람들은 기억하는 것이다.

어쨌든 이렇게, 생명체를 준비하는 미네랄 수프를 담은 태초의 바다처럼 부글거리는 한 '온천'이 이상 문학의 뿌리에 끼어든 셈이다. 온천 시인.

나의 20대가 막 사라졌을 때, 오래된 노트들을 털어서, 어린이들이 개미 무덤을 짓듯 만든 나의 첫 시집 『랭보가 시쓰기를 그만둔 날』은 온천 시인에 관한 저 오랜 기억이 움직이면서 시작한다. 시집 첫 시의 제목은 '종생기', 그러나 불운하게도 인생의 '서막'에 자리 잡은 종생기인 「서시적 종생기」이다.

묘지명(墓地銘)이라
스물셋이요 ─ 3월이요 ─ 각혈, 아니
비만이다

여섯 달 잘 기른 수염을 하루
면도칼로 다듬어 코밑에다만 나비만큼
남겨가지고
살 빼는 약 한 제
지어들고 ××관광단지 내
온천으로 갔다[62]

2부 유품으로서의 작품 또는 침묵

배천 온천에서 예기치 않게 기다리고 있던 사건처럼, 낯선 곳으로의 여행이란 늘 운명적이어야 한다.

62
서동욱, 『랭보가 시쓰기를 그만 둔 날』(문학동네, 1999), 11쪽.

배천. 여행을 하는 자는 지명(地名)을 떠올리곤 한다. 지명의 나열은 키보드의 자판 순서보다도, 사전의 알파벳 배열보다도 더 우연적이다. 여행하는 이가 지명을 떠올릴 때 그것은 주체의 계획과는 아무런 상관도 없는 운에 맡겨져 있는 것이다. 그러니 지명들의 이 우연성에만 의존하여 탐구를 수행하는 것은, 우리의 평균적 삶을 구성하는 모든 임의적인 전제(가치, 습관, 문법, 우정과 사랑과 예의범절의 기술, 장래 희망과 계획 등등)로부터 벗어나는 가장 좋은 길이 아닌가?

그러나 또한 지명들의 육화(肉化)인 여행을 통해 가르침을 얻기란 여간 어려운 일이 아니다. 왜냐하면 여행에선 낯선 것이 있어야 할 자리를 여행 산업이 만들어 낸 인위적인 풍경이 심심찮게 대체하고 있기 때문이다. 여행이란 관광부가 보여 주고 싶은 광경에 대한 탐닉이라는 점에서 고작 한 국가 내지 관광에 투자한 기업의 정책과 가치관을 견학하는 일에 불과하다. 눈을 가려 버리는 이 인위적 구조물을 걷어 내고 시선을 자유롭게 두기란 얼마나 어려운 일인가? 우리가 도달하는 곳은 늘 별달리 새로울 곳이 없는 관광지인 것이다. 그래서 저 시를 쓰는 나는 그냥 관광지로 가기로 했다. 관광지에서 낯선 지명을 발견해야만 하는데, 그럴 수 있을까?

이상이 앓던 국민적인 병에 대해서도 생각해 보고서, 결핵을 다른 병으로 바꾸어야 했다. 비만. 그것이 진정한 병이든 아니든. 소비의 막다른 골목에서 피할 길 없이 밀려드는 상품을 우리는 곧잘

167

우리 몸 안에 쓸어 넣음으로써 해결하려 한다. 그래서 우리 몸 자체가 역사가 된다. 우리는 종종 과도한 탐닉을 한다. "자신들의 사회적 지위의 안전에 대한 걱정을 비대해 가는 몸으로 억누르기 위해 의사의 충고를 무시한 채 당시의 요양소에서도 풍성하게 차려진 식탁의 쾌락에 언제나 빠져 있는 매우 뚱뚱한 남자들의 모습"[63]을 제발트가 이야기했을 때 그는 이 피치 못할 사회적 욕구 또는 스트레스를 마주하고 있었던 것이다.

그런데 여행을 위한 방향을 가다듬은 곳이 관광지가 되었건, 앓고 있는 병이 비만이 되었건, 어쨌든 나는 온천 시인이 그랬듯 온천으로 가고자 했다. 온천은 늘 질병과 뗄 수 없는 관계를 가진다. 그런데 또 온천은 질병과 가지는 정도만큼 관능적인 정서와도 관계를 가진다. 「장한가(長恨歌)」를 쓰면서 백낙천은 여자의 피부에 대해 이렇게 노래한다. "온천의 물, 옥이 어린 꽃살에 빛나고(溫泉水滑洗凝脂)."[64] 이렇게 백낙천은 피부를 매혹적으로 만드는 물의 음탕함을 들여다볼 줄 알았다. 그는 온천의 물 자체가 에로스의 권능 아래 있다는 것을 일찌감치 잘 알고 있었다……

그러니 역설적이지 않은가? 온천은 많은 경우 질병을 고치러 찾는 곳이지만, 실제 그곳에는 질병 가운데 가장 무서운 질병, 예외적인 에로스가 도사리고 있는 것이다. 이상의 경우도 마찬가지이다. 온천을 찾아간 그는 무슨 일을 벌이는가? "사흘을 못 참고 기어 나는 여관 주인 영감을 앞장세워 밤에 장고(長鼓) 소리 나는 집으로 찾아갔다. 게서 만난 것이 금홍(錦紅)이다."[65]

63
W. G. 제발트, 안미현 옮김,
『아우스터리츠』(을유문화사,
2009), 231쪽.

64
백낙천, 석지현 옮김, 『장한가』
(민음사, 1977), 22쪽.

65
이상, 「봉별기」, 117쪽.

가장 지독한 질병에 스스로 걸린 것이다. 그냥 줄거리만 정리하자면, 온천을 찾아가 삶을 개선해 보려는 순간에 불행이 시작되었다고 할까? 그러니 시작부터 '종생'일 수밖에. 나는 "온천장의 금모(某)라는 마사지 걸과/ 말을 트고 지내게 됐을 즈음,"[66]이라고 썼던 것 같다. 이상이 이런 문장을 보여 주었을 때. "금홍이는 내 말대로 우 씨와 더불어 '독탕(獨湯)'에 들어갔다. 이 '독탕'이라는 것은 좀 음란한 설비였다."[67] 이상의 에로스는 출구 없는 '독탕' 속에 들어 있었…….

그래서? 대체 무엇이 문제란 말인가?

그러니까 온천은 우리가 익히 알고 있던 질병, 그 이상의 질병을 가시적으로 만들어 주고 있다. 요양지의 쓸모란 바로 그런 것이 아닐는지? 온천은 아니지만 가장 널리 알려진 요양지 가운데 하나인 다보스로 사촌을 문병하러 올라갔다가 자신의 폐병을 발견하게 된 한스 카스토르프에게 벌어진 일을 눈여겨볼 필요가 있다. 토마스 만의 『마의 산』에서 의사는 말한다.

당신이 저 평지에서 지금까지와 마찬가지로 지내면 폐엽(肺葉) 전부가 곧 못 쓰게 될 것입니다. …… 여기 공기 말인데 이것은 병을 낫게 하는 데 좋다고 당신은 생각할 것입니다. 그렇지요? 사실 그렇습니다. 그러나 또한 여기 공기는 병을 유발하는 데 좋은 공기입니다. 처음에 병을 촉진시키고, 몸에 혁명을 일게 하고, 잠재하고 있는 병을 폭발시킵니다.[68]

66
서동욱, 『랭보가 시쓰기를 그만둔 날』, 11쪽.

67
이상, 「봉별기」, 119쪽.

68
토마스 만, 곽복록 옮김, 『마의 산』(동서문화사, 1976), 246~247쪽.

온천론(溫泉論)

요양지가 존중을 받아야 한다면, 그것은 병을 치료해 주는 일 때문이기보다, 보이지 않던 인생의 병이 폭발하게 해 주기 때문이다. 온천이 존중받아야 한다면, 그것이 병을 낫게 하는 데 좋을 뿐 아니라 '유발하는 데도' 좋기 때문일 것이다.

그래서 온천을 찾아간 이들은 오히려 천부의 문제아처럼 앓기 시작한다. 온천에 임하는 가장 바람직한, 그리고 가장 예외적인 한 인간의 이런 고백을 우리는 잊지 못한다. 다자이 오사무의 『인간 실격』의 한 구절이다.

> 저는 살이 많이 빠졌고, 손발이 노곤해졌고, …… 큰맘 먹고 혼자서 시즈오카 현에 있는 미나미즈의 온천장에도 가 보곤 했습니다만, 도저히 그렇게 태평스러운 온천 여행을 다닐 성격이 못 되었나 봅니다. …… 여관방에서 먼 산을 바라보거나 하는 차분한 심정과는 아득히 멀었습니다. 결국 여관에서 내주는 옷으로 갈아입지도 않고 목욕도 하지 않고 밖으로 튀어 나가서는, 지저분한 찻집 같은 데 뛰어 들어가 소주를 그야말로 뒤집어쓰듯이 퍼마시고, 몸이 더 나빠져서 귀경하는 것이었습니다.[69]

69
다자이 오사무, 김춘미 옮김, 『인간 실격』(민음사, 2004), 122~123쪽.

온천에서 주인공은 건강해지기보다, 오히려 몸이 나빠질 기회를 얻으며, 각종 질병에 노출되고 또 몸 안의 각종 질병을 비로소 발견한다.

문학은 그래서 온천의 매혹을 떨쳐 버리지 못하는 것이 아닐까? 마치 문학은 복음서 대신에 이렇게 말하는 것 같다. '한때 나는 눈멀었으나 지금은 볼 수 있네.' 무엇을? 바로 나를 제물 삼고 있는 질병을, 그러니까 세계를.

왜 문학은 병자의 소유물이 되기를 스스로 바라는가?

니체는 말한 적이 있다. 건강이 "양호한 상태였더라면 나는 그렇게 숙고하지 못했을 것이고, 그럴 수 있을 만큼 충분히 예리하지도 '냉정'하지도 못했을 것이다."[70] 문학은 바로 세계의 비밀(그것은 구차한 것으로, 사악함과 비진리로 가득 차 있지만)에 다가가기 위해 스스로 세계의 병에 걸려드는 것이다.

그렇게 글쓰기는 이상을 움직여 온천을 여행하게 했다. 그것은 한 바퀴 돌아(tour) 안전한 애초의 장소로 오는 일, 즉 투어리즘(tour-ism) 같은 것이 아니며, 약탕관을 깨뜨려 버리고 영혼을 불에 데게 하는 일이었다.

「종생기」 몇 줄을 쓸 때 아마 나는 스물세 살이었다.

70
프리드리히 니체, 백승영 옮김, 「이 사람을 보라」, 『바그너의 경우, 우상의 황혼, 안티크리스트, 이 사람을 보라, 디오니소스 송가, 니체 대 바그너』(책세상, 2002), 332쪽.

온천론(溫泉論)

숨결의 문학

생의 막바지에 김수영은 한 미인에게 이상하리만큼 집착한다. 문학사적 스무고개 놀이의 골인 지점인 Y 여사.

그 오후에 무슨 일이 일어났는가? 같이 식사하고 담배를 피웠으며, 살며시 창문을 열어 연기를 내보냈다. 이 마지막 동작에 스스로 감동했다.

"창을 연 것은 담배 연기 때문이 아니라 그녀의 천사 같은 훈기를 내보내려고 연 것이라는 것을 알았다. …… 창문-담배·연기-바람. 그렇다, 바람."[71] 두 몸이 가만히 있는 동안에도 두 몸 사이에서 뭔가 놀라운 작용을 하는 '바람'을 시인은 발견했던 것이다. 에이, 바람둥이…….

바람을 그리스어로는 '프네우마(pneuma)'로 부르며, 최초의 철학자 가운데 한 사람인 아낙시메네스와 관련된 문헌에 등장한다. 그 이전엔

71
김수영, 「반시론」, 『김수영 전집』 제2권(민음사, 2003), 412쪽.

프노이에(pnoiē)나 아에르(aer) 등의 말이 있었고, 모두 입김, 숨결, 공기 등의 뜻을 지닌다. 라틴 말에서는 바람을 '스피리투스(spiritus)' 또는 '아니마(anima)'라 부르는데, 그리스어 단어와 마찬가지로 영혼뿐 아니라 '숨결'을 뜻한다. 히브리인들은 바람을 '뤼아'라고 부른다. 바람이 몸속에 들어와 숨결이 되기에 그것은 생명의 바람이고, 그 신성한 의미에 대한 존경의 표시로 이 히브리어는 각국의 언어 속에서 '성령'으로 번역된다. 같은 정도의 존경심에서 시인은 바람에 '신적인'이라는 꾸밈말을 붙인다. 자신과 그녀의 몸을 오가는 훈기 또는 "신적인 미풍." 그가 릴케로부터 인용하듯 "신(神)의 안을 불고 가는 입김./ 바람."[72]

우리에게 알려진, 김수영의 최초의 시와 마지막 시가 공통적으로 간직하고 있는 유일한 이름말은 '바람'이다. 통념과 달리, 마지막 시에서 그는 익명의 풀들을 일으켜 세우는 무서운 힘이 바람이라는 것을 발견한다.

풀들의 성령인 바람이 콧속으로 들어와 허파를 움직이고 뼈와 살을 못살게 굴면 유골은 일어나 세상의 첫아기가 된다. 어느 날 바람이 몸 안에서 떠나면 유골은 실이 끊어진 나무 인형처럼 놀이를 중단하고 주저앉을 것이다.

그러나 그는 몸 안에 바람이 들어와 있는 동안 그것을 어떻게 사용하는지 잘 알고 있다. 바람은 기침으로 진화하며, 가래를 쏘는 총이 된다. "젊은 시인이여 기침을 하자/ …… / 눈더러 보라고 마음 놓고 마음 놓고/ 기침을 하자/ …… / 밤새도록 고인 가슴의 가래라도/ 마음껏 뱉자"[73] 바람(숨결)의

72
김수영, 「반시론」, 412쪽

73
김수영, 「눈」, 『김수영 전집』 제1권(민음사, 2003), 123쪽.

숨결의 문학

예외적이며 예측할 수 없는 운동인 기침 앞에서 언어는 뭉개지고 언어의 예절을 닮은 세상의 법도 가래를 뒤집어쓴다. 그것은 카프카에게선 동물들의 숨결이 실어 나르는, 법(분절) 없는 무서운 소리로 둔갑하기도 하며, 알반 베르그에게선 음표의 시니피앙으로 묶어 둘 수 없는 룰루의 비명이 되기도 한다.

높은 사람들이
그대를 아끼지 않는다 하더라도

예술의 보호자로서 이하

시인과 같은 나이였을 때, 시인의 시 구절을 책상 앞 벽에 사인 펜으로 써 놓고서 날마다 바라보았다. 슬픈 구절은 부적처럼, 떠도는 영혼을 잡아 그 안에 머물게 한다.

> 장안에 한 젊은이 있으니
> 스무 살에 마음은 벌써 늙어 버렸네[74]

소년 시절부터 한유(韓愈)의 찬사를 받을 만큼 재능을 인정받았으나, 음모에 빠져 앞길이 막히고 병에 걸려 스물일곱에 사라진 이하(李賀)의 시이다. 그는 슬픔의 노래 『초사(楚辭)』에 빠져들었다. 그리고 늙어 죽기를 원하지 않았다.

74
이하, 이동향 옮김, 「진상(陳商)에게」, 『이하시선』(민음사, 1976), 64쪽.

능가경(楞伽經)은 책상머리에 쌓여 있고

초사(楚辭)도 손에서 놓질 못하네

세상살이 곤궁하고 못났기만 하니

일모(日暮)에 애오라지 술잔만 기울이네

지금 벌써 길은 막혀 버렸으니

백발을 기다릴 필요 어디 있으랴[75]

75
이하, 「진상(陳商)에게」, 64쪽.

저물녘이면, 환시 속에서 이하가 나귀 타고 지나가던 창곡(昌谷)의 갈대밭 여기저기에 부딪히는 바람 소리를 얼마나 자주 들었던가? 비슷한 시기 「천녀유혼」이 나왔고, 중국 대사관 앞 레코드 가게에선 장궈룽(장국영)이 부른 주제가가 불법 복제된 채 별로 숨기지도 않고 거래됐다. 이 영화가 창곡의 바람 소리를 또 들려주었다. 귀신과의 이 러브 스토리는 『요재지이』의 한 이야기이지만, 모든 면에서 이하의 「소소소(蘇小小)의 무덤」의 서사 버전이라 해도 좋았다. 왕쭈셴(왕조현)은 바로 소소소였고 그녀의 매혹적인 분위기는 이하가 이미 시의 카메라에 담아냈던 것이었다.

저녁에 그대 기다리노라

차가운 파란 도깨비불

광채를 더하고

서릉(西陵)의 무덤에

바람과 비 어두워라[76]

2부 유품으로서의 작품 또는 침묵

이렇게 귀신과 환상, 탐미와 기괴, 염세와 우울함으로 가득 찬 1000년 전 시인의 노래 몇 편을 비닐봉지에 짜 놓은 본드처럼 마셔 대는 동안, 내 젊은 날은 요행히도 사라져 주었다…….

그런데 이하가 예외적인 언어의 환각 효과로 고통을 줄여 주기만 한 것은 아니다. 그는 게토의 언어를 관장하는 자, 세련된 문화 안에서 한 점 얼룩처럼 한없이 우물거리는 자, 곧 시인일 뿐 아니라, '비평의 정신 자체'이기도 했다. 다시 그의 책을 펴든다.

비평의 정신을 갖춘 모든 이가 그렇듯 이하는 문인의 보호자였다. 사실 어느 문인이 문인의 보호자가 아닐 수 있겠는가? 어느 날 한 친구가 그를 찾아왔다. 자가 술성(述聖)인 친구 진상(陳商)은 한유의 제자 가운데 한 사람이었다. 이하는 이렇게 친구의 신세를 한탄했다.

> 처량하도다 진술성은
> 베옷 입고 밭 갈며 공부했고
> 요순(堯舜)의 글 배워 훌륭하게 써냈거늘
> 사람들은 미문(美文)을 해친다고 책망하네[77]

책망하는 소리는 오늘날에도 곳곳에서 들리지 않는가? 제대로 읽지도 않고서도 선입견에 따라 우리는 이해했다고 믿고, 작품을 별거 아니라며 어깨너머로 던져둔다. 하이데거 같은 사람도 사람들이 지닌 이런 태도에 대해 잘 묘사하고 있다. "모든 것이 진정으로 이해되고 파악되고 말해진 것처럼 보

76
이하, 이동향 옮김, 「소소소의 무덤」, 『이하시선』(민음사, 1976), 34쪽.

77
이하, 「진상(陳商)에게」, 64쪽.

높은 사람들이 그대를 아끼지 않는다 하더라도

이지만 근본에서는 그렇지 못"[78]하다. 그래서, 이하는 훌륭한 글을 써낸 친구에게 무엇이라 말하는가?

> 높은 사람(公卿)들이 그대를 아끼지 않는다 하더라도
> 어찌 내 입까지 막을 수 있으랴[79]

그렇다. 그는 이 구절을 통해 '비평의 윤리' 또는 '출판의 윤리'의 근본을 세우고 있는 것이다. 1000년의 세월을 건너와 있지만, 우리 문화 속에서 울려 퍼져야 할 것이 있다면 이하의 저 목소리이다. 예술이 그 근본에서 "가장 요란한 잡담과 가장 솜씨 좋은 호기심이 '사업'을 관장하고 있는 곳"[80]이 되지 않도록, 세상이 원치 않는 언어가 세상을 침범하고 오염시킬 수 있도록 말이다.

78
마르틴 하이데거, 이기상 옮김, 『존재와 시간』(까치, 1998), 237쪽.

79
이하, 「진상(陳商)에게」, 64~65쪽.

80
하이데거, 『존재와 시간』, 239쪽.

시(詩)가 그 손님을 맞아 줄지?

문학의 역사가 헤아릴 수 없는 것임에 반해 문예지의 역사는 그리 길지 않으며, 근대에 와서 발명된 진기한 품목의 목록 가운데다 겨우 이름을 올리고 있다. 17세기 중엽에야 파리에서 '잡지'라는 것이 처음 출현했으니 말이다.

이렇게 잡지가 근대의 아들이라는 것은 무엇을 뜻할까? 바로 근대가 탄생시킨 주체의 표상(representation) 활동이 실현되는 방식 가운데 하나가 잡지라는 것이다. 데카르트가 진리의 척도로 '나'라는 주체를 제시한 이래, 세계는 주체가 그려 나가는 그림, 주체가 세운 상(표상)으로 나타나게 되었다. 이런 뜻에서 주체는 세계에 근거를 마련해 주는 자이자 의미를 부여해 주는 자였다.

흥미롭게도, 주체가 수행한 근대적 사업인 출판업이 했던 것도 동일한 일이다. 하이데거에 따르면 출판인이란 "서적의 간행을 통해 세계가 어떻게 대중의 상(Bild)으로 들어오며 또 이러한 상 속에 고정되는가를 고려하는 가운데 계획하고 설정하며 접근해 들어"[81] 가는 자이다. 우리에게 익숙한 용어로 쓰자면, 출판인으로서 주체의 이 계획하고 설정하는 능력이 바로 '잡지 편집자의 기획하는 힘'이다. 작가로 하여금 무엇을 말하게 할지, 어떤 쟁점을 부각할지, 무슨 주제를 특집으로 삼을지 결정하여 잡지를 통해 세계상을 그려 나가는 자가 편집자이다.

그러나 이러한 주체의 힘의 발현으로서 문예지란 오늘날 얼마나 허약 체질인가? 세계의 그림이 무엇인지 알려 줄 편집자를 기다리지 않고도 작가들과 독자들은, 가령 인터넷을 통해, 자기 스스로 편집인이 되어 세계 그림을 그려 나갈 수 있게 되었다. 아니, 그림을 그린다기보다는, 중심도 목적도 없는, 그림의 파편들을 쏟아 낸다고 해야 옳을 것이다. 계간지라는 느린 걸음보다도 훨씬 빠른 이 그림들의 파편이 문학을 실어 나른다. 문학의 방향을 일러 주는 어떤 전체 그림도 없지만, 또 그렇다고 해서 알려지지 않은 어떤 진귀한 문학의 비밀이 있는 것도 아니기 때문에 누구도 어디선가 문학의 방향이 제시되기를 원치도 않는다. 그렇다면 지금은 계간지가 문학으로부터 소외된 시기인가? 사르트르는 "아무도 원치 않는 숱한 책을 시장에 내놓는다."[82]라고 자기 자신에 대해 빈정거린 적이 있는데, 계간지들도 스스로를 그렇게 헐뜯고 있을까?

그럼 무엇을 할까? 문예지의 본성이 문학으로부터 오는 것이라면, 문학의 본성을 되씹는 것보다 기본적이고 중요한 일은 없을 것이며, 문학의 본성을 되씹는다는 것은 문학작품을 창조

81
마르틴 하이데거, 신상희 옮김, 「세계상의 시대」, 『숲길』(나남, 2008), 163쪽.

82
장폴 사르트르, 정명환 옮김, 『말』(민음사, 2008), 175쪽 참조.

2부 유품으로서의 작품 또는 침묵

하고 소비하는 자들의 존재 방식을 탐구하는 일과 뗄 수 없으리라. 우리는 '감성'을 통해 들어오는 외부 세계의 것들을 우리가 가진 개념에 매개함으로써, 세계에 대한 정보를 얻고 또 그 정보를 통해 세계를 지배한다. 이때, 우리 지성이 개념들(대표적으로, 수리물리학적인)을 통해 계산하고 예측하며 이용할 수 있는 세계가 있을 뿐, 그 외엔 어떤 이례적인 놀라움도 없다. 모든 것은 개념 아래 종속되어 버리니까 말이다.

그런데 시인은 바로 보통의 사람들이 외부 정보를 얻는 데 사용하는 감성을, 낯선 것(즉 정보가 없는 것)과 만나고, 그 낯선 것으로부터 충격을 받는 데 사용하는 자이다. 왜 시인이 만나는 것은 낯선 것이고, 충격인가? 바로 외부에서 침입한 그것을 포획하고, 거기에 정체성을 부여할 어떤 개념도 근본적으로 부재하기 때문이다. 그러므로 우리는 시인이란 세계가 개념 또는 술어 논리적 기술(記述) 안에 다 들어오지 않는다는 것을 발견한 자, 개념의 가로등이 비추지 못한 위험한 땅을 손전등만 한 한마디의 시어로 덧없이 비추어 보는 자라 할 수 있을 것이다.

시인의 작업이란 그 낯선 것을, 어떤 등가물도 가지지 않는, 어떤 일반적인 개념으로도 환원되지 않는 유일무이한 말로 바꾸는 일이다. 그러므로 시인에겐 심지어 일반명사조차도 지상의 유일무이한 고유명사이다. 이미 알려진 그 어떤 개념의 그물 안에도 가둘 수 없는 미지의 것, 외계의 알 수 없는 신호가 감성에 상처를 내었을 때, 바로 그 상처에 대한 유일무이한 응답이 시어이다.

근대적 문예지의 이념이 '기획'에 있다면, 반대로 시는 모든 주체적 기획의 저편의, 기획되지 않는 것, 미지의 것, 위험한 모험의

시(詩)가 그 손님을 맞아 줄지?

땅에 대한 탐색이 아닌가? 근대적 주체의 표상하는 능력이 고장 난 기계처럼 잘 작동하지 않는 오늘날, 여전히 문예지가 존재한다면 바로 이러한 등가물 없는, 그러므로 유일무이한, 저 혼자 자라나 다른 누군가와 대화하고 합의하는 일도 달가워하지 않으며 피어 있는 그런 시어를 '보호'하기 위해서가 아닐까? 그러나 이 보호는 얼마나 어려운가? 적국에서 탈출하지 못한 마지막 대사관이, 좁은 마당 안에 이제 처형당할 이들을 머무르게 하는 변변치 못한 환대!

주체의 능동적 지배, 또는 기획된 것 안에는 항들의 계산된 운행이 있을 뿐, 새로운 것도, 우리의 예측을 빗나가게 하며 우리를 놀라게 하는 것도, 그러므로 희망도 구원도 없다. 그러나 누가 알겠는가? 기획된 것 바깥에서 찾아오는 놀라운 이가 있을지? 시(詩)가 그 손님을 맞아 줄지? 시는 손님을 기다리는 일을 지루하게 여긴 적이 없다.

　　　　　　　　　　　　　　2부 유품으로서의 작품 또는 침묵

독자 발굴의 시대

출판인 박맹호는 출판을 시작하게끔 한 동기를 다음과 같이 기록하고 있다.

> 비록 내가 직접 쓴 작품은 아니더라도 남들보다 먼저 훌륭한 작품을 만나고 나면 그 쾌감이 강렬했다. 늘 그런 소설을, 작가를, 발굴하고 싶었다. 출판을 시작한 후 실제 체험한 바로는 좋은 작가와 작품을 발굴했을 때의 희열은 내가 직접 작품을 쓸 때보다 훨씬 더 컸다.[83]

이것은 작가 발굴의 이야기이다.

그리고 저 이야기가 담긴 책의 「에필로그」에 다음과 같은 결론이 출현한다.

[83] 박맹호, 『박맹호 자서전 책』(민음사, 2012), 57~58쪽.

독자들은 철저하게 이기적인 측면이 있다. 사람들은 1만 원짜리 설렁탕 한 그릇을 먹을 때는 그다지 많은 것을 따지지 않는다. 하지만 비슷한 가격의 책을 살 때에는 여간 까다롭지 않다. 책이 무슨 이득을 주고, 어떻게 감동을 줘서 내 정신의 성숙을 일으킬 것인지 일일이 따져 보고서야 지갑을 연다. 책을 만들 때는 자기한테 도움이 되지 않으면 절대로 구매하려 들지 않는 합리적 독자를 늘 염두에 둬야 한다. 대충 만든 책으로는 결코 독자의 선택을 받을 수 없는 이유도 바로 여기에 있다.[84]

84
박맹호, 『박맹호 자서전 책』,
255~256쪽.

작가 발굴에서 시작된 출판의 이야기는 '독자 발굴'에 관한 이야기로 끝을 맺고 있다. 우리는 이 글에서, 수많은 작가론, 편집자론 틈에서 흔치 않은 '독자론'을 발견하고 있다. 독자란 합리적 계획하에 지식을 디자인하는 자, 자신의 계획하에 지식을 편집하는 자로 그려지고 있다. 지식에 대한 독자의 이런 디자인은, 설렁탕 한 그릇을 가지고 건강이나 식욕의 만족을 위해 삶을 디자인하는 것과는 비교할 수 없을 정도로 섬세하다. 나날이 커져가는 이런 독자의 존재가 지닌 무게감의 발견이란, 한 출판인 개인의 여정에 그치는 것이 아니라 한국 출판 전체의 이야기가 아닐까?

그런데 독자를 발굴한다는 것은 무엇일까? 독자를 발굴하기는커녕 독자를 경멸하는 방식으로 책을 출판한 시대도 있었다. 보들레르의 『악의 꽃』은 이런 구절로 마무리되는 시로 시작한다. "위선의 독자여!" T. S. 엘리엇 역시 「황무지」의 1부 마지막에서 이 구절을 반복한다. 페터 한트케의 유명한 작품 「관객모독」은 19세기 부르주아의 작가가 되기를 거부하는 방식으로 결국 그들의 작가가 된 보들레르의 저 구절이 지닌 울림을 향수처럼 지닌 작품이다.

독자는 역사를 지닌다. 가령 르네상스 시대 독자란 책 사냥꾼의 배후에 있는 책 애호가들이었다. 포조 같은 르네상스 시대의 책 사냥꾼이 유럽 각지의 수도원 도서관을 뒤지며 잊힌 고대의 문헌을 발견하기 위해선 엄청난 여행 경비를 조달할 수 있어야 했는데, 그것은 이탈리아의 유서 깊은 도시들에 살고 있는 열렬한 책 애호가들의 후원 없이는 불가능한 일이었다.[85] 독자 없이는 작가의 존재란 불가능하다.

시대마다 독자는 변화하는데, 랑시에르는 「문학의 정치」에서 18세기의 독자를 마주한 볼테르의 모습을 그리고 있다. 볼테르는 코르네유가 글을 쓰던 시절(17세기)의 독자들, 즉 왕과 귀족들을 향수에 젖어 그리워했다.

85
스티븐 그린블랫, 이혜원 옮김, 『1417년, 근대의 탄생』(까치, 2013), 46쪽 이하 참조.

대혁명 전야의 총아, 사르트르에 이르기까지 진보적 문필가의 기원적 표본이 되었던 볼테르가 왕과 귀족들이라는 특권적인 독자를 그리워하다니? 우리는 그 사정을, '누구를 위하여 쓰는가?'라는 진지한 독자론을 제기한 사르트르의 『문학이란 무엇인가』를 통해 이해할 수 있다.

> 왜냐하면 그는 다른 한편으로는 명성에 대한 전통적 개념을 선배들로부터 이어받았는데, 그것에 따르면 작가의 재능의 축성(祝聖)은 군주의 손에 달려 있었기 때문이다. 그의 성공의 분명한 징표는 가령 예카테리나 여왕이나 프리드리히 대왕이 그들의 식탁에 초대해 주는 것이었다.[86]

86
사르트르, 『문학이란 무엇인
가』, 141쪽.

볼테르는 왕과 귀족을 칼로 수술하듯 풍자할 수는 있었어도, 가련하게도 독자에 목을 매지 않고는 아무것도 쓸 수 없었던 것이다.

이러한 것들은 독사의 역사에서 출현한 몇 가지 예에 불과하다. 분명한 것은 누군가 "위선의 독자여!"라고 외치며 시작(詩作)을 시작하더라도, 그는 이 방식을 통해 독자를 향하지 않고는 작품을 쓰지 못한다는 것이다. 위선의 독자를 발굴해야만 한다.

글을 쓰는 사람이 있었고, 편집하는 사람이 있었다면, 이젠 읽는 사람이 있다. 지금은 다행히 씨가 말라 버렸다고 해도 좋을 어설픈 엘리트주의는 독자를 깨우쳐야 한다고 믿었다. 그러나 독자란 깨우쳐야 할 무지의 계란을 품에 안은 자가 아니라 무엇이 필요한지를 알고 있는 자, 자신이 설정한 문제를 위해 책을 구성해 주기를 저자에게 요구하는 자이다. 독자를 발굴한다는 것은 바로 이러한 요구가 어떤 것인지를 깨우치는 문제인 것이다. 따라서 지식의 생산이란, 저자로부터 독자에게 보물이 뚝 떨어지는 수동적인 수혜의 장이 될 수 없고, 독자의 요구라는 보이지 않는 지도에 따라 출판이 길을 찾아가는 어려운 택시 운전 같은 것이다. 아마도 오늘날 더욱더 섬세한 결(주제의 기상천외함이나 시의성 등의 차원에서)을 가지는 대중 강연의 확산이나 출판물의 기획은, 이 택시 운행이 도로를 더욱더 높은 비율로 점유하고 있다는 교통 방송의 고지 같은 것이리라.

게임과 경쟁하는 문학

퍽 오래전 이야기이지만, 모 게임 프로그램의 진행자가 바쁜 수험생들에게 '책'으로 된 삼국지보다는, 삼국지의 내용과 게임의 재미를 동시에 선사하는 「진·삼국무쌍 3」를 사 주자는 이야기를 한 적이 있다. 우스갯소리지만, 여기에는 문학과 출판의 위기에 대한 얼마간의 진실이 담겨 있다.

게임의 표현성과 몰입감은 문학이나 영화를 능가한다. 천재 싸움꾼 여포를 대적하게 되었을 때, 마상에 앉은 장수의 저 고독을 게임이 아니라면 무엇이 그토록 생생하게 전달할 것인가? 한 장수를 직접 조작하며, 그의 투구에 떨어지는 방천화극의 충격을 패드의 진동을 통해 실감하는 게임의 참신함을 소설은 따라오지 못하리라.

게임이 단순무식하게 액션에만 치중하는 것도 아니다. 30대 후반의 어떤 여성 게이머는 한 게임 게시판에서, "살라미스 해전이라는 말을 들으면 「제우스」를 하고 싶고, 향료제도라는 말을 들으면 「대항해시대」를 하고 싶다."라고 쓰면서 게임을 통해 세계사를 이해할 수 있었다고 고백한다. 역사소설과 교양물이 오랜 시간 담당했던 일반 대중 교육을 이제 게임이 가로챈 것이다. 그녀는 이렇게 글을 잇는다. "이혼을 포기하고 더불어 인생까지 포기했던 나는 게임 덕분에 나의 시야를 넓히는 것은 물론 우울증을 이길 수 있었다." 이 정도면 구원의 경지를 논해야 한다. 문학이 그토록 자신의 소명으로 받들고자 염원했으나 오늘날엔 철저하게 박탈당한 '삶의 구원'이라는 고귀한 임무를 게임은 이토록 쉽게 손에 넣는다.

그게 아니라고? 플레이어가 동탁을 조종해서 삼국 통일을 달성할 수도 있으니 삼국지 원본과 역사에 대한 심한 왜곡이라고? 바로 여기에 비디오게임이 탈현대적 예술의 적자로 지목되어야 하는 까닭이 있다. 우리가 알고 있는 『삼국지』 또는 『수호전』 같은 고전적 텍스트 역시 사실 엄밀히 말해 원본과 원작자가 없다. 그것은 넘쳐 나는 이야기가 집대성된 한 지점의 표시일 뿐이다. '원본'이란 고증적인 근대 학문이 스스로 가동되기 위해 고안한 임의적 규정인 것이다.

'원본'은 원형대로 전수되어야 하며 '역사'는 인간의 운명이 실현되는 지평이 아니라, 지속적으로 이루어지는 창조의 재료라는 것, 원본이 있기보다는 이렇게 저렇게 변형된 '복사물들'만이 존재한다는 철학이 게임을 떠받치고 있다. 역사가 종말을 고한 곳에서 바로 게임의 스토리가 시작된다.

'책'은 어떤 미래를 맞이하게 될까? 다음 세대에도 계속 '대중의 학교'로서 삼국지는 새로 번역되고 사랑받을까? 아니면 게임

2부 유품으로서의 작품 또는 침묵

「적벽대전」을 통해 보다 쉽게 세상을 공부하고 지략을 훈련하게 될까? 혹시 소설 『변신』보다는, 벌레로 변신한 카프카의 길 찾기 게임이 더 '실존적'이지 않을지? 그러나 이 모든 것은 문학의 묘비명이기보다는, 문학의 영혼이 새로 얻는 육체일 것이다. 지구인의 영혼도 화성의 육체 속에 살아남을 길을 엿보지 않는가? 연애편지도 '카톡' 속에서 비로소 저다운 육신을 얻고.

대지의 노래

말러에 대해 이야기하고 싶었으나 그러기 어려웠다. 기회가 없었기 때문이 아니라, 그에 대해 이야기하는 것이 누구의 삶에도 이롭지 않다는 망설임 때문이었다. 생명의 막다른 골목을 보여 주는 것 같은 바닥 없이 염세적인 예술 안으로 쉽게 다른 사람을 끌어들일 수 있겠는가? 교향곡 2번과 5번의 낙관적 종국, 그리고 8번의 환희를 떠올린다고 해도 이 근본적 비관주의는 논박되지 않을 것이다. 말러의 비관주의는 철학자 아도르노의 말을 통해 잘 요약된다. "무엇 하나 해 주겠다는 약속도 없이, 그의 교향곡들은 패배자의 발라드이다. 이는 '이제 곧 밤이기' 때문이다."[87] 그렇다고 이 예술은 예술사적으로 아주 새로운 것도 아니며, 근대와 현대 사이에 어정쩡하게 끼어 있을 뿐이다. 같은 시대 같은 도시의 화가 클림트의 예술이 처한 역사적 운명과도 유사하게 말이다. 또한 바흐나 브루크너에

87
테오도어 아도르노, 이정하 옮김, 『말러: 음악적 인상학』(책세상, 2004), 315쪽.

2부 유품으로서의 작품 또는 침묵

게서 볼 수 있는 것과 같은 엄밀성도 없으며, 오히려 음악을 윤기 있게 만들 수 있는 것(보헤미아의 떠돌아다니는 멜로디 같은 것, 자질구레한 음향 도구들)들을 넘치도록 잡다하게 끌어들인다. 그러니 왜 말러에 대해 이야기하겠는가?

그럼에도 고등학교 때 처음 트레이에 말러의 CD를 걸어 본 후 줄곧 말러의 음악은 위안을 주었다. 내가 받은 것에 비해 '위안'이라는 단어는 지나치게 간명한 것일까? 어쨌든 저 위안의 정체는 뭘까? "구원에 관한 모든 허구를 손에서 놓아 버리는 만년의 작품들"[88] 가운데, 정점에 위치하는 「대지의 노래」와 더불어 그 정체에 대해 이야기해 보고 싶다. 아, 물론 이런 식의 접근 말고, 말러가 신빈악파를 예고하며 구축해 놓은 순수한 형식을 블레즈나 길렌처럼 6번 교향곡과 7번 교향곡을 펼치고서 탐구하는 일이 오늘날엔 더 현명할지도 모르겠다. 그때 비로소 말러의 음악은 질척거리는 신파로부터 탈출할 수 있을지도 모른다. 그러나 염세주의는 유럽 문명의 오랜 유산 가운데 하나이며 말러는 사실상 그것의 마지막이자 대단한 상속자이다. 음악을 통한 이 위대한 상속은 결코 중2병으로 던져둘 수 없으며 삶의 비밀을 여는 열쇠들 사이에 놓여야 한다. 말러와 동시대의 토마스 만 이후로 유럽은 파시즘과 마르크스주의의 현실적 감각 틈에서 비관주의를 생각해 볼 겨를이 없었던 것 같으며, 이후 위대한 비관주의는 매우 엉뚱하게도 신대륙의 저 구석 미시시피 강 유역에서 포크너가 창조한 신화 속에 자리 잡는다.

유럽의 마지막 비관주의를 대표하는 이 곡의 정서는 첫 악장의 다음 가사가 잘 담고 있다.

88
아도르노, 『말러』, 259쪽.

슬픔이 찾아오면

마음의 화원은 황폐해지고

즐거움도 노래도 모두 사라진다.

삶도 어둡고 죽음도 어둡다.

이 가사의 원작자는 이백(李白)이지만, 어쩌면 그 사실은 잊어도 좋다. 말러는 가사의 원형 보존이나 그 안에 담긴 원래 의미 같은 것은 신경도 쓰지 않았다. 독일어로 번역되어 출간된 중국 시가 작곡자의 손에 의해 또 변형되어 그야말로 그것은 「대지의 노래」 안에만 존재하는 가사가 된 것이다. 다만 동양적 세계를 통해 접근할 수 있는 분위기와 허무에 대한 사상의 향기가 원작 시로부터 전해져 이 곡 전체에 감돈다.

말러는 이 곡에 대해 제자 브루노 발터에게 이렇게 말했다. "이걸 들으면 사람들이 자살해 버리지 않을까?"[89] 이 구절이 암시하듯 이 곡은 초월적 세계로 향하는 구원의 길이 모두 막혀 버린 곳에서 인간의 운명을 노래한다.

그런데 이 비관주의는 삶에 대한 혐오에 그치고 마는가? 현세를 그토록 혐오한다면 왜 이 노래는 '현세'를 암시하는 '대지(Erde)'의 노래인가? 의문을 풀어 줄 실마리를 말러의 인터뷰에서 찾을 수 있다. "대부분의 사람들이 '자연'에 대해 이야기하면서 단지 꽃과 새, 숲의 향기 등을 염두에 두는 것은 제가 보기에 좀 이상합니다. 위대한 디오니소스, 판 신을 아는 사람은 아무도 없는 것 같습니다."[90] 말러는 '대

89
브루노 발터, 김병화 옮김, 『사랑과 죽음의 교향곡』(마티, 2005), 97쪽.

90
발터, 『사랑과 죽음의 교향곡』, 203쪽.

2부 유품으로서의 작품 또는 침묵

지'라는 낱말을 통해, 현세의 즉물적인 사물을 묘사하고자 했던 것이 아니라(동시대의 리하르트 슈트라우스는 그렇게 했다.) '디오니소스'라는 이름을 가진 자연의 '질서'를 노래하고자 했던 것이다. 이 질서는 스피노자적 신에 경도된 어느 소설가의 표현이 가리키는 것과 동일한 것이다. "스피노자의 신은 출생과 고통과 죽음으로서만 자연을 창조한 것에 대한 용서를 구했다."[91] 바로 생명의 근본에 자리한, 배고 낳고 죽는 것들의 질서를 알아채고 어루만지는 따뜻한 시선이 말러의 비관주의인 것이다. 이런 비관주의는 허구적 구원의 가능성에 유혹받지 않는, 이승의 삶에 대한 전적인 애착의 표현이 아니겠는가? 니체라면 '운명애'라 불렀을 애착 말이다. 그리고 그것은 '존재'한다는 근본 사실을 '매개'해 주는 허구성의 혐의를 받는 모든 관념, 이론, 이상(理想)의 거부를 뜻한다. 그러나 존재라는 것은 이론과 개념에 포획되지 않는다면 그야말로 아무것도 아닌 '무'가 아닌가? 개념은 문장에서 술어의 위치에 자리 잡으며, 술어가 꾸며 주지 않는 것에 대해서 우리는 파악할 도리가 없는 것이다. 그러므로 대지에 존재함 외에 어떤 관념을 덧씌우지 않는다는 점에서 「대지의 노래」의 예술은, 발터가 중국 시에 대해서 말한 표현을 빌려 오자면 '무(無)'에 도달하는 예술인 것이다. 그리고 이 아무것도 없는 무만큼 말러의 흐려지는 음색이 정확히 가닿고 있는 바도 없을 것이다. 이 예술은 우리를 기만하여 왔던 세상의 허구들을 떠나 '무' 속으로 용기 있게 들어서 본다.

91
레온 드 빈터, 유혜자 옮김, 『호프만의 허기』(디자인하우스, 1996), 320쪽.

대지의 노래

바그너와 로스코 또는 예술과 종교

예술은 예술의 배타적인 본질이 마련하고 있는 자신의 경계를 넘어설 수 있는 것일까?

바그너는 자신의 마지막 작품을 그의 작품 가운데서 매우 예외적인 것으로 여겼다. 말년에 바이에른의 루트비히 2세의 전폭적인 후원을 받았던 그는 바이로이트에 자신의 음악극만을 위한 전용 극장을 짓고서 만년의 대작들을 상연했다. 1882년 여름에 바그너는 그의 마지막 작품 「파르지팔」을 처음으로 무대에 올린다.

바그너는 성배의 기사라는 종교적 주제를 다루고 있는 이 극을 각별하게 취급했다. 그의 다른 작품들과 달리 이 「파르지팔」에는 악극이라는 명칭을 붙이지 않고 매우 예외적으로 '무대 신성 축전극'이라는 독특한 명칭을 붙였다. 그리고 오로지 바이로이트에서만 이 극은 상연되어야 한다는 지침을 마련했다. 한마디로 「파르지팔」을 신성화(神聖化)한 것이다.

오페라 또는 바그너의 악극이 아무리 뛰어난 예술 작품이라 한들, 그것은 티켓을 구매한 이들에게 하룻밤 예술적 즐거움 또는 좀 더 나가서 감동을 주는 일에 그치지 않겠는가? 이렇게 말한다면 예술의 위력을 너무 폄하한다는 비난이 들려올지도 모르겠다. 그러면 좀 더 예술의 의의를 높이 추켜올려 한 편의 극장 예술 체험이 한 사람의 인생을 뒤바꾸어 놓을 수도 있다고 말해 보자. 그렇다고 예술이 종교가 될 수 있을까? 비유적인 의미가 아니라 문자 그대로 종교 말이다.

신성화의 비슷한 시도가 오랜 세월 뒤에 전혀 다른 장르의 예술에서도 일어났다. 독일인뿐 아니라 유대인에게도 예외 없이 말이다. 로스코는 자기 작품의 구매자에 대해 꽤 까다롭게 구는 작가였다. 그런 까다로움은 종종 의뢰받은 작품의 취소로 이어졌다. 시그램사(社) 본사의 레스토랑에 내걸 그림의 취소가 대표적일 것이다. 관객의 정신적 변화를 일으키기에는 그 레스토랑에 와서 화려한 분위기를 즐기면서 거액을 쏟아 놓고 가는 손님들은 적합지 않은 대상이었던 것이다.

작품을 신성화하려는 시도는 로스코 말년에 정말 액면 그대로 달성되었는데, 바로 '로스코 채플'을 통해서이다. 여기 그려진 그림들은 더 이상, 예술 감상과 관련해 일반적으로 말하는 취미와 쾌감의 대상이 아니라, '명상'과 '종교적 심성'의 고양으로 이끄는 인도자였다. 이 채플의 작가로서 로스코는 이미 회화를, 예술을 벗어나 있다. 그 벗어난 세계를 뭐라 굳이 이름 붙이지 않아도 좋으련만 로스코는 '종교'라는 단어를 통해 그 영역을 일컬었다.

예술이 이런 벗어남을 수행할 수 있을까? 또는 이런 벗어남을

바그너와 로스코 또는 예술과 종교

달성해야 할까? 자신의 본성을 넘어서? 오랜 세월 우리가 익숙해져 온 것은 예술이 마음을 위로하는 일과 종교가 영혼을 구원하는 일은 전혀 다른 문제라는 것이다. 근대 세계에 와서 종교와 예술은 모두 주관의 심리적 체험으로서 발전하였다. 구체적으로 이 심리화의 경향은 종교의 '기도'와 예술의 '취미'라는 형태를 갖게 되었다. 근대에 등장한 주관(코기토)의 심리적 상태 안에서 종교와 예술 서로의 차이를 명시하는 것이 근대 학문의 방식이었다. 그러면서 양자가 모두 가졌던 공동체가 누리는 삶의 양식으로부터는 둘 다 점점 멀어져 왔던 듯하다. 헤라클레이토스는 불이 꺼진 부뚜막에 손을 대고서 여기 신이 자리하고 있다고 을씨년스럽게 말했다. 공동체의 일상 또는 삶의 양식에 깃들어 있던 이런 신은 이젠 미신의 대상이다. 요컨대 예술은 공동체가 누리는 삶의 양식으로서 디오니소스 축제를 잃어버린 것이다.

　신을 기념하는 축제야말로 종교와 예술의 일치 아닌가? 『독일 비애극의 원천』에서 벤야민은 디오니소스 축제 때 공연된 그리스 비극에 대해 이렇게 말한다. "비극 속에서 일어나는 일은 우주 안에서의 그 어떤 결정적인 실현이다."[92] 예술이 우주 안에서 결정적인 실현을 이룬다면, 그것은 종교이다. 붉고 메마른 바위 위에 버티고 서 있는 그리스 신전, 공동체의 모든 이가 드나들던 그 건물은 반복이나 모방을 허용하지 않는 일회적인 실현, 그리스인의 일상과 역사와 영혼의 실현이다. 그리고 그 건물에서 예술과 종교는 서로 구분되지 않는다. 바그너와 로스코는 자신들의 예술과 관련하여 바로 그런 그리스적 이상을 가지고 있었던 듯하다.

92
벤야민, 『독일 비애극의 원천』, 178쪽.

그것은 예술가로서 대담한 야심이면서도 또한 위험한 것이기도 하다. 그리스 민족은 근대적인 민족국가의 민족이 아니었다. 창작을 통해 예술과 종교와 공동체의 일치를 구현하는 일은, 바그너에게는 다른 국가와 경쟁적이며 그런 의미에서 배타적인 독일로 돌아가는 것, 독일을 배타적으로 보편화하는 일을 통하지 않고는 생각할 수 없는 것이었다. 그때 예술은 광인의 종교가 되었다.

바그너와 로스코 또는 예술과 종교

문학을 읽는 것이 왜 중요한가?

문학을 읽는 것이 왜 중요한가?

익숙한 형태의 질문이다. 우리 (근)현대인은 합리성이 몸에 밴 자들이다. 그래서 합리적이고 적합한 이유가 주어지지 않으면 좀처럼 시행하려 들지 않는다. 자신에게 이득이 되는 결과가 예측되지 않으면 '그걸 내가 왜 해야 하지?' 하며 지체 없이 돌아선다. 그래서 (근)현대인의 많은 질문은 '왜 이걸 하면 좋은가?'라는 형태를 가진다. 철저히 이익을 좇는 자의 질문이다.

이런 유형의 질문이 나쁘다고 말하려는 참이 아니다. 이런 합리적 근거를 따지는 질문은 많은 경우 실패를 예방하고 좋은 성찰의 기회를 제공한다. 그러나 문학에 대해서는 '왜 그것을 읽어야 하는가?' 또는 '그것을 읽는 일이 왜 중요한가?'라는 질문을 던질 수 없다. 문학은 도구와 달리 기능을 가지지 않는 까닭이다. 기능은 그 기능이 달성해야 할 목적을 지닌다. 가령 신발의 기능은 발에 신는 것이고, 그 기능의 목적은 발을 잘 보호하는 것과 걸음을 용이하게 하는 것이다. 이렇게 목적이 있을 때만 우리는 '왜 중요한가?'라는 질문에 답을 할 수 있다. 이렇게 말이다. '신발을 신는 것은 왜 중요한가?', '발을 보호할 수 있기 때문이다.'

문학은 달성해야 할 목적을 가지지 않고, 목적을 달성하기 위한 기능도 없다. 예를 들어 보자. 문학은 인간성의 함양을 목적으로 하는가? 오히려 문학은 인간이라는 개념이 임의적인 규약이 아닌가 하는 의문을 표시하고, 인간 아닌 방식으로 존재하고 살아 나가는 다양한 길에 대해 흥미로워 할 것이다. 문학은 좋은 사회를 목적으로 하는가? 오히려 문학은 '좋음' 같은 추상적 개념이 뜻하는 바가 정확히 무엇인지 모르겠다고 고개를 절레절레 흔들 것이다. 문학은 애국을 원하는가? 문학은 자기에겐 국경을 만들고 지배하는 법률이 없다고 대답할 것이다.

문학 안에 들어서면 마치 문명이 최초로 다시 시작되는 것처럼 모든 일이 일어난다. 우리가 일상적인 삶에서 당연하게 받아들였던 의미와 목적들은 순식간에 제 괘도를 잃어버리는 것이다. 문학은 미리 알던 교양과 삶의 방향들을 폐쇄한 채 우리에게 야생인처럼 최초의 길을 신발 없이 밟아 보라고 권유한다.

문학은 목적을 달성하기 위해 돌아가는 공장이 아니다. 따라서 어떤 목적을 제시하며 그 목적을 잣대로 문학의 중요성을 가늠해 볼 수는 없는 일이다. 이것이 뜻하는 바는 문학 작품을 읽었을 때 주어지는 결과는 사실상 암흑 속에 들어 있다는 것이다. 따라서 우리는 문학에 적합한 질문을 새로 만들어야 한다. 가령 이렇게 말이다. '문학을 읽으면 어떤 일이 생기는가?' 안전하게 미리 마련된 감기약의 복용 설명서를 읽듯이 이 질문을 던지는 것이 아니라, 스스로에게 최초의 생체 실험을 하듯 이 질문을 던져야 한다.

문학은 어떤 목적을 달성하기 위해 일하지 않는데. 그야말로 아무 일도 안 하는 '무위(無爲)'가 문학의 성격이다. 이 무위도식하는 언어의 세계에 들어서면 어떤 일이 생기는가?

현대를 살아가는 이들은 무위도식하는 것들을 끔찍이 싫어한다. 일하지 않고 놀고먹는 것들은 당연히 사회(일터)에서 쫓겨나고 비난받는다. 당연히 '말'의 경우도 예외는 아니다. 예를 들어 학교 수업에서 쓰이는 말을 보라. 그 말의 목적은 의미의 전달이다. 말은 최단 시간에 가장 효과적으로 의미를 실어 나르는 도구가 될 것을 요구받는다. 선생이 의미 전달과 무관한 쓸데없는 잡담으로 시간을 보낸다면 수업 뒤에 곧바로 응징의 비난이 주어지리라. 뉴스를 전하는 아나운서의 말도 그렇고 증시의 동향을 전하는 기자의 말도 모두 최고로 경제적으로 의미를 전달할 것을 요구받는다. 그 요구를 충족하지 못할 때 말은 쓸모없는 것이 되고 사회에서 쫓겨난다. 말의 경우에도 무위도식이 들어설 자리는 어디에도 없는 것이다.

그런데 말을 일하게 하지 않고 오히려 '놀리는' 것이 있으니, 그것이 바로 문학이다. 문학예술은 말을 실용성의 관점에서 바라보는 시각과 가장 먼 거리에 위치한다. 위대한 시들을 보라. 말들은 어느 것도 의미를 전달하는 기능에 봉사하지 않는다. 시는, 실용적인 영양 섭취 때문이 아니라 오로지 맛의 즐거움 때문에 입안에 집어넣는 초콜릿 한 조각을 대하듯, 그렇게 의미 전달의 기능이라는 노역에서 벗어난 말 그 자체의 모습에 매료된다. 가령 랭보의 발견. 'A'는 까맣고, 'E'는 하양, 'I'는 붉고, 'U'는 초록, 'O'는 파랑……. 또 소설의 한 대목을 읽어 보라. 전체 이야기에 꼭 필요하지 않은 낭비처럼 보이는 한 장면, 하나의 풍경에 대한 감회, 한 사람의 모습을 오래도록 물고 늘어지는 문장을 우리는 소설 속에서 곱씹고 또 곱씹는다. 가령 프루스트가 『잃어버린 시간을 찾아서』의 수십 쪽을 주파하며 보여 주는 말의 무한한 낭비…….

만일 문학이 이처럼 용도를 가지지 않는 언어의 축제라면 이 축제에 참여하는 것은 어떤 결과를 가져오는가? 무위도식하는 언어의 축제에 들어서는 자에겐 어떤 일이 일어나는가? 우리는 문학 속에서 어떤 의미나 메시지를 제시하지 않는 언어를 체험하고 그 언어와 함께 있다. 이렇게 의미나 메시지 전달과 상관없는 아무 일도 않는 언어, 즉 용도 없는 언어 속에 들어서면 무슨 일이 일어날까? 바로 가장 본래적인 존재함 속으로 들어서는 일이 일어난다. 즉 무위의 언어에 대한 체험을 통해 무위의 존재함, 용도 없는 존재함에 가닿는 것이다. 용도 없는 언어를 구사하는 이는 용도 없는 상태로 존재하는 자일 수밖에 없는 까닭이다.

그런데 이 아무 일도 하지 않는 언어, 그리고 이 아무 일도 하지 않는 언어를 통해 표현되는, 아무 일에도 사용되지 않는 존재함은 어떤 모습일까? 그것은 일단 '말을 나누어 가지는 존재함'으로 나타난다. 당연히 어떤 소리가 사적인 외침에 그치지 않고 말이기 위해서는, 그것은 다른 이와 공유되어야만 한다. 즉 말은 말인 한에서 언제나 사람 사이에 있는 것, '사이(間)의 말'인 것이다.

요컨대 아무 일도 하지 않는 언어, 문학의 언어는 우리가 '사이 존재'라는 것, 즉 '다른 이와 함께 존재하는 자'라는 것을 드러내 준다. 그런데 우리가 문학의 언어를 통해 '사이 존재'라는 것을 느

문학을 읽는 것이 왜 중요한가?

끼는 것이 그렇게 중요한 일인가?

사실 우리는 늘 다른 사람과 더불어 있으니까 언제나 당연히 '사이 존재'인 것 같다. 그러나 우리가 언제 다른 이와 함께 있는지 생각해 보라. 우리는 대개 어떤 목적을 이루기 위해 다른 이와 함께 있다. 가령 어떤 강의를 수강하면서 팀별 과제를 달성하기 위해 팀원과 서로 협조한다. 또 돈을 벌기 위해 회사에서 다른 동료와 협력한다. 그런데 이런 경우들은 모두 본래의 '사이 존재'를 가려 버린다. 과제가 되었건 금전적 이익이 되었건 목적이 지배할 때는 존재자들(사람들)의 본래적인 '사이'는 사라져 버린다. 예를 들어 백화점의 점원은 누구에게나 친절하지만 그 친절은 사람들 사이의 본래적인 관계라기보다도 백화점의 목적(이윤 추구)을 이루기 위한 수단이다.

그러니 어떤 목적 때문에 사람들을 만나고 관계를 형성하는 우리의 일반적인 삶 속에서는 사람들 사이의 본래적인 관계 또는 본래적인 사이 관계는 증발해 버린다. 바로 아무런 목적이 없는 문학의 언어, 목적에 봉사하는 수단이 아닌 문학의 언어가 이 상실한 사이 관계를 돌려주는 것이다.

그렇다면 문학의 언어를 통해 드러나는 이 사이 관계란 도대체 어떤 것인가? 예를 들자면, '사랑'이 있다. 어떤 목적을 지향하기 위한 수단으로서 관계가 짜일 때는, 목적에 맞추어 사람들을 모으고 강제하는 주도적인 이가 있기 마련이다. 가령 회사의 사장이나 팀장을 예로 들어도 좋을 것이다. 그러나 사랑에는 사람 사이의 관계를 어떤 목적에 종속시키고자 강제하는 주도자가 없다. 우리는 건강을 목적으로, 부(富)를 목적으로 사랑의 관계를 짜 나가지 않는

2부 유품으로서의 작품 또는 침묵

다. 사랑에서는 오로지 사람들 사이의 관계 형성과 유지 자체가 관건일 뿐이지 사람들 사이의 이 관계가 다른 목적을 위한 수단으로 이용되는 법이 없다. 문학이 사랑을 이야기할 때는 바로 이런 목적 없는 관계, 따라서 아무런 쓰임이 없는 무용한 관계를 드러낸다.

그런데 재미있게도 문학의 언어, 아무 일도 하지 않는 무용의 언어가 등장했을 때야 우리는 '우리 공동체'의 삶을 지탱해 주는 가치들의 진정한 모습에도 다가갈 수 있게 되는 것이다. 예를 들어 보자. 이익을 노리는 가식으로서의 친절이 아닌 친절함 자체가 목적인 친절, 수단이 아닌 사랑, 다른 것을 위해 이용되지 않는 정의 등등은 바로 이 개념들(친절, 사랑, 정의 등등)이 어떤 목적을 위해 내세워지지 않을 때, 어떤 목적을 위한 수단이 아닐 때, 즉 목적을 위해 일하지 않는 무위를 달성할 때 비로소 가시적이 된다. 문학의 언어는 우리를 지탱하는 가치들을 담은 말들을 모든 '목적-수단'의 관계로부터 끊어 내고 그 자체대로 드러나게 한다. 그러니 문학 작품을 읽었을 때 우리에게 일어나는 일이란, 숨겨져 있던 가치들의 진면목 앞에 출석하게 되는 일이라고 요약해도 좋을 것이다.

그러나 사랑이나 정의나 친절이나 인내 같은 삶의 근본 좌표를 이루는 가치들이 문학을 통해 눈앞에 드러나는 일 자체가 우리에게 중요한 것일까? 아마도 이 드러나는 일 자체가 큰 변동을 만들어 낼 수 있기에 중요하리라. 가치들을 그 자체로 드러내는 일이란, 특정한 목적을 위해 가치들이 수단화된 모습들을 폭로하는 일과 뗄 수 없이 동전의 양면을 이룬다. 당연하게도 수단화할 수 없는 것은 그 본성상 수단으로서 일을 하지 않는다. 문학은 바로 수단화할 수 없는 가치들이 그 가치의 본성을 버리고 수단화되는 기형적 국면들을 드러낸다.

그런데 생각해 보라. 우리의 인생 자체가 사실 가장 쓸모없는 것이지 않은가? 인생은 무엇을 위해 이용되고 무엇을 위해 동원되고 무엇을 위해 사용되는 일 자체를 거부한다. 인생은 무엇을 위해 유용해지기를 원하지 않고, 오로지 그 자체를 위해 살고 또 소모되기를 원할 뿐이다. 우리의 신체가 무엇에 이용되기를 원치 않으며 또 쓸모없는 고기로서 그냥 땅에 묻히는 것처럼 말이다. 삶이 어떤 유용성의 잣대 속에서 평가되거나 영위되는 것이 아니라면, 삶의 진면목에 접근할 수 있도록 해 주는 것은 모든 유용성에 대한 관심을 버린 채 쓸모없음을 영위하는 언어, 바로 문학일 것이다.

사
회
에

관
하
여

세계시민의 ──── 시간.

3

술 이야기

철학자는 취한다. 디디에 에리봉이 쓴 미셸 푸코의 전기에 그의 스웨덴 체류 시절에 관한 이런 일화가 나온다.

> 그는 레스토랑에서 푸짐한 식사도 자주 했고 술도 잘 마셨다. 그 당시의 친구들은 그가 지독히 취했던 사건들을 몇 건이나 얘기해 주었다. 어느 날인가는 식사 후 건배를 하기 위해 잔을 들고 일어섰다가 취기에 못 이겨 그대로 땅바닥에 넘어진 적도 있었다.[1]

플라톤의 『심포지엄(향연)』('심포지엄'이라는 그리스어 자체가 함께 마신다는 뜻을 담고 있다.)을 보면 더욱 점입가경이다. 모든 사람이 취해 나가 떨어진 새벽녘에도 소크라테스가 마지막까지

1

디디에 에리봉, 박정자 옮김, 『미셸 푸코』 상권(시각과 언어, 1995), 148쪽.

살아남은(?) 몇몇 친구와 토론을 하며 술을 마시는 장면이 나온다. 주는 대로 거절하지 않고 잔뜩 마시고도 정신이 말짱한 것을 그 당시에도 자랑으로 여겼는지, 플라톤이 은근히 자기 스승을 '술 센 사람'으로 추켜올리고 있는 듯한 인상마저 준다.

> 사방이 온통 북새통이 되었고 이젠 더 이상 그 어떤 질서도 없이 모두가 엄청 많은 술을 강제로 마실 수밖에 없게 되었다고 하네. …… 깨고서 보니까 나머지 사람들은 잠을 자고 있거나 가 버렸지만 아가톤과 아리스토파네스와 소크라테스 선생님만이 계속 깨어 있는 상태로 술을 커다란 술통에서 퍼마시고 있었다네.[2]

2
플라톤, 강철웅 옮김, 『향연』(이제이북스, 2010), 223b~223c, 173쪽.

연말이면 매스컴에서 외국과 주류 소비량을 비교하며 한국인들의 폭음 습관을 꼬집고 송년회의 과도한 음주를 경계하는 방송 한 토막씩을 내보내기 마련이다. 그러나 모든 중독성 음료가 있는 곳엔 당연하게도 그것을 과도하게 섭취하고 탈을 일으키는 사람들이 있기 마련이다. 외국인들이라고 특별히 자제심이 강한 것은 아니니까. 주말 밤이면 유럽의 골목들은 서울의 골목들과 마찬가지로 주객들이 오물을 쏟아 낸 흔적들로 얼룩지기 마련이다. 유학 시절 징검다리 건너듯 전날의 오물을 피해 아침 길을 걸었던 기억이 난다.

이렇듯 술 문화에 대해 우리나라 사람들이 외국인들에 대해 갖고 있는 콤플렉스가 어떤 면에선 패배주의적 이데올로기에 의해 조작된 것이라는 점을 한 번쯤 지적해 두는 것도 필요하겠지만, 그러나 보다 생산적인 것은 우리 술 문화 자체에 대해 생각해 보는 일일 것이다.

우리 술 문화에서 눈살을 찌푸리게 하는 여러 가지 것 가운데서, 한 가지만 꼽으라면 아마도 술자리를 통해 남성적 권위주의가 과도하게 행사되는 경우일 것이다. 권위주의로 무장한 상사는 아랫사람에게는 술 마시기를, 여직원들에게는 술 따르기를 강요한다. 그야말로 임금님이다.

권위주의에 의존하려는 자들만큼 내적으로 나약하고 허술한 사람들도 없다. 결국 자신의 나약함과 부족함 때문에 세상으로부터 정당한 방식으로는 얻을 수 없었던 권위를 다만 술자리의 환상 속에서나마 누려 보려는 것이 그들의 심리가 아닐까? 혹은 남성적 권위주의라는 버팀목에 허수아비 같은 자기 몸뚱이를 버텨 놓음으로써 자신의 무능함과 나약함을 숨기려는 심리가 아닐까?

물론 우리가 다 알 듯 술 자체는 결코 나쁜 것이 아니다. "때맞추어 채워지는 잔은 이 대지의 무엇보다도 소중하다." 말러의 『대지의 노래』 첫 곡인 「대지의 슬픔에 관한 술의 노래」에 나오는 가사이다. "그대 금잔을 남김없이 비우라. 삶도 어둡고 죽음도 어둡다." 가수는 이 구절들을 노래하며 염세의 마음을 위로한다. 칸트는 술을 정직한 음료라고 추켜세웠고 그레이브스는 "포도주는 속이지 않는다."라고도 말했다. 비로소 인간을 솔직하게 만들어 주니까 말이다. 유르스나르의 『하드리아누스의 회상록』에는 술에 대한 더할 나위 없이 아름다운 이런 구절이 나온다.

포도주는 우리에게 땅의 활화산 신비를, 숨겨진 광맥의 풍요를 맛보게 한다. 정오, 태양 아래 마신 한 잔의 사모스나, 혹은 정반대로 어느 겨울밤 피곤할 때 들이켠 사모스 한 잔은 즉시로 횡격막의 공동을 통과하는 따뜻한 흐름을, 확실하고 뜨겁게 혈관을 따라가는 확산을 느끼게 하니, 이 한 잔 술의 감각은 거의 성스럽고, 때론 인간의 머리에 너무나 강렬하다.[3]

3
마르그리트 유르스나르, 남수인 옮김, 『하드리아누스의 회상록』(세계사, 1995), 18~19쪽.

정말 이 구절은, "빛의 축복을 받고 천둥 치는 신으로부터 포도주의 환희는 나온다."라는 횔덜린의 시구(「빵과 포도주」)를 실감 나게 하는 체험을 기록하고 있다. 이러한 성스러운 체험은 어쩌면 '단 한 잔의 술'로부터만 가능할 것이다. 시끌벅적한 소음 가운데 술 마시기와 술 따르기를 강요하며 맛도 모르고 부어 넣는 술잔들 속에서 빛의 축복을 담은 포도주의 환희가 나올 수 있을까? 「마술피리」에서 사랑을 찾아 헤매는 타미노의 애절한 피리 소리 한 가닥이 기적처럼 흘러나오기 위해서는 모든 오케스트라가 일시에 침묵해야 하듯, 피곤한 저녁나절 술 한 잔이 천둥 치는 신의 환희처럼 혈관 속으로 퍼져 나가기 위해서는 모든 과도함과 소란스러움은 침묵할 수밖에 없다.

형제 살인

그토록 낡은 이야기이면서도 왜 신화는 늘 널리 읽히고 또 끊임없이 재해석되는가? 인간 생명의 지도가 염색체 속에 들어 있다면, 인간이 어떤 운명에 처한 존재인지를 알려 주는 실존의 지도는 신화 속에 담겨 있다. 과학자들은 인간 생명의 비밀을 밝히기 위해 인간 게놈 지도의 완성에 열을 올렸지만 작가들은 이미 오래전부터 인간 운명의 지도를 밝히기 위해 신화를 연구해 왔다. 신화 속에 저장된 지혜들은 마치 점성술사의 천궁도처럼 비밀스럽다. 그래서 사람들은 저마다 나름대로 신화 속의 암호들을 해석해서 인간의 행복과 비극의 비밀을 알아내려고 하는 것이다. '형제 살인'의 이야기도 그런 신화 가운데 하나이다.

최초의 인간인 아담의 아들부터 동생을 살해하고 있으니, 형제 살인의 테마는 인류의 기원과 함께 시작되었다고 해도 좋을 만큼 해묵은 나이를 자랑한다. 다윗 왕의 아들들도 형제 살인을 저질렀다. 의붓형 암논이 친누이 다말을 범하자, 오빠인 압살롬이 격분해 그 형을 죽인 사건이 그것이다.

1950년 노벨 문학상을 받은 미국 작가 윌리엄 포크너는 다윗의 자식들 간에 일어닌 이 비극에서 영감을 얻어 소설을 한 편 썼는데 그것이 현대 문학의 최고 걸작 가운데 하나로 꼽히는 『압살롬, 압살롬!』이다. 이 소설이 다루고 있는 다양한 주제 가운데 가장 굵직한 것 하나를 꼽으라면 미국의 모순적인 '인종 문제'를 들어야 할 것이다. 말하자면 이 소설은 형제 살인의 신화를 인종 문제의 틀 안에서 읽어 내고 있는 셈이다.

이제 형제 살인의 무대는 다윗의 궁궐에서 남북전쟁 무렵 미국 남부의 대지주 서트펜 대령의 저택으로 바뀌었다. 비극은 대령의 아들 헨리가 미시시피 대학교에 들어가 매력적인 젊은이 찰스를 알게 되는 데서 시작된다. 이 멋진 법학도를 숭배한 나머지 헨리는 적극적으로 찰스와 자기 여동생 쥬디드를 맺어 줄 생각을 하게 된다. 쥬디드도 찰스에게 사랑의 감정 비슷한 것을 느끼게 되지만, 애초에 그들은 결혼할 수 없는 운명이었다. 찰스는 서트펜 대령의 숨겨진 아들, 그러니까 쥬디드와 헨리의 배다른 형제였기 때문이다. 서트펜 대령은 헨리와 쥬디드의 어머니를 알게 되기 전 한 여자와 이미 결혼을 했다가 이혼을 했는데 그 결혼에서 태어난 자식이 찰스였던 것이다. 놀라운 일이지만, 근친상간을 저지르는 일임을 알고 난 후에도 헨리는 의붓형 찰스와 친누이 쥬디드의 결혼을 반대하지 않는다.

그러나 서트펜 대령이 털어놓는 또 다른 비밀은 갑자기 헨리를 완강한 결혼 반대자로 변모시키고 만다. 서트펜 대령은 왜 전처와 이혼했을까? 피부 색깔로조차 잘 나타나지 않지만, 바로 그 여자에게 검둥이의 피가 흐르고 있음을 알게 되었기 때문이다. '피 속에 8분의 1만 검둥이의 피가 흐르고 있어도 그는 백인이 아니라 흑인이다.'라는 것이 당시 남부 사람들의 생각이었다. '순수한' 백인 명문(名門)을 꿈꾸던 서트펜은 그래서 자식과 아내를 버리고, 다른 고장에 숨어들어 완전히 새로운 삶을 시작했던 것이다.

'찰스는 쥬디드와 결혼할 수 없어. 그는 검둥이야.'

근친상간은 불사할 수 있어도 검둥이에게 누이를 줄 수는 없다는 것이 헨리의 생각이었다. 결국 헨리는 계속 결혼을 고집하는 형 찰스를 서트펜 대령의 저택 앞에서 살해한 후 종적을 감추고, 쥬디드는 결혼을 해 보지도 못한 채 과부 신세로 평생을 보내게 된다. 남부의 순수 백인 명문을 이루려던 서트펜의 꿈은 이렇게 단 한 명의 제대로 된 자식도 가지지 못한 채 몰락해 버린 것이다. 그것은 '도덕성'이라는 반석 위에 기반을 두기보다는 '순수한 피'라는 허구의 모래더미 위에 쌓아 올려진 미국 남부 전체의 몰락이기도 하다.

순수한 피를 가려내려는 모든 시도는 결국 이런 식으로 자멸해 버리고 만다. 순수한 피라는 허구의 이상(理想)을 실현하려는 사람은 피를 나눈 형제까지도 죽여 없애야 한다. 그리고 그는 결국 자기 살점까지도 도려내고 스스로 멸망해야만 할 것이다. 왜냐하면 순수한 피라는 '이상'은 실제 어느 누구의 몸속에도 존재하지 않기 때문이다.

세계 여기저기서는 오늘날도 심심찮게 다양한 방식으로 순수한 피와 오염된 피 가르기를 시도한다. 때로 단일한 피를 가진 민족이라는 신화를 철석같이 믿어 버리기도 한다. 그러나 피의 순수성을 믿으며 그 공상의 잣대를 들고 사람들을 가려내려는 시도는 분명 내 이웃 형제를 죽이고 결국 스스로도 몰락하는 길이다. 형제 살인의 이야기는 우리에게 인류가 가서는 안 될 그 죽음의 길을 가리켜 보이고 있다.

아프리칸 코기토?

유학 시절을 보낸 유럽의 대학에선 세계 여러 지역에서 모여든 수많은 인종의 학생들이 공부하고 있었다. 우리 대학들 역시 오늘날은 크게 다르지 않을 것이다. 이런 다국적인 환경이 뜻하는 바는 세계 각지의 서로 다른 '사유 방식'을 접해 볼 기회가 주어진다는 것이다. 철학과도 마찬가지였다. 서로 다른 종족들의 마음이 유럽인들이 다듬어 온 사유 방식, 곧 '철학'을 어떤 각양각색의 모습으로 받아들이고 있는지 엿보는 것은 흥미로운 일이 아닐 수 없다.

이런 일이 있었다. 어느 학생이 철학 수업을 들은 후 황당하다는 듯이 이런 얘기를 했다. 교수가 데카르트의 '코기토 명제'를 한 시간 내내 설명했는데 아프리카 학생 하나가 감을 잡지 못하고 자꾸 엉뚱한 질문을 해서 수업 분위기를 흐려 놓았다는 것이다. '나는 생각한다, 고로 존재한다'는 코기토 명제는 철학의 기본 가운데 기본이자 이성을 올바로 사용하는 자라면 누구나 당연히 도달하

게 되는 진리 아닌가? 그걸 이해 못 하다니!'

그 학생의 반응은 그간 적지 않게 한국 사람들이 유사한 상황에서 보였던 반응과 비슷한 것이었다는 점에서, 아프리카인(넓게는 다른 제3세계인들)에 대한, 서구 친화적인 문화권의 태도를 어느 정도 정확히 요약해 주는 것이었다. 그의 황당해하던 모습은 이런 의미들을 담고 있었을 것이다. 역시 아프리카인들은 뒤떨어진다는 것, 나는 그들보다 나은 종족에 속하며, 보편적 사유(서양 철학)에 참여할 수 있는 서구적 시민이라는 것. 내가 너무 야박하게 이야기하고 있는 것은 아니리라. 심지어 언젠가 나는 박사까지 마친 사람이 아프리카 학생에 대해 "걔들은 좀 더 진화하고 왔어야 돼."라는 믿기 힘든 말을 하는 것을 들은 적까지 있다.

그러나 왜 '코기토'여야만 한단 말인가? 왜 '생각한다.'라는 사실로부터 '나'가 존재한다는 사실을 끌어내는 이상한 사유를 당연한 보편적 진리로 받아들여야 하는가? 왜 우리가 서양인들이 상상했던 '자아라는 작은 요정'이 우리 안에도 살고 있다고 믿어야 하는가? 그리하여 왜 그 아프리카 학생의 '진짜' 철학적이었던 반응, 즉 '생각함'으로부터 '나의 존재'를 이끌어 내려는 무리한 시도를 이해하기를 거부했던 반응은 경탄의 대상이 되기보다는 조롱거리가 되어야 하는가?

서양의 종교와 학문이 뼛속까지 스며든 나머지 우리 자신의 이미지를 서양인의 그것과 동일시하는 경우를 보곤 한다. 한 예로 우리나라 화장품 회사들은 흑인 모델을 광고에 잘 내보내지 않는다고 한다. 대체로 한국 사람들은 서양의 백인 미인을 이상적인 자아의 이미지로 마음 안에 가지고 있지 흑인 여자의 생김새를 닮고 싫어 하지는 않을 것이라는 판단 때문이다. 철학도가 수업 시간에 만나는 데카르트의 '자아'는 화장품 광고에서 만나는 그런 백인 미인 같은 것이리라. 잠재적인 열등의식이 있다면, 그것은 상황을 더 나쁘게 만들 것이다. 누군가에 대한 열등의식은 자기보다 우월한 자를 은연중 닮으려는 욕망과 함께 자기보다 열등한 자가 있음을 확인하고 거기서 위안과 쾌락을 얻으려는 욕망을 낳는다. 그리하여 백인 미인 또는 코기토를 자기 안에서 확인하려는 노력은, 그것을 이해하지 못하는 인종을 비웃고 열등한 종족으로 여긴다. 부끄럽게도 서양의 인종주의는 서양인보다도 우리 자신을 통해 도래한다. 아무렇지도 않게 내뱉는 '검둥이'라는 말 속에서, 외국인 노동자를 업신여기는 여러 가지 폭력 속에서 한국인들이 서양인들을 대신해 인종주의의 악역을 떠맡고 있는 것은 아닌지 돌아보아야 할 것이다.

우리의 마음속에서 아시안 코기토 혹은 아프리칸 코기토가 발견되어야 할 까닭이 없다. 세상을 지배하는 서구의 사유 문법을 자기 것처럼 재빨리 습득하여 서구 세계 시민의 자격을 부여받는 두뇌는 우수한 반면, 자기 안에서 코기토를 발견하지 못하며 백인 미인과 달리 납작한 코를 가졌고 서양의 자질구레한 예절과 매너를 익히지 못한 자는 손가락질받아야 할 것인가? 새로운 세상은 아시안 코기토, 아프리칸 코기토를 자기 안에서 발견하고 좋아하는 자가 아니라, 기존의 사유 문법과 문화를 의혹과 비판이라는 위대한 사유의 장 위에 세워 보는 자에 의해 도래할 것이다.

『사비망록』 또는 기원의 신화

　　헤로도토스는 『역사』의 제2권에서 다음과 같은 이야기를 전한 다. 이집트의 프삼메티코스 왕은 세계에서 가장 오래된 민족 또는 인간의 기원을 밝혀내고 싶어 했다. 그래서 그는 보통 가정에서 막 태어난 아기 둘을 무작위로 선택해서 오두막에 가두고 양치기들에 게 돌보게끔 했다. 양치기들에겐 기이한 명령이 떨어졌는데, 그 아 이들을 누구와도 만나게 해서는 안 되며, 어떤 말도 그들에게 해서 는 안 된다는 것이었다. 이런 식으로 아이들을 세상으로부터 격리 해 기른 지 2년 남짓 된 어느 날, 드디어 아이들은 학습된 적이 없 는 언어, 인간의 마음속에 본래 새겨져 있던 언어, 역사 속에서 오 염되기 이전 인류의 순수한 기원적 언어로 말하기 시작했다. 그들 이 내뱉은 최초의 낱말은 '베코스'라는 말이었는데, 그것은 '빵'이 라는 뜻의 프리기아 말이었다. 이 놀라운 실험을 통해 이집트 왕은 인류의 기원은 프리기아인들이며, 가장 순수한 기원적 언어는 프리

기아어라는 것을 알게 되었다.[4]

역사적 진실보다는 진실된 허구를 더 많이 수록하고 있는, 헤로도토스의 『역사』가 전하고 있는 이 이야기는 기원과 순수 본질을 향한 인

4
헤로도토스, 천병희 옮김, 『역사』(숲, 2009), 161~162쪽.

간의 삭혀 버릴 수 없는 동경(憧憬)을 반영하고 있다. 그런데 헤로도토스의 정반대 편에 또 하나의 허황된 이야기가 있으니 바로 영화 「화산고」이다. 잘 알려져 있다시피 이 영화는 학원 무림의 지존 자리에 오를 수 있게 해 줄 비밀의 책, 권법 중의 권법을 전수하고 있는 비서 『사비망록』을 손에 넣기 위한 계파 간의 처절한 암투를 그리고 있다. 이런 점에서 적어도 「화산고」는 헤로도토스의 이야기와 마찬가지로 '본질 찾기'라는 외관을 갖추고 있다. 가장 순수한 언어 찾기라는 이집트인의 열망이 있다면, 어찌 깡패들의 '이상적인' 무림 비서 찾기 또한 없겠는가? 그런데 『사비망록』이 보관되어 있던 상자 안에는 무엇이 들어 있었던가? 아무것도 없었다. 본질, 기원, 이상, 원형 등에 대한 인간의 근본적인 허영심을 비웃기나 하듯, 혹은 가면 뒤에는 가면밖에 없다는 듯, 『사비망록』은 하나의 빈 상자에 불과했던 것이다. 이런 방식으로 이 영화는 기원과 원형에 대한 탐구라는 고전적 테마를 따라가는 척하면서 배반한다.

기원의 신화는 서구의 고질적인 질병 같은 것이었다. 원형적인 것, 본질적인 것, 순수한 것을 탐구하려는 이 구도자적인 제스처가 은폐하고 있는 것은 무엇일까? 언뜻 우리 삶과 멀리 떨어진 형이상학적 주제로만 보이는 기원의 신화는 실은 우리 삶의 가장 가까운 곳에서 다음과 같은 물음을 던지며 우리를 조롱한다. '원형적인 순수한 인종은 누구인가? 그것은 백인이다.', '원형적인 성, 보다 우월

『사비망록』 또는 기원의 신화

한 성은 무엇인가? 그것은 남성이다.' 등등……. 중요한 것은 이런 기원의 광채와 영광은 늘 주변부의 그림자와 쓰라림을 동반한다는 것이다. 순수한 원천에 대한 향수로부터 등을 돌리면 거기엔 유색인종들, 서열한 혼혈아들, 외국인 노동자들, 소수 언어와 소수 문학, 억압받는 계층들의 국지적인 예술이 있다.

　바로 여기에 우리가 기원의 문제를 책상 위에서가 아니라, 우리의 삶 속에서 숙고해야만 하는 이유가 있는 것이다. 우리가 진정 힘써 가꾸고 보살펴야만 하는 것은 바로 주변의 모든 소외된 삶, 업신여김당하는 이웃들이다. 왜냐하면 기원이 빈 상자에 불과한 『사비망록』 같은 것이라면, 세상은 중심이 없는 주변부들의 연대와 우정으로 채워져야만 할 것이기 때문이다.

세계시민의 시간

17세기의 어느 날 밤, 프랑스의 야심가 마자랭 추기경은 비밀스러운 대화를 나누던 중 이렇게 조국에 대해 한탄한다.

> 영국, 포르투갈 그리고 스페인에는, 적어도 아들 하나는 바다로 보내어 경제를 도모하게 하지 않는 귀족 집안은 없다. 프랑스는 어떤가? 우리의 형편은 그렇지 못하다. 우리는 신세계에 대해서는 아는 바가 있어도 극신세계(極新世界)에 대해서는 아는 것이 너무도 없다는 것이 그 증거다. 꼴베르가 그대에게, 지구 반대쪽에 빈 땅이 있다는 것을 설명해 줄 것이다.[5]

『장미의 이름』으로 널리 알려진 작가 움베르토 에코의 소설 『전날의 섬』에 나오는 이야기이다. 그래서 마자랭은 무슨 일을 벌이는가? 그

5
움베르토 에코, 이윤기 옮김,
『전날의 섬』 상권(열린책들,
1999), 249쪽.

는 세계의 제패는 항로의 발견에 있으며, 항로의 발견은 경도(經度)의 측정에 달려 있다는 것을 잘 알고 있었다.(당시엔 아직 제대로 된 경도 측정법이 알려져 있지 않았다.) 그래서 그는 한 명의 스파이를 정체가 의심스러운 영국 선박에 잠입시킨다. 이 배에서는 영국 정부의 명령을 받은 비어드 박사라는 인물이, 매우 새로운 방식으로 경도 측정을 시도하고 있었는데, 마자랭은 그 비밀이 알고 싶었던 것이다. 그런데 마자랭의 명령을 받은 스파이가 그 배에서 발견한 것은 놀랍게도, 끔찍한 상처로 고통받고 있는 개 한 마리였다. 경도 측정과 상처 입은 개? 도대체 무슨 관계가 있는 걸까?

비밀은 바로 그 당시 유럽에서 엄청난 관심을 끌고 있던 '무기 고약(운구엔툼 아르마리움)'에 있다. 가령 내가 칼에 찔리는 상처를 입었다고 하자. 약을 써야 하긴 하는데, 황산염 같은 것은 지혈에 효과적이지만, 그 부식력(腐植力)이 자극적이니, 상처에 직접 발라야 좋을 리가 없다. 그럼 어디다 바를까? 바로 내게 상처를 낸 칼에다 바른다. 그러면 칼에 바른 황산염이 내 상처에 있던 칼의 독기를 흡수해서 상처가 좋아진다는 것이다. 당대 사람들은 자연의 물질은 다른 물질을 만나는 순간 상대의 원자를 빼앗으려고 한다고 생각하고 이런 작용을 '감응'이나 '공명'으로 불렀다. 무기고약은 바로 이런 원리에 착안한 약품이었다. 이런 원리는 악용될 수도 있었는데, 바로 상처를 낸 칼을 불에 집어넣는 등 자극을 주게 되면, 그 자극이 감응의 원리에 따라 상처에 전달돼, 상처 부위는 더욱 고통스러워지게 된다는 것이다. 물론 믿거나 말거나이지만.

엉뚱하게도 유럽인들은 바로 이 무기고약의 원리를 통해 경도를 측정하고자 했다. 말할 것도 없이, 대륙 위의 고정된 한 지점(가

　　　　　　　　　　3부 세계시민의 시간

령 런던)의 시간과 경도 측정을 하기 위해 이국의 바다에 나가 있는 배의 시간을 비교할 수 있느냐 여부가 경도 측정의 관건이다. 어떻게 전화도 무전기도 없는 시절에, 망망대해에 버려진 배 위에서 구만리 떨어진 대륙의 시간을 정확히 알 수 있을까? 바로 이 곤란을 무기고약이 해결해 줄 수 있었던 것이다. 우리가 이야기한, 배 밑바닥에서 고통받고 있는 개의 상처는 일부러 만든 것이다. 런던에서는 그 개에게 상처를 낸 칼을 정오마다 불구덩이에 집어넣는다. 그러면 감응 또는 공명 효과가 바다 건너로 전해져 개는 고통스러운 비명을 질러 대고 배에 탄 사람들은 런던의 시간이 정오라는 것을 알 수 있다는 것이다. 이 작업을 끝맺기 위해 비어드 박사는 소금을 뿌려 가며 개의 상처가 아무는 것을 끊임없이 방해한다. 이렇게 세계사의 페이지들을 뒤적이다 보면, 지식을 획득하고자 하는 인간 욕망의 배후에 어리석음과 광기가 도사리고 있는 경우가 비일비재하다.

어쨌든 인류는 수많은 길을 거쳐 가까스로 경도와 날짜변경선을 확정 지을 수 있었다. 이제 경도와 위도의 좌표가 인도해 주는 대로 지구상 어디로든 갈 수 있게 되었다. 전 지구상에 흩어져 있던 고립된 삶들이 '하나의 세계' 속에 들어설 수 있게 된 것이다. 이제 전 세계 전 지역의 시간은 함께 움직인다. 재미있지 않은가? 날짜변경선이란, 그 말뜻 그대로 시간의 차이, 즉 격차이다. 이 '시간의 격차'가 거꾸로 전 지구적 시간의 '일치'와 '소통'을 뜻한다.

세계가 하나가 되었다는 것, 세계 시간이 함께 움직이게 되었다는 것은 우리가 국지적인 토박이의 삶에 그치는 것이 아니라 '세계시민의 삶'을 살아가게 되었다는 것을 알려 준다. 세계시민이 되었다는 것은 무엇을 뜻하는가? 일단 그것은 서로 차이를 지니는 다양한 핏줄, 신체적 특성, 문화, 풍습, 전통, 관습, 종교 등등을 모두 존중할 줄 알아야 한다는 것을 의미하리라.

이러한 존중의 객관적 표현을 가령 칸트 같은 이는 '세계시민 정부의 수립'에서 찾기도 했다. 그는 「세계시민적 관점에서 본 보편사의 이념」이라는 글에서 이렇게 말한다.

> 인류의 역사는 국내적으로도 완전하며, 그리고 이 목적에 맞으면서 국제적으로 완전한 국가 체제를 — 이 완전한 국가 체제는 자연이 인류의 모든 소질을 완전히 계발시킬 수 있는 유일한 상태인데 — 성취하고자 하는 자연의 숨겨진 계획을 실현하는 과정으로 간주될 수 있다.[6]

6
임마누엘 칸트, 이한구 편역,
『칸트의 역사철학』(서광사,
1992), 38쪽.

다양한 국가와 민족이 하나의 세계 안에 산다는 것은, 모든 이에게 공평하게 법과 정의가 존중될 수 있다는 약속을 필수적인 조건으로 삼는다. 그러므로 이제 세계의 시간을 살아가는 우리의 의무와 희망이 분명해진 것 같다. 그것은 다름 아니라, 인종과 국적 너머 세계 시간을 살아 나가는 모든 사람이 공평하게 수혜자가 되어야 할 국제 질서와 정의를 지키는 자가 되는 것이다. 각자의 필연적인 자리에서 말이다.

기억은 왜 중요한가?

전통과 노스탤지어와 공동체를 만드는 힘

크리스토퍼 놀런 감독의 「메멘토」라는 영화가 있다. 이 영화의 주인공은 매우 특이한 질환을 가지고 있는데 단기 기억상실증이 그것이다. 고작 몇 분 이상밖에는 기억을 지속하지 못하는 병이다. 기억이 없다면 어떻게 될까? 이 영화의 주인공은 친구도, 적도 기억하지 못한다. 심지어 나 자신이 누구인지도 제대로 기억해 내지 못한다. 나 자신이 누구인지조차 알지 못한다면 결국 내 인생이 송두리째 사라진 것이나 마찬가지 아니겠는가?

이 영화는 이렇게 자기 자신이 누구인지, 무엇을 했는지조차 모르는 주인공을 통해, 기억 속에 남아 있는 과거의 시간이 우리 자신의 '본질'을 결정하는 가장 중요한 요소임을 알려 주고 있다. 자아는 기억을 통해 자아 자신이 된다는 것을 보여 주는 것이다.

내가 나 자신이라는 사실이 오로지 과거의 나에 대한 누적된 기억들을 통해 보증된다면, 기억 속에 저장되어 있는 과거는 인간

225

에겐 무엇과도 바꿀 수 없는 재산이라 해도 좋으리라. 이것은 마르셀 프루스트의 통찰이기도 하다. 프루스트는 20세기가 남긴 최고의 유산 가운데 하나인 소설 『잃어버린 시간을 찾아서』의 작가인데, 이 작품은 모든 사람이 흔히 체험하는 '비자발적인 기억'에 대해서 다루고 있다. 여러분도, 꼭 의도하지는 않았는데 특정한 향기 같은 사소한 매개물을 통해 더할 나위 없는 행복감과 함께 갑자기 과거를 떠올리게 되는 경험을 한 적이 있지 않은가? 바로 이런 비자발적인 기억 속에서 발견되는 과거가 우리 삶의 가장 진실한 면을 담고 있다는 것이 이 소설이 이야기하고자 하는 바이다.

인간은 사실 매우 오래전부터 기억의 중요성을 간파하고 있었다. 가령 플라톤 같은 서구 정신을 대표하는 철학자는 기억을 진리를 찾는 근본 능력으로 내세웠다. 플라톤의 '이데아' 개념을 알 것이다. 플라톤은 이데아가 참된 진리이고 우리가 현세의 세속적인 세계 안에서 마주치는 대상은 모두 이데아를 불충분하게 반영하고 있는 '허상'이라고 생각했다. 우리는 원래 이데아 곁에서 살며 이데아를 잘 알고 있었는데, 이 세상에 태어나기 위해 이데아를 떠나 망각의 강 레테를 건너오면서 참된 진리인 이데아를 잊었다는 것이 플라톤의 신화이다. 그렇기 때문에 플라톤에겐, 진리를 배운다는 것은 '과거를 기억해 내는 것이다.' 심지어 플라톤은 현세를 떠나 저 과거의 이데아들로 돌아가는 것을 인생의 최대 목표로 삼기도 했다.

이렇게 기억이 발견하는 과거라는 시간은 그저 이제 다 써 버려서 무용지물이 된 시간이 아니다. 그것은 플라톤이 보았듯, 그리고 마르셀 프루스트가 이야기했듯 진리가 숨겨져 있는 시간이다.

이러한 과거의 중요성은 우리 삶에서 '전통'이라는 것이 차지하는 위치를 생각해 볼 때보다 쉽게 이해된다. 전통이란 무엇인가? 바로 집단이 공유하는 과거가 '전통'이다. 여기서 말하는 전통이란 임의적으로 받아들이거나 벗어나거나 할 수 있는 그런 것이 아니다. 또 벗어나야 마땅한 '나쁜' 선입견 같은 것을 뜻하지도 않는다. 우리가 지금 이야기하고 있는 전통은 나의 나 됨(나의 정체성)을 가능하게 해 주는 전통, 세계를 인식하기 위한 필연적인 전제로서의 전통을 이야기한다.

가령 객관성을 생명으로 한다는 점에서, 어떤 전제도 미리 허락하지 않고 출발하는 과학적 인식의 경우를 보자. 어떤 전제도 미리 허락하지 않는다는 과학의 전제를 생각해 볼 때, 과학적 인식에는 전통이 차지할 자리란 없어 보인다. 과연 그럴까? 과학에서 우리의 관심은 객관적으로 일어나는 사태에 가닿는다. 그러나 특정한 사태는 도대체 왜 관심을 끄는가? 그리고 그 사태란 어떤 '관점'에서 과학자의 눈길을 끄는가? 과학은 오로지 이성만을 가지고 사태에 접근하지만, 애초에 그런 접근을 가능케 해 주는 '관점'은 한 과학자가 개인적으로 마음 내키는 대로 설정한 것이 아니라, 역사적으로 '미리' 형성되어 있는 것이다. 다시 말해 과학적 탐구란, 역사적으로 미리 설정된 과학자 공동체의 문제의식으로부터만 출발할 수 있는 것이다. 개인에 앞서 설정된 이 역사적 배경을 우리는 '전통'으로 부른다.

이런 식으로, 세상을 바라보는 우리의 관점을 설정해 주는 것이 전통이다. 보다 적극적으로 표현하자면, 우리 삶에서 가치 있는 것, 추구해야 할 것 등을 판단할 수 있게 해 주는 시금석이 전통이

기억은 왜 중요한가?

다. 이런 의미에서 전통이라는 과거는, 기준과 가치관을 갖고 세상을 바라볼 수 있게 해 주는 표지판이라 해도 좋을 것이다.

또한 바로 이런 까닭에 좋은 전통을 세우려는 노력은 언제든 중요하다. 가령 내가 살아가는 하루하루의 나날이, 나중에 오는 사람들에게는 그들이 세상을 보는 관점과 그들의 정체성을 결정하는 전통으로 고착되어 버릴 것이라는 데 생각이 미치면, 아찔하지 않을 수 없을 것이다. 전통이라는 과거는 돌처럼 단단해서 한번 만들어지면 사라지는 법이 없으므로, 이제 곧 과거가 될 나의 하루하루는 후세가 살아 나갈 미래에 대해 늘 엄청난 책임을 지고 있는 셈이다.

마지막으로 기억이 관여하는, 전통보다도 더 중요한 형태의 과거에 대해 이야기해 보고 싶다. 누구든 '노스탤지어'에 대해 모르지 않을 것이다. 노스탤지어란, 그리스어로 '집에 돌아가는 일((노스토스(nostos))을 하지 못하는 데서 생기는 괴로움(알고스(algos))'을 뜻한다. 고향에서 보낸 지나간 나날에 대한 그리움 말이다. 누구든 지나간 어린 시절이나 오래도록 가 보지 못한 고향에 대해 그리움을 가지고 있다.

그런데 우리 사회에서, 고향에서 보낸 옛 시절을 가장 그리워하는 사람들은 누굴까? 이 나라에 살고 있는 토박이들이 아니라, 바로 외국인들이리라. 그것도 돈과 권력을 가지고 있는 부자 외국인보다는, 돈 벌러 고향을 떠나 이역만리에까지 찾아온 가난한 외국인들의 노스탤지어가 더욱 심할 것이다. 타향에서 고통받으면 고통받을수록 나를 따뜻하게 감싸 주던 고향은 더욱더 그리운 법이 아니겠는가? 이 외국인들이 이제 우리의 이웃이 된 만큼, 우리는 이들의 노스탤지어, 즉 이들이 간직하고 있는 그들 나름의 기억에 대한 그리움을 존중하는 법을 배워야 할 것이다.

외국인이 가슴속에 소중히 간직하고 있는 과거는 우리의 전통과는 상관이 없으며, 우리에겐 전혀 낯선 것이리라. 그러나 나의 기억이 중요한 만큼 남들의 기억도 중요하다. 그리고 내가 과거를 추억할 때 애틋한 만큼, 남들이 그들의 과거와 고향을 추억할 때도 애틋한 것이다. 남의 기억을 공유하려고 애쓰는 것, 그것은 나를 사적인 특수성과 고립 속에서 꺼내 익명의 보편성에 들게 하는 것이며 공동체를 건설하는 길이다. 공동의 기억을 지니지 않은 공동체란 없다. 그러니 재미있게도 기억이란 한편으로 아주 내밀하고 사적인 것이지만, 다른 한편 다른 사람들에게로 건너갈 수 있도록 해 주는 익명의 대로(大路)이기도 한 것이다.

극혐이라는 재앙

라면이건 떡볶이건 닭강정이건 매운맛이 출시돼 인기를 끌면 곧 극히 강한 매운맛도 나온다. 불행히도 혐오에 눈뜬 사람들은 '극혐'이라는 신메뉴도 찾게 되었다.

극혐. 몇 해 전부터 바퀴벌레처럼 빠르게 번식한 이 말은 아직 국어사전에는 올라와 있지 않지만, 검색 사이트에서 쉽게 그 뜻을 찾아볼 수 있을 정도로 보편화되었다. 이 말은 '극도로' 심한 싫음을 뜻한다. 강조점은 '극도'라는 말에 찍힌다. 국어사전은 '극도'를 '더할 수 없는 정도'로 풀이한다. 그러니까 다른 것과 비교할 수 없는 최대의 것을 뜻한다. 우리는 무엇인가를 다른 것과 비교할 수 있을 때 상대적인 경중도 가리고, 거래도 하며, 타협이나 양보의 여지도 발견한다. 그러니 다른 것과 비교도 할 수 없는 혐오, 즉 극혐이란 어떤 타협도 없고, 대화를 통해 견해를 수정할 수도 없는 '무조건의' 또는 '절대적인' 증오를 뜻한다.

이런 극혐이 일상 속에 만연해 있다는 것은 얼마나 무서운 일인가! 교실에서 일어나는 왕따, 여성에 대한 혐오(여혐), 특정 지역에 대한 증오 등등이 극혐의 이름으로 우리 주변을 배회한다. 이 배회하는 악령들은 절대 약하지 않다. 세계사적으로 심각한 문제인 인종적 극혐과 종교적 극혐에 절대로 뒤지지 않는 악령들이다.

우리는 여혐의 악령이 강남역에 출현해 평범한 일상을 살아가던 여자를 죽이고, 또 왕따의 악령이 자기 인생을 잘 꾸며 보고 싶은 작은 소망을 지닌 어린 학생을 죽음으로 내모는 그런 세계에 살고 있다. 세월호의 희생자나 광주의 희생자도 혐오감으로 대하면서 장난거리로 만드는 잔악한 세계에 살고 있다. 모두 명백한 범죄이다. 혹시 자기가 하는 일이 감옥에 가는 범죄가 아니라 교육적 차원에서 교화의 말씀 한마디 대충 듣고 끝날 일일 줄 알고서 주변의 학생을 왕따 시키는 사람이 이 글을 읽는다면 꼭 알아 두기 바란다. 그것은 어린 시절의 미숙함에서 생긴 실수로 용인될 수 없는 악행이며, 평생 스스로 가책을 느끼고 남에게선 손가락질받을 만한 범죄라는 것 말이다. 그리고 그런 폭력을 알고서도 방지하지 못한 가해 학생의 부모와 교사도 그 범죄에 연루되어 있다는 말도 하고 싶다.

극혐은 왜 생긴 걸까? 우리 사회는 한편으로 풍요로워졌지만, 더욱더 심한 경쟁적 구도를 띠게 되었다. 경쟁적 구도 속에서 생긴 위계적 편차 역시 매우 단단한 것이 되었다. 예전처럼 신화적 인물이 출현해, 맨땅에서 시작해 재능 하나로 경제적 차원에서 상위 그룹의 일원이 되거나, 머리 하나로 출세하는 일은 매우 어려워졌다. 기본적인 욕구를 해소하기 위한 상황은 예전보다 나아졌지만, 자기가 생각하는 이상(理想)에 비추어 볼 때 좀 더 좋아지기는 어려워진 것이다. 더구나 잠재적인 경쟁자가 너무도 많아 별로 마음에 들지 않는 지금의 지위마저 딱히 보장되는 것은 아니다. 이 점은 직장인이나 학생이나 매한가지이다. 이런 상황은 현재의 자기 지위에 대한 불만과 불안감을 초래한다. 위로 올라가기는커녕 언제든 저 아래로 추락할 수 있는 지금의 지위에 대한 불안감과 불만 속에서 자기 지위를 확고하게, 그리고 긍정적으로 확인하는 심리적인 방식이 타인에 대한 혐오이다. 타인을 '저 아래의 못난 것'으로 확인하면서 동시에 현재 자기 지위의 안정성과 탁월성을 스스로 설득하는 것이다.

이런 극혐은 비루하게도, 자기보다 높이 있는 것에 대해서는 그것이 차지한 지위가 불합리하게 보여도, 뒤에서 안 들리게 구시렁거릴지언정 감히 실질적인 도전을 하지 못한다. 그러면서 약한 표적을 찾으면 같은 수준들끼리 서로의 느낌을 불안하게 확인하며 극혐의 이름으로 죽이려 든다. 이렇게 보자면 극혐은 정말 인간의 가장 초라한 막장 초상화이다.

이런 상황에서 타인을 혐오하지 않을 방법이 있을까? 자기 수양을 통해 타인에 대한 사랑의 마음을 가지고 매사를 긍정적으로 봐야 할까? 만일 그렇게 하는 것이 최선의 해결책이라고 말한다면, 사회구조적인 문제가 주는 하중을 개인 심성의 수양으로 극복하라는 말도 안 되는 해답이 될 것이다. 마땅히 국가와 사회가 책임져야 할 문제의 부담을 개인에게 떠맡기는 꼴이다. 그리고 이럴 경우 개인의 노력으로 애써 얻어진 상호 화합이라는 자원은 고스란히 기존 사회가 가져가 기존 사회질서를 재생산하는 데 써 버린다.

3부 세계시민의 시간

노력한 효과가 전혀 없는 것이다. 그러므로 극혐을 배척하려는 노력은 입법으로 이어지는 시민운동의 차원에 자리 잡아야 하며, 시민운동은 사회계층 사이의 정치적·경제적 긴장에 눈을 뜨고 있어야만 한다.

극혐의 폭력을 겪는 이들에게도 한마디 하고 싶다. 폭력의 무서운 점은 내성에 빠지는 일을 초래해 폭력을 지속하게 하고 일상화하며 더욱 강하게 만든다는 점이다. 약간의 폭력이라도 감내하는 일은 인내 같은 미덕과 아무 상관이 없고 범죄를 용인하며 재생산하게 하는 바보 같은 짓일 뿐이다. 약간만 아파도 절대로 참지 말자.

물론 피해자가 호소해도 들어줄 곳이 없는 사회라면, 그것은 전혀 말이 필요 없는 지옥이겠지만.

타인과의 조우

가끔 나는 자기 자신이 너무도 합리적이며 자신의 그 합리성으로부터 나온 규칙은 완벽하다고 믿는 사람(또는 집단)을 본다. 이런 사람이 정말로 관리자의 지위에 오른 것을 본 적도 있는데, 그와 함께 세상엔 엄청난 피로가 밀어닥쳤다. 그는 타인도 괴롭힐 뿐 아니라 자기 자신도 파괴한다. 자신의 독단적 규칙 아래서 타인을 마치 생산 라인 위를 지나가는 제조품처럼 취급하면서도, 마치 그 타인이 자신과 동일한 합리성 속에서 자유를 누리는 듯 착각한다. 이렇게 타인은 파괴된다. 그 자신 또한 파괴되는데, 그는 자신이 보편적 합리성의 일부라고 생각하지만, 실은 세상 전체에 대해 스스로를 고립시켜 버리는 까닭이다.

합리적이라는 이름 아래 보편화하려고 하는 저 폭력을 경험해 본 사람이라면 이런 근본적인 의문과 마주치리라. 나와 다른 타인이란 누구인가? 타인과 조우할 때 나와 타인 모두의 상위에 있는 보편적인 합리성이 양자의 조우를 평화롭게 보호해 줄 수 있을 것인가? 도대체 타인과 조우할 때 어떤 일이 생기는가?

사람들은 흔히 사람들에겐 보편적인 합리성이 있고, 그 합리성에 기반을 둔 대화를 통해서 하나의 공동체를 이룰 수 있다고 생각한다. 이 합리성이란 그 자체로 증명될 수 있는 어떤 것이 아니라 대화의 장 속에서 시험되는 방식으로만 스스로를 증명한다. 그리고 동어 반복적 명제인 '합리성은 보편적이다.'를 증명하기 위해서 사람들은 타인의 합리성을, '관용'을 베풀어 '수용'하려고 노력한다. 이것이 흔히 타인과 조우하는 장 속에서 합리성이 스스로를 현실화하는 방식이다.

그런데 '타인의 합리성'이라는 말 그 자체는 모순이다. 합리성은 개별적 고립성 내지 사람들 서로 간의 타자성을 넘어서는 보편성 속에서만 성립하는 까닭에, '다른' 합리성, 즉 타자적 합리성이란 근본적인 차원에서는 존재할 수 없는 것이다. 그렇다면 '타인의 합리성'이 관용의 대상이 될 때 그 관용을 끝까지 통과하지 못하고 남는 이질적인 것은 대체 무엇이 될까? 그것은 바로 어떤 보편적인 것으로도 동화될 수 없는 타인의 '타자성' 자체이다. 사람들은 합리성을 부여받지 못해서가 아니라 서로가 서로에게 이질적인 각자성 속에서 존립한다는 점에서 근본적인 타자성을 지닌다. 우리가 늘 고려해야 하는, 항상 존재하는 타자성의 가장 극단적 국면은 합리성 내부에서 나타나는, 합리를 구현하는 정도상의 차이로서 타자성이 아니라, '합리성 자체에 대한 타자성'일 것이다.

따라서 합리성의 외연을 끊임없이 넓혀 타인들을 수용하고자, 이른바 '관용의 문턱'이라는 것을 아무리 낮춰도 그것은 여전히

'문턱'일 뿐이리라. 문턱은 결국 그 문턱의 국경을 통과할 수 있는 자와 그러지 못할 자를 가르는 법을 수립하며, 그 법은 문턱을 끝끝내 통과하지 못하는 자들을 국경 바깥으로 몰아낸다. 결국 다수의 이익을 척도로 한 소수의 배제, 끊임없이 항존하는 전쟁 가능성이 공동체를 떠받치고 있는 실상임이 드러난다. 그리고 이때 합리성이란 보편의 원리가 아니라, 그것으로부터 배제되는 자를 식별해내기 위한 배타적 원리가 될 것이다. '관용'이나 '수용'의 지위 역시 배타적 합리성을 관철하기 위한 이차적 수단 외에 다른 것이 되지 못할 것이다.

따라서 만일 타인에 대한 개방을 이야기할 수 있다면, 그것은 타인의 합리성을 통과 기준으로 삼는 수용이 아니라, '무조건적 수용'이어야 하리라. 즉 타인의 합리성이 아니라 타인의 타자성 그 자체가 수용의 대상이 되어야 한다는 것이다. 타자성은 본성상 그것 상위의 어떤 보편적 기준에 의해 수용될 수 있는지 없는지 판정될 수 있는 것이 아니므로, 그 타자성을 수용하는 일은 '조건'에 매개되지 않는다. 즉 무조건적이다.

사람들은 이런 '무조건적 수용'을 현실화할 수 있는 공동체가 존재할 수 있을까 하는 물음과 더불어 회의에 빠지곤 한다. 이는 '타인에 대한 무조건적 수용'의 현실화 여부가 핵심적인 논점이라고 오해하는 데서 비롯한다. 핵심은 바로 타인에 대한 무조건적 수용과 국가를 비롯한 우리가 몸담고 있는 현실적 공동체 사이의 '격차'가 지니는 의미이다. 이 격차가 바로 공동체를 늘 자기 자신에 대한 비판 앞에 서게 하며, 같은 뜻에서 지금 현실화되어 있는 민주주의의 모든 절차를 가치 평가 할 수 있는 시금석이 되어 준다.

『26년』과 그리스 비극

영화로도 만들어져 화제를 모은 강풀의 『26년』은 웹툰 시대를 대표하는 성공작 가운데 하나이며, 웹툰이 '아고라'의 역할까지 할 수 있음을 증명한 작품이다.

그런데 이건 나쁜 만화이다. 주인공들은 미래를 향해 나래를 펴는 우리 모두의 발목을 붙잡은 채 과거에만 사로잡혀 있다. 26년 전 남쪽 도시에서 벌어졌던 어떤 학살 사건에 대한 앙갚음만이 그들의 유일한 관심사이다. 이들은 사사로운 보복을 감행함으로써 국가의 공적 법질서를 위태롭게 하는 자들, 한마디로 반국가적 테러리스트들인데, 이 만화는 이 테러리즘에 장대한 품격을 부여한다. 혹시라도 『26년』에 대해 이런 생각을 품은 사람이 있는가?

그렇다면 이렇게 이야기해 주고 싶다. 우리의 권리(자연권)를 얼마간 주권에 양도해서 세운 것이 국가인데, 국가가 제 역할을 다하지 못할 때 우리는 우리가 바라는 바를 관철하기 위해 언제든 국가에 양도했던 힘을 다시 돌려받는다고. 그리고 죽은 자는 제대로 매장되지 않았다면 언제든 다시 우리의 현재로 되돌아오며, 가짜 화해와 가짜 정의 같은 어떤 눈속임도 그의 귀환을 막을 수 없다고.

『26년』은 우리 사회에 보복이 '상속'되고 있다는 것을, 그리고 상속될 수밖에 없다는 것을 알려 주는 이야기이다. 청산하지 못한 광주는 광주를 체험하지 못한 아이들의 십자가가 되며, 그 아이들이 청산하지 못하면 그 아이들의 아이들이 짊어질 십자가가 될 것이다. 그것을 직접 겪은 자들이 아니라 그들의 아이들이 상속받은 현재적 유산으로 광주를 다루고 있다는 점에서 『26년』의 시각은 참신하며 또 집요하다. '그만 좀 하지. 이제 잊어버리지. 어쨌든 피를 부르는 복수는 나쁜 것 아닌가? 복수를 권장하다니!' 이렇게 말하겠는가? 그러나 '복수하는 인간'을 어떻게 바라보고 어떻게 대해야 할 것인지 알기 위해서 우리는 인류의 가장 오래된 이야기들로 되돌아가 보아야 한다. 최근 『26년』이라는 한 작품의 모습으로 우리에게 주어진 '대를 이은 보복 서사'는 사실 인류의 가장 보편적인 이야기이기도 한 것이다.

아이스퀼로스의 『오레스테이아』 3부작은 그리스 비극의 정수를 보여 주는 작품 중의 작품이라 할 만한데, 바로 '복수'에 대한 고대 그리스인들의 깊은 숙고를 온전하게 보존하고 있다. 어머니에게 억울하게 살해된 아버지 아가멤논을 위해 그 자녀들인 오레스테스와 엘렉트라가 보복을 감행하는 이야기가 이 비극의 뼈대를 이룬다. 흥미로운 것은 이 비극의 마지막은, 국가의 정의(正義)가 시험받는 법정 드라마로 꾸며지고 있다는 점이다. 복수는 사사로운 것이고 법정은 보편적인 것이다. 서로를 모순으로 체험하는 이 두 가지가 대면하기 위해선 참다운 용기가 필요하지 않겠는가?

흔한 말처럼 보복은 보복을 부른다. 그리하여 복수를 통해 원수를 갚은 오레스테스는 어머니의 혼백이 부른 복수의 여신들에게 쫓기게 된다. 그래서 끊임없는 복수가 또 이어지는가? 오히려 복수 대신 아폴론과 아테네 여신의 주선으로 오레스테스를 심판하는 재판이 열리게 된다. 여기서 그의 복수 행위는 무죄 판결을 받고 복수의 여신들은 국가 안에서 복수를 근절하는 자비로운 여신들의 지위를 부여받는다. 그렇게 대를 이은 복수는 마침내 소멸하며 다음과 같은 노래가 국가 전체를 통일하는 가운데 비극은 막을 내린다. "이 도시의 흙먼지가 시민들의 검은 피를 마시고는 복수심에 불타 보복 살인에 의한 재앙을 반기는 일이 없기를!"[7]

아이스퀼로스의 복수극에는 있는데 『26년』에는 없는 것, 그리스인은 가지고 있는데 우리는 가지지 못한 것이 무엇인가? 바로 정의에 입각한 판결을 통해서 보복을 근절하고 보복의 힘을 자비로운 여신의 힘으로 변모시키는 국가

7
아이스퀼로스, 천병희 옮김, 「자비로운 여신들」, 『아이스퀼로스 비극 전집』(숲, 2008), 191쪽.

이다. 아이스퀼로스가 쓴 저 비극의 진정한 주인공은 오레스테스도 엘렉트라도 아니며, 바로 시민들이 자신의 권리를 보호하기 위해 각자 사용하는 복수의 힘을 흡수해 보편적인 정의로 수립하는 국가의 힘인 것이다. 이런 국가를 가지지 못한 아이들은 국가에 양도했던 자연권을 다시 회수해 갈 수밖에 없다. 그리고 국가를 대신하여 보복이라는 형태로 힘든 노역을 각자 떠맡는다.

그러니 『26년』은 단지 광주에 국한된 작품이 아니다. 그것은

보다 보편적인 차원에서 국가의 의미에 대해 물음을 던지는 작품이며, 사람들이 국가와의 계약을 파기하는 위험한 상황에 대한 경고를 담고 있는 작품이다. 스피노자는 『신학정치론』에서 다음과 같이 말하는데, 이 말만큼 『26년』에 등장하는 모든 주인공의 생각과 행동을 잘 대변하는 말은 찾지 못할 것이다.

> 인간은 일반적으로 자신이 올바르다고 생각하는 신념이 범죄로 취급될 때, 그리고 신과 인간에 대해 경건함을 불어 넣어 주는 것을 악한 것으로 금지할 때 가장 분통을 터뜨리게 되어 있다. 그와 같은 경우, 그들은 기꺼이 법을 부정하며 자기의 목적을 위해 반역을 선동하는 것은 불명예가 아니라 명예로운 것으로 간주하면서 권력에 대항하기 위해서 음모를 획책하며, 대의를 위해서라면 어떤 폭력적 행동도 마다하지 않을 것이다.[8]

8
베네딕트 데 스피노자, 최형익 옮김, 『신학정치론·정치학논고』(비르투, 2011), 377~378쪽.

제 기능을 못 하면 버려지는 망가진 기계처럼 국가가 제 기능을 못 한다면, 사람들은 국가와의 계약을 깨뜨리고 양도했던 자신의 힘을 돌려받아 정의를 위한 노역을 개인의 사업장에서 수행할 것이다. 이것은 모두에게 너무도 힘든 일이다.

후기

이 글에 대한 최초의 몇몇 반응을 보면서 약간의 첨언을 하면 어떨까 하는 생각에 이 글을 붙인다. 글을 다듬어 나가는 과정에서 사라졌지만, 글의 시작이 된 최초의 문장은 『26년』을 보며 많이도 눈물을 흘렸을 것이다."였다. 그렇다. 이것은 내 눈물에서 탄생한 글이며, 나처럼 눈물을 흘릴 모든 이와 함께 생각해 보고 싶은 이야기이다.

처음에 글의 제목으로 내가 붙인 것은 (지금처럼) '『26년』과 그리스 비극'이었다.(처음 발표될 땐 발표 매체인 《프레시안》에서 제목을 반어적으로 '26년은 참 나쁜 영화다!'라고 붙여서, 제목만 보고 놀라고 오해한 사람이 많았다.) 『26년』과 관련해 나의 흥미를 끌었던 것이 두 가지 있는데, 하나는 이 작품이 고대 이래 문학에서 수없이 계속되어 온 '대를 이은 복수 서사'를 반복하고 있다는 점이었다. 민주주의를 실험하던 최초의 사회였던 고대 그리스는 자신의 주요한 표현 수단으로 비극을 가지고 있었고, 그 가운데 아이스퀼로스의 복수 비극 『오레스테이아』가 있었다. 그렇다면 우리는? 우리 시대 정치와 관련된 우리의 복수 비극은 『26년』이다. 따라서 이상적인 민주국가의 구현과 맞물린 『오레스테이아』와 우리의 정치극인 『26년』 사이의 거리 가늠을 해 본다면 우리 국가가 무엇을 잃고 있는지 생각해 볼 수 있지 않을까?

이러한 물음은 『26년』과 관련된 나의 두 번째 관심과 연결된다. 도대체 국가를 대신해서 개인이 보복을 수행한다는 것은 무슨 뜻인가? 왜 『오레스테이아』의 법정은 사사로운 보복을 흡수해 보편적인 정의를 탄생시키는데, 『26년』의 주인공들은 자신의 인생을 대가로 치르고 힘겹게 개인이 정의(正義)를 완수하려 하는가? 여기엔 마땅히 있어야만 하는 국가의 기능이 누락된 것은 아닌가? 개인이 국가 대신 정의의 문제를 짊어진다는 것은 국가 기능의 정지를 의미할 것이다. 또한 개인이 이렇게 할 수 있다는 것은, 개인의 권리를 국가에 양도하는 계약이 영구적인 것이 아니며, 파기될지 유지될지 실시간으로 검증받는다는 것을 뜻할 것이다.

서로 연결된 이 두 가지 관심이 『26년』에 관한 이 글을 쓰게 했다. 이 짧은 글이 우리 시대, 우리의 작품이라고 할 만한 『26년』에 사람들의 애정을 보다 지속적으로, 그리고 보다 따뜻하게 잡아 둘 수 있다면, 이 서투른 글쓰기 시도는 너무 큰 보상을 얻는 것이리라.

『삼국지』 대신 『금병매』

　　사람들은 『삼국지』를 참 좋아한다. 나도 그렇다. 『삼국지』를 세 번 읽은 사람과 상대하지 말라는 말도 있다. 세상을 이해하고 사람을 상대하는 법을 『삼국지』에서 체득한 자에게 맞서 봤자 백전백패일 테니까. 그래서인지 수험생들도 시간을 쪼개 『삼국지』를 읽는다.

　　그런데 머리 좋은 사람들이 『삼국지』를 그토록 읽었는데, 왜 세상은 『삼국지』와 닮은 구석이 없을까? 충(忠)도, 의(義)도, 지혜도 힘을 발휘하지 못한다. 그래서 요즘 세상에 비추어 보자면 『삼국지』는 너무도 공허해 보인다. 정치에서 관우 같은 바른 사람은 찾아볼 수 없고, 제갈량의 지혜를 적용하기엔, 세상은 전혀 예측을 허용하지 않는 카오스의 덩어리이다. 『삼국지』를 길잡이 삼아 세상에 나섰다간 낭패를 당하기 십상이다. 오히려 『삼국지』는 현재의 우리와 가장 거리가 먼 드높은 가치의 세계를 그려 보이기에 모든 사람이 향수 어린 시선으로 매료되는 것인지도 모르겠다.

반대로 시궁창 같은 세상을 액면 그대로 비추어 주는 고전, 바로 우리 자신이 얼마나 흉하게 생겼는지 알려 주는 고전도 있다. 노골적인 성애 묘사로 유명한 『금병매』가 그렇다.

어느 백과사전에는 『금병매』가 사회 현실에 대한 비판 의식은 약하다고 나와 있는데, 이는 사실이 아니다. 내가 보기에 『금병매』는 명나라 사대기서 가운데 가장 날카롭고 냉정한 시선으로 파멸해 가는 사회 구석구석을 살핀다.

모든 주인공은 하늘의 도리를 지키려는 『삼국지』의 영웅들과 딴판이다. 그들은 이렇게 생각한다. "하늘의 도리를 다 지키다가는 제대로 얻어먹지도 못한다."[9]

오늘날 우리는 관리의 부패, 부자의 부패, 성직자의 부패, 가정 내부의 숨겨진 폭력 등을 정말 질리도록 체험한다. 우리가 체험하는 세계는 곧 『금병매』의 세계인 것이다.

주인공인 서문경부터가 자신의 막대한 재화(財貨)를 믿고 악행이라는 악행은 모조리 시험해 보는 자이다. "놀고먹으면서 선량한 부녀자나 꼬여서 자기 여자로 만들었다가 마음에 들지 않으면 사람을 시켜 팔아 버렸다."[10] 그의 뒤에는 매수된 관료가 있다. "계략만 조금 쓰면 너도 관가에 끌려가게 만들어 모든 것을 다 빼앗아 버릴 수도 있어!"[11]라고 그는 협박하곤 한다.

이 부자는 우리의 부자들이 그러는 것처럼 탈세 역시 즐긴다. 그의 하수인이 보고하는 대목이다.

9
소소생, 강태권 옮김, 『금병매』 제9권(솔, 2002), 99쪽.

10
소소생, 강태권 옮김, 『금병매』 제1권(솔, 2002), 90쪽.

11
소소생, 강태권 옮김, 『금병매』 제2권(솔, 2002), 257쪽.

3부 세계시민의 시간

전 나리의 편지 덕분으로 세금을 아주 적게 냈어요. 비단 두 상자는 한 상자로, 세 뭉텅이는 두 뭉텅이로 보고하고, 나머지 짐들은 찻잎이나 값싼 약재로 쳐서 세금을 매겼지요. …… 전 나리께서 보고서를 받아 보시고는 검사도 제대로 하지 않으시고 그냥 짐수레를 통과시켜 주셨습니다.[12]

또 국법 바깥에서 첩이나 하인에 대한 사적인 형벌이 난무한다. "양 중서는 동경 채 태사의 사위로서 부인이 질투가 아주 심한 성격인지라 노비나 첩 등을 때려죽여서는 후원에 묻곤 했다." 물론 여기에 아동에 대한 학대와 폭력이 덧붙여진다.

여자를 잔혹하게 때리는 장면은 비일비재한데, 소설은 얻어맞은 여자를 두고 이렇게 한탄한다. "사람으로 태어나되 부인의 몸은 되지를 마라. 백 년의 고통과 기쁨이 남에게서 오누나."[13]

이 세계에선 종교인 역시 제대로 썩었다. 종교인에 대한 강력한 비판은 금병매가 가장 주력하는 주제로서, 그 가운데 가벼운 것 하나만 읽어보면 이렇다. "이들은 …… 천당과 지옥을 얘기하거나 경전을 풀이해 준다는 그럴듯한 핑계를 대고는 사람을 꾀어 자기들의 실속을 차리며 어떤 짓을 할지 모른다!"[14]

이 모든 어두운 장면은 자신의 죄를 지탱하지 못하고 이미 멸망해 버린 사회의 기록인가? 그런데 왜 이렇게 낯익고 생생할까? 『삼국지』에 애정을 지닌 독자가 아무리 많더라도, 우리 사회는 『삼국지』 대신 『금병매』를 선택한 사회인 것 같다. 우리가 사회에 대해 느껴 온 환멸은

12
소소생, 강태권 옮김, 『금병매』 제6권(솔, 2002), 142쪽.

13
소소생, 『금병매』 제2권, 57쪽.

14
소소생, 강태권 옮김, 『금병매』 제4권(솔, 2002), 213쪽.

『금병매』를 통해 이해할 수 있지,『삼국지』의 저 높은 이상을 바라보는 인물들을 통해서는 이해할 수 없다.

그러나 독자가 살아 있다면『삼국지』의 인물들도 언젠가 살아 돌아오겠지? 세갈량, 관우, 조자룡이 보어 준 신뢰와 지혜도 함께.

"쫄지 마!", 우리 시대 계몽의 표어

내게 남겨진 최고의 말을 뽑아도 좋을 한 해(2011년)의 마지막 달이다. 그렇다고 교훈을 억지로 주입하는 고리타분한 가르침 같은 것이 머릿속에 남아 있는 건 아니다. 그저 인간의 본성에 대해 유쾌한 희망을 가지게 하는 결코 무겁지 않은 한마디가 있다.

"쫄지 마!"

알다시피 올해 최대의 유행어이다. 딱 그 자체로 상징적인 표어인 이 말은, 말이 쏟아져 나온 맥락 이상의 즐거운 생각들이 넘쳐 나게 한다.

이 한마디는 소위 '겁주기'에 맞서고 있다. 쫄지 않는 것, 겁주기에 맞선다는 것, 그것은 철학의 오랜 과제가 아니었던가? 철학은 겁주기를 '공포'라는 이름 아래 다루어 왔다.

사람들은 타인과의 성가신 갈등을 신속하게 해결하고 타인을 지배하는 방식으로 겁주기를 즐겨 사용한다. 당연히 '법'도 겁주기에 이용된다. 그러나 지배하려는 자가 조성하는 이런 공포 속에서 오히려 인간은 비로소 자신을 완성한다. 헤겔은 저 유명한 주인과 노예의 변증법에서 이 점을 통찰하고 있었다. "주인에 대한 공포 속에서 스스로 독자적인 존재임이 몸소 깨우쳐지는 것이다."[15] 나를 나로 만들어 주는 것, 내가 누구이며 내가 해야 할 일이 무엇인지를 알게 해 주는 것은 바로 지배자가 조장하는 공포라는 것이다. 공포는 우리를 위축시키기보다는 우리가 감내해야 하는 운명에 눈 뜨게 해 준다. 그런 점에서 헤겔은 심지어 절대적인 공포를 느끼지 않는 의식은 허영심에 불과하다고까지 말한다.

타인을 다루려는 자가 흔히 가지게 되는 착각을 우리는 '미다스 콤플렉스'라고 부를 수 있을 것이다. 손대면 사람이건 물건이건 심지어 피붙이건 모두 자기 소유의 황금으로 만드는 전설의 미다스 왕. 이 왕처럼 지배의 의지를 지닌 사람은 타인을 침묵하는 자기 소유물로 만들고자 한다. 때로는 여러 가지 이름으로 암시되는 공포가 이 침묵을 완성하고 타인들을 조용한 사물로 만들어 줄 것처럼 보인다.

그러나 본성상 예속과 대립하는 인간은 한 번도 공포 속에서 조용한 사물처럼 머무른 적이 없다. 사르트르는 모든 예속을 폭발물처럼 터뜨려 버리는 인간의 본성에 대해 이렇게 말한다. "타자는, 말하자면 내가 조심조심 다루는 폭발물과 같은 것이다."[16] 왜 폭발물인가? 온갖 겁주기, 헛소문, 거짓 정보 등등으로 잠깐 사람의 정신을 위축시킬 수 있어도, 본성상 논리적으로 생각할 줄 알고, 본성상 자유로

15
G. W. F. 헤겔, 임석진 옮김, 『정신현상학』 제1권(한길사, 2005), 233쪽.

16
장폴 사르트르, 정소성 옮김, 『존재와 무』(동서문화사, 2009), 499쪽.

3부 세계시민의 시간

운 그의 정신은 언제든지 위험한 폭발물처럼 지배하는 자의 손안에서 터져 버리기 때문이다. 궁극적으로 인간은 속일 수도 없고 겁을 줘서 위축시킬 수도 없다.

가끔 '공동체(사회)란 무엇인가?'라고 생각해 보고 절망에 빠진다. 헤아릴 수 없는 절망의 기회를 가졌을 스피노자는 사회의 부정적인 측면을 '복종을 가르치는 학교'로서 이해하기도 했다. 사회를 형성하는 수많은 인과율이 개개인에게 다 설명되기 전에 특정한 주장에만 복종하도록 강요하는 학교 말이다. 이 복종을 강요하는 대표적인 방식 가운데 하나가 바로 공포, 겁주기인 것이다. 지금도 사정은 크게 다르지 않으리라. 가령 인생에 대한 공포에 휩싸이지 않은 채 사회의 일원 자리(진학과 취직자리)를 바라보고 있는 젊은이가 오늘날 하나라도 있는가? 젊은이들에게 세상은 그들의 충만한 호기심과 건강한 욕망 앞에 주어지는 선물이기보다는, 호기심과 욕망이 꺾인 공포 속에서 감내해야 하는 죗값처럼 출현한다.

그렇다면 공포에 맞서는 저 한마디는 '우리 시대 계몽의 표어'일 것이다. "쫄지 마!" 두려움을 걷어 내고 우리에게 정말로 일어난 일이 무엇인지 감히 알도록 하자. 우리는 그럴 수밖에 없다. 우리 몸속의 피가 우리에게 그렇게 시킨다. 저 말 안에 우리가 언제라도 마주하게 될 인간의 이 본성에 대한 암시가 깊숙이 잠재해 있다면, 나의 오해에서 오는 과장일까?

고통에 대하여

니체는 그의 저서 『도덕의 계보학』에서 '고통'의 진정한 가치를 이렇게 설명한다. "고통을 보는 것은 쾌감을 준다. 고통스럽게 만드는 것은 더욱 쾌감을 준다."[17] 고통이란 고통을 주는 자가, 그 고통을 받고 있는 자를 바라보면서 즐길 수 있을 때만 참된 가치를 가진다는 것이다. 이 무슨 해괴한 소리인가? 남에게 고통을 끼치고 그것을 보고 즐길 수 있을 때 그 고통이 참된 가치를 지닌다니!

이 말의 진의가 무엇인지 알지 못한 채 오랜 세월이 흘렀다. 그런데 20세기에 보고된 많은 인류학적 연구물이 고통에 관한 니체의 주장을 비로소 이해할 수 있게 해 주고 있어 흥미를 끈다. 가령 아프리카의 구르망체족에 관한 보고서에는 이런 내용이 있다. 이 부족은 결혼식 때 여자의 몸에 조롱박을 매달고 거기에 상처를 내는 의식을 한다. 이때 조롱박은 반드시 남편 쪽 집

17
프리드리히 니체, 김정현 옮김, 『선악의 저편·도덕의 계보』(책세상, 2002), 407쪽.

안에서 제공된 것이어야 하며, 상처를 내는 사람은 꼭 여자 쪽 집안사람이어야 한다. 왜 이러한 규칙이 생긴 걸까? 니체의 제자로서 들뢰즈는 『안티 오이디푸스』에서 이 규칙을 이렇게 해명한다.[18]

구르망체족은 시집가는 여자를 마치 도둑맞은 물건처럼 여기고, 새신랑을 여자를 도둑질해 간 채무자처럼 여긴다는 것이다. 다시 말해 결혼은 남자가 여자를 가져감으로써 여자 쪽

18
질 들뢰즈·펠릭스 과타리, 김재인 옮김, 『안티 오이디푸스』(민음사, 2014), 325쪽 이하 참조.

집안에 빚을 지는 채무 관계의 성립을 의미한다. 야기된 손실(시집가는 여자)은 당연히 보상되어야 하며, 그 보상의 가장 적절한 방식은 채무자인 남편 쪽 집안을 벌주는 것이다. 즉 남편 쪽 가계를 대표하는 조롱박에 상처를 내는 것은 남편 쪽에 고통을 주는 것을 상징한다. 여자 쪽 집안사람들이 남편 가계를 상징하는 조롱박이 겪는 고통을 보고 즐길 수 있을 때 비로소 남편 쪽이 진 빚은 해소된다는 것이다.

고통을 줌으로써 빚을 돌려받는 이런 채무 관계로서의 결혼식은 우리에게 낯선 풍속이 아니다. 재미있게도 우리 풍속에서도 비슷한 것을 찾아볼 수 있다. 바로 결혼식 날 신랑의 발을 때려서 고통을 주는 놀이가 그것이다. 신랑은 신부를 도둑질해 간 사람이므로 마땅히 변상을 해야 한다. 그리고 그 변상은 신랑이 매를 맞으며 겪는 고통을 사람들이 보면서 즐김으로써 비로소 이루어진다. '야기된 손실(도둑맞은 신부) = 감수해야 하는 고통(매 맞기)'의 등식이 성립하는 것이다.

채무자는 자신의 육체가 받는 고통을 값으로 치르고서 빚에서 해방되고, 채권자는 채무자가 겪는 고통을 보고 즐김으로써 빚을

고통에 대하여

돌려받는다. 둘 다 채무 관계에서 해방되고 '화해'가 이루어진다. 그러므로 고대 이래로, 고통을 끼치는 처벌의 행사는 괴로움보다는 오히려 '축제'와 '놀이'에 가까운 것이었다. 이런 고통에는 아무런 부정적인 의미가 들어 있지 않았다. 자세히 들여다보면 모든 옛 놀이는 벌칙을 가지고 있다. 그 벌칙은 고통을 겪고 즐김으로써 이행되고, 또 그렇게 됨으로써 놀이는 더욱더 즐겁게 된다. 이것이 니체가 말하는 인간 본성에 기반을 둔 진정한 의미의 '고통'이다.

오늘날 우리는 더 이상 이런 놀이로서의 고통에 대해 알지 못한다. 우리가 익숙한 고통이란 관념이 되었든 제도가 되었든 '억압적인 기제'로부터의 고통이다. 억압은 잘 이해되지 않은 강제나 금지의 형태를 지니며 이로부터 생기는 고통은 죄의식과 가책의 모습을 띤다. 이 죄의식과 가책의 고통이 마치 자신의 당연한 운명처럼 체화되면 이 고통의 느낌은 다른 이들에게 더 무서운 형태로 번진다. 자신을 향한 죄의식과 가책은, 자신과 동종의 금지나 억압을 못 견뎌 하는 이들을 향한 원한과 증오가 된다. 가령 상속받은 보수적인 인습으로부터 오는 억압의 무게감을 죄의식의 형태로 수용한 자는, 자신의 고통을 그 인습을 어기는 이방인(외국인)에 대한 증오로도 쉽게 바꿀 수 있다. 성원들이 인습적인 이념이나 제도를 두려워하는 사회는, 동시에 그 사회에 대하여 이질적인 외부인에 대해서도 얼마나 적대적인지 생각해 보면 이러한 점은 쉽게 납득할 수 있다.

고통이 단지 '화해와 해방의 축제'였던 옛 시절로 돌아갈 수 없을까? 고통이 소년들이 서로 한 대씩 때려 서로에게 벌을 주고 동시에 화해의 축제를 이루는 그런 놀이가 되는 세계는 죄의식이나 가책이 없는 세계이다. 죄의식과 가책이라는 부정의 거울을 통해 자기 자신을 들여다보지 않고 자신에게 주어진 생명의 날고뛰는 힘을 긍정하는 세계이다. 그리고 삶이 지닌 그런 건강한 힘의 자유를 자신이 통제하지 못할까 봐 두려워하는 제도만이 억압을 끌어들여 가책과 죄의식의 형태로 우리 스스로 우리 안의 자유를 벌주도록 만든다.

눈물에 대하여

2014년은 눈물만이 흐른 한 해이다. 팽목항의 눈물이 아직도 흐르고 있고, 그 반대편에는 정치가들의 가짜 눈물도 있었다. 세상을 똑바로(실로 여러 가지 의미에서 '똑바로') 응시해야 하는 눈이 제 기능을 하지 못하고, 눈물이 눈을 대리했다.

눈물은 물질적 실체로서는 그다지 독자적인 정체성을 가진다고 할 수 없겠지만(그저 물이니까), 물질 이상의 뭔가 대단한 것을 담고 있다는 점에서 매우 흥미롭다.

눈물은 눈을 대체하는 것이지만, 눈은 본성상 대체되는 것을 아주 싫어한다. 눈에 검은 선이 그어진 사회면 보도 사진들을 보라. 정체성을 말소할 때 사람들이 먼저 눈을 찾아서 지워 버리는 데서도, 눈이 지닌 자신의 독자성에 대한 자부심을 우리는 잘 느낄 수 있다. 맞선을 보거나 면접을 하거나 할 때 색안경으로 눈을 대체하는 일이 좀처럼 없는 것도 한 개인의 독자성을 자기 안에 다 담아 '직접' 보여 주고 싶어 하는 눈의 나서기 좋아하는 성격에서 기인할 것이다. 눈은 참 자존심이 강해 모시기가 어려운 상전이다.

대체되기 싫어하는 눈의 본성을 태양의 탄생에 관한 이집트 신화가 잘 전달하고 있다. 세상의 주인은 세상이 시작될 때 알 수 없는 이유로 눈을 상실했다. 그래서 슈와 테프누트에게 눈을 찾아오라는 임무를 맡겼다. 그러나 아무리 기다려도 이들은 돌아오지 않았다. 너무 오래 눈의 자리를 비워 둘 수 없어 레는 태양으로 눈을 대체했다. 마침내 슈와 테프누트가 눈을 가져왔을 때 자존심이 너무도 강한 눈은 다른 자가 자신의 자리를 차지하고 있는 것을 보고 격노했다. 레는 이런 눈을 달래기 위해 눈을 사형 문자(蛇形文字)로 변형해 자신의 이마에 가져다 놓고 권능의 상징이라는 자격을 부여해 주었다.

저 신화는 직접 나서서 모든 것을 주관하고 싶어 하는 눈의 자존심을 표현할 뿐 아니라, 눈의 '대체될 수밖에 없는 운명' 역시 알려 주고 있다. 눈의 근원적 대체라는 운명이 없었다면, 태양에 의해 대체당하는 일에 저토록 격노하는 눈의 이야기는 아예 엮이지도 않았을 것이다. 우리 인간은 눈의 자존심을 다 받들어 주기엔 너무 약한 존재라서 때로는 눈의 강함을 대체할 자, 바로 눈물이 필요하다. 팽목항은 직시할 수 없고 눈물 속에서 볼 수밖에 없다. 정의를 실현하는 눈이 있더라도, 상실과 고통을 다 만회할 수 없기에 눈은 눈물로 대체되는 수밖에 없는 것이다. 이런 눈물만이 할 수 있는 일을 데리다는 『리날도』의 알미레나처럼 이렇게 표현하기도 했다. 알미레나는 그토록 훌륭한 「울게 하소서(*Lascia ch'io pianga mia cruda sorte*)」를 불렀다.

눈물에 대하여

근본을 파헤쳐 보자면, 눈은 그 심층에 보기 위한 것이 아니라 울기 위한 운명을 가지고 있다. 눈물이 시야를 가려 버리는 순간 눈물은 눈의 고유한 모습을 드러낸다. …… 시력보다는 오히려 간청, 시선보다는 오히려 기도와 사랑과 기쁨과 슬픔을 나타내는 것…….[19]

그런데 대체에는 늘 가짜 대체의 위험이 따르며, 눈물은 눈을 '대체하는 자'의 본성을 지녔기에 나쁜 손에 들려 속임수의 수단으로 전락할 수도 있는 어려움 역시 지니고 있다. '위장으로서의 대체'의 위험. 그 위험을 우리는 정치가들이 흘리는 눈물에서 심심치 않게 마주한다. 그러니 '눈물로 하여금 어떻게 눈을 대체하게 할 것인가?'라는 '눈물의 비판철학'이 절실한 것이다. 그 비판철학과 더불어서만 눈물은 이성의 올바른 판단을 돕는 눈이 하지 못하는 일, 간청과 기도와 사랑과 기쁨과 슬픔을 탄생시키면서 우리 공동체를 만들어 주리라.

19

Jacques Derrida, *Mémoires d'aveugle*(Paris: Éd. de la Réunion des musées nationaux, 1990), p.125.

익명의 힘

바둑인가, 장기인가?

오늘날 철학과 문학 등 인문학의 여러 영역에서 다양한 관심을 끄는 현대 사회의 특징이 바로 '익명성'이다. 우리는 이름도 모른 채 인터넷에서 만나 교제하고, 다수 속에서 익명의 주장을 통해 힘을 발휘한다. 익명성은 거대한 힘이며, 그러므로 이 힘이 무엇을 할 수 있는지 아는 것이 중요하다. 그것이 괴물로 변하기 전에 말이다.

사실 우리는 익명을 두려워한다. 가령 익명의 허위 투서, 악성적인 익명의 댓글 등등. 그러나 이것이 진정한 익명이라는 말인가? 이것은 익명이라기보다는 이기적인 자아의 욕심을 실현하기 위해 익명으로 위장하는 것이다.

현자들은 익명의 위대한 힘을 알고서 여러 형태로 익명을 권유해 왔다. 가령 '오른손이 하는 일을 왼손이 모르게 하라.'라는 널리 알려진 표현을 보라. 이 구절은 단지 선행을 권유하는 데서 한발 나가, 좋은 것은 익명성 속에 구현될 수 있음을 암시하고 있다.

어떻게 익명성은 좋은 힘이 될 수 있을까? 나는 황병승, 김경주, 김경인, 김지녀 등 현대 시인들의 시에서 긍정적인 익명성이 어떻게 구현되는지 살펴보려고 한 적도 있다.[20] 문학은 시대를 앞서 가는 바람개비라서 우리에게 세상의 최전방에서 일어나는 일이 무엇인지 보여 주기 때문이다. 익명성은 '자기 자신이 되어야 한다.'와 같은 '정체성'에 대한 요구를 빗겨 나간다. 자기 정체성은 여러 긍정적인 작용을 해 왔다. 아주 간단한 예를 들면, 자기가 있는 자리를 소중한 천직으로 아는 것. 그러나 이것은 자기 책상 앞에 주어진 일 외에는 알지 못함으로써 변화무쌍하게 대처해야 하는 상황 앞에서는 속수무책에 빠지기도 한다. 가령 얼마 전 전 세계를 놀라게 한 일본 원자력발전소의 재앙 뒤에, 관리들이 자기 직분의 정해진 매뉴얼을 벗어나서 비상사태에 걸맞은 유연한 대처를 해 주었더라면 하는 탄식이 많았다. 이 역시 자기 직분의 형식적 정체성에 얽매이는 일과 무관하지 않은 문제였던 것이다.

20
서동욱, 『익명의 밤』(민음사, 2010) 참조.

그렇다면 정체성이 없는 익명의 힘은 어떻게 움직이는 것일까? 철학자 들뢰즈는 『천 개의 고원』에서 장기와 바둑의 차이를 재미있게 비교한 적이 있는데, 이 비교는 익명성에 대해 시사해 주는 바가 크다.

"장기의 말들은 모두 코드화되어 있다. …… 말끼리의 적대 관계를 규정하는 내적 본성 또는 내적 특성을 구비하고 있다. …… 마(馬)는 마이고, 졸은 졸이며, 포(包)는 포이다." 즉 졸(卒), 포(砲), 차(車) 등은 원래 타고난 정체성과 정해진 기능만으로 움직인다. "이에 비해 바둑은 작은 낱알 아니면 알약이라고 할까, 아무튼 단

3부 세계시민의 시간

순한 산술적 단위에 지나지 않으며, 익명 또는 집합적인 또는 3인 칭적인 기능밖에 하지 못한다."[21] 그렇게 해서 바둑알은 남자도 만들어 내고, 여자도 만들어 내며, 벼룩이거나 코끼리일 수도 있다.

장기는 전제군주 및 정체성이 고정된 각료들이 벌이는 관료주의의 세계이다. 그러나 바둑에는 왕도 신하도, 어떤 직책도, 심지어 남자나 여자도 없다. 익명의 힘이 모여 필요에 따라 때로는 벼룩이 되며 때로는 코끼리가 되어서 상황에 적절하게 대처한다.

21
질 들뢰즈·펠릭스 가타리, 김재인 옮김, 『천 개의 고원』(새물결, 2001), 674쪽.

우리 시대는 이러한 익명성의 힘을 그 어느 때보다도 크게 길러내는 거대한 화분을 가지고 있다. 바로 인터넷 같은 가상공간, 스마트폰처럼 이 가상공간을 인간의 움직임에 따라 어디라도 실시간으로 확장해 주는 기기가 그것이다. 이 익명성은 기업을 비롯한 각종 사회조직 속에서 마치 바둑판의 군사들처럼 기민하게 움직이며 벼룩이든 코끼리든, 직면한 문제를 타개할 수 있는 가장 뛰어난 해결책을 실시간으로 만들어 낼 것이다.

무엇보다 중요한 것은, 순식간에 지식과 능력을 갖추는 이 익명적 다수의 힘이 정치가 전제적 성격을 가지지 못하게 경계하고 경제적 관계에 불의가 들어서는 것을 막아 낼 것이라는 점이다. 물론 익명의 힘을 마치 승천하는 용의 등이라도 되는 듯 올라타고서 행복한 세계로 진입하려면, 우리 안의 이 소중한 힘을 성숙시켜야 한다. 익명성이 숨기고 있는 위험을 늘 경계해야 하는 것이다. 잎사귀의 이면에 숨은 해충들처럼 이기성과 거짓이 익명성의 가면을 뒤집어쓰는 일 말이다.

진짜는 어디 있는가?

　　유럽연합의 행정적 수도인 브뤼셀에서 기차를 타고 한 시간 남
짓 가면 옛 도시 헨트(Gent)가 나온다. 유럽의 유서 깊은 다른 도시
들과 마찬가지로 헨트 또한 지난 수 세기 동안 유럽 문화가 낳은
수많은 보물을 간직하고 있다. 그 가운데 최고의 보물로 사람들은
'성 바보(St. Bavo) 대성당'에 보관되어 있는 제단화(祭壇畵) 「신비한
양에 대한 경배」를 꼽는다. 북방 르네상스의 주역, 유화의 창시자
이며 완성자 등등 온갖 찬사와 존경을 받고 있는 반에이크 형제의
대표작이다. 이 그림은 유럽 문명이 이룩한 모든 문화적 상징 코드
와 회화적 기법을, 전면과 후면을 합해 스물네 개의 패널이라는 초
대형 구도 속에 집약한 하나의 '인공 우주(人工宇宙)'라고 해도 과언
이 아니다.

　　그런데 제2차 세계대전 직전에 이 그림을 둘러싸고 수수께끼
의 도난 사건이 발생했다. 그림의 좌측 하단에 위치하는 「정의로운

판관(判官)들」을 그린 패널 하나가 본체로부터 분리돼 도난당한 사건이 그것이다. 사라진 그림과 범인의 행방은 오늘날까지도 풀리지 않는 수수께끼이다. 너무도 유명하기에 현금으로 교환하는 일이 좀처럼 어려운, 따라서 훔쳐 갈 이유가 희박한 국보급 그림의 도난, 범인의 묘연한 행방, 제2차 세계대전 직전의 혼란스러운 정치적 상황……. 이만하면 능히 탐정소설 한 편의 소재가 될 수 있지 않겠는가?

실제로 이 사건은 프랑스 작가 알베르 카뮈의 관심을 끌었다. 그리고 그는 이 도난 사건을 자기 소설 속의 에피소드로 사용할 작정을 한다. 너무도 유명하지만 오늘날 본체는 사라지고 그 이름만이 남아 있는 고대의 유물을 마치 현존하는 듯이 소설 속에 등장시키는 방식은, 이야기에 환상적인 현실감과 흥미를 부여하기 위해 작가들이 즐기는 수법이다. 현존하지 않는 유명한 작품의 비밀을 소재로 삼고 있다는 사실만으로도 현실은 환상이 되고 이야기는 이미 흥미롭게 되기에 충분하다.

카뮈는 그의 소설 『전락』에서, 행방이 묘연해진 반에이크의 이 걸작 그림이 어떻게 도둑을 맞아 어디에 숨겨져 있는지를 밝히고 있다. 소설은 암스테르담에 잠적해 있는 한 프랑스인 변호사의 입을 통해 세계의 '기만'과 '위선'을 폭로하는 데 초점을 맞추고 있는데, 도둑맞은 그림은 바로 그의 벽장 속에 감추어져 있었던 것이다.

이 변호사는 반에이크의 「정의로운 판관들」을 당국에 반환하지 않는 몇 가지 이유를 가지고 있는데, 그것들은 저자 카뮈의 독특한 사회 비판 의식과 긴밀히 연관된 내용을 담고 있다. 그 이유 가운데 적어도 한 가지는 기만과 위선 속에 살고 있는 오늘날의 우

진짜는 어디 있는가?

리에게도 퍽 의미심장한 것으로 보인다.

변호사는 그야말로 법률가답게 법관에 대한 사색 속에서「정의로운 판관들」을 훔쳤던 것이다. '가짜 판관들이 세상 사람들이 감탄하는 대상으로 되어 있는 동안에, 나의 벽장에 들어 있는 진짜 판관들을 나만이 알고 지내는 즐거움을 누린다.'는 것이 그 변호사가 내세우는 이유이다. 이 냉소적인 표현 속에는 묘한 말장난이 들어 있다. '가짜 판관들'은, 도둑맞은 진짜 패널의 자리를 비워 둔 채로 둘 수 없어, 당국에서 원래 그림을 모방해 가짜로 그려 놓은 모방화를 말하는 한편, 이 세상을 지배하고 있는, 기만과 허위로 가득 찬 '현실의' 가짜 판관들을 가리키고 있기도 하다.

카뮈의 허구적 기록을 믿자면, 진짜 '정의의 판관들'은 지금도 누군가의 벽장 속에서 홀로 빛나고 있을 것이다. 세상의 모든 미술 애호가가 언젠가 진짜「정의로운 판관들」이 되돌아오기를 바라는 것처럼, 나도 진짜 정의의 판관들이 돌아와 가짜들이 지배하는 사회의 자리들을 채워 주기를 바랄 뿐이라고 카뮈의 저 작품은 말하는 듯하다.

소통이란 무엇인가?

소통이란 무엇인가? 서양 문화는 오래도록 소통의 가치를 신뢰하였고, 소통의 중요성을 의심하지 않았다. 진리는 소통을 통해 얻어지는 것이었는데, 이 점은 플라톤의 텍스트만 보아도 잘 알 수 있다. 플라톤은 어떤 방식으로 글을 썼는가? 바로 소통을 직접 구현하는 대화체로 짜인 '대화편'이라는 형식 안에서 글을 썼다. 이것이 뜻하는 바는 진리는 의견을 내놓고, 다시 반박하고, 다음으로 수정된 의견을 제시하는 과정을 통해 얻어질 수 있다는 믿음을, 서구 정신의 원형을 만든 그리스인들은 가지고 있었음을 뜻한다. 또한 소통은 단지 진리 인식의 차원에서가 아니라, 더불어 사는 삶을 담아내는 정치적 형식으로서도 존중받아 왔는데, 바로 의회 민주주의가 소통의 이상(理想)을 정치 속에서 실현한 형식인 것이다.

그런데 정말로 소통은 우리에게 진리를 건네주고, 민주주의의 이상을 구현하는가? 사실 진리 찾기를 위한 대화가 궁극적으로 도달할 수 있는 이상적 지점이라곤 기껏해야 '합의된 의견'에 불과하다. 그러나 대화자들 사이에서 아무런 이견도 없이 합의된 이 의견이 진리와 동일하다는 것을 어떻게 보증하겠는가?

또 민주주의를 가능케 하는 조건으로서 대화를 생각해 보자. 우리가 수행하는 대화란, 완벽한 무전제에서 평등만을 바탕으로 삼고서 시작되는가? 오히려 대화는 그 대화 자체가 주제로 삼을 수 없는 전제들을 바탕으로 하며, 그 전제들은 흔히 힘의 논리에 의해서 마련되는 것은 아닌가? 즉 소통이 시작되는 공간은 이미 불평등한 공간이 아닌가?

만일 동일한 이성을 지닌 주체들 사이의 이상적 관계를 가리키는 개념으로서 '소통'의 정체 안에 이런 부정적 국면이 들어 있다면, 우리는 전혀 다른 관점에서 소통이 지닌 긍정적 힘을 밝혀내야 하리라.

"태초에 말이 있었다."라는 구절이 알려 주듯, 신은 말의 원천이 될 수 있는 자이다. 그러나 인간의 말에는 기원이 없다. 우리는 늘 누군가의 말에 대한 응답으로서 이야기를 하지, 기원에서 말을 시작하는 적은 없다. 이것이 뜻하는 바는 무엇인가? 바로 대화라는 장 안에서 우리는 근본적으로 '수동적인' 자라는 것이다. 기원적 자유에서 말이 시작되는 것이 아니라, 타자의 말이라는 '제한 속에서' 말이 시작된다는 점에서 말이다.

그런데 재미있게도 이런 수동성 때문에 우리는 '자유'와 '책임'을 가질 수 있게 된다. 가령 누군가 내게 직접 말을 걸거나 혹은 이메일을 통해 글로 무엇인가를 제안하거나 도움을 청해 왔을 경우 나는 그것에 대해 친절하게 응할 수도 있고 거절할 수도 있다. 그러나 그 모든 것은 전부 가능한 '대답들'이다. 대답이 아닌 것일 수 있는 것은 아무것도 없다. 못 들은 척 침묵하는 것조차 하나의 대답이다. 내가 누군가의 편지에 답장을 안 한다면 그 침묵의 의미는 타인의 요구에 대한 거절, 타인이 말한 바에 대해 동의하지 않음, 말 걸어온 타인이 그저 귀찮음 등등 대답의 의미를 지니지, 그외에 '대답 아닌 것'일 수는 없다. 심지어 누군가 편지를 보내왔을 때 그 편지의 내용 파악 이전에, 편지를 열어 보거나 아니면 그냥 버리거나 하는 선택조차도 그 말함에 대한 하나의 대답이다. 내가 싫건 좋건 나의 의지와는 전혀 상관없이, 오로지 타자의 말 걸어옴으로 인해 나는 '대답함'이라는 상황 속에 벗어날 수 없이 수동적으로 연루되어 버리는 것이다. 그러나 역설적이게도 소통에서의 이 수동성이 바로 나의 자유와 책임을 가능하게 해 준다. 나는 응할 수도 거부할 수도 침묵할 수도 있는 자유를 얻는 것이다. 어떤 대답을 할 것인가는 오로지 나의 자유에 달렸다. 이러한 선택의 자유가 아닌 것, 막무가내로 아무렇게나 할 수 있는 것을, 우리는 자유와 구별해 '임의성'이라 불러야 한다.

그런데 이 자유가 가리켜 보이는 것은 궁극적으로 무엇인가? 그것은 바로, 나는 '대답(response-)할 수 있는(able)' 자, 즉 '책임성 있는(respons-able)' 자라는 것이다. 우리는 대답하지 않을 수 없는 수동적 상황 속에 있기 때문에, 역설적이게도 대답을 선택할 수 있는 자유를 얻는다. 그런데 그 대답은 우리의 자유로부터 말미암은 것이기 때문에, 늘 우리를 그 대답의 책임자로 만들어 버린다. 이런 까닭에 어원적 의미가 알려 주는 대로 책임성(responsibility)이란 대답할 수 있음(response-ability)인 것이다. 이렇게 소통은 우리의 자유

소통이란 무엇인가?

와 윤리적 책임성이 동시에 구현되는 공간이다. 그리고 만일 우리가 자유와 책임의 중요성을 의심하지 않는다면, '소통하는 자'라는 우리의 본성에 대해 묻고 그것이 위기에 처하거나 거짓으로 위장되는 일이 없도록 마음 쓰는 일보다 더 우리의 노고를 요구하는 일은 없을 것이다.

4

삶
에

관
하
여

배움과 인생의
걱정거리 ———— 자식

공포와 용기

    학문, 그리고 그 학문이 개선해 줄 우리 삶을 위해 인간에게 필요한 자질이 있다면 무엇일까? 뛰어난 지능? 날카로운 분석력? 창조적인 상상력? 모두 중요할지 모른다. 그러나 내 생각에 가장 중요한 자질은 다른 곳에 있다. 바로 '용기' 말이다. 용기란 공포를 이겨 내는 힘이다. 인류의 정신은, 장애로서의 공포가 발목을 붙잡는 가운데 발휘된 용기에 의해 한 걸음, 한 걸음 성장했다.

    공포가 인류의 적이고, 용기가 인문학의 중심에서 심장처럼 뛰며 인문학을 살려 놓고 있다는 것을 드러낸 두 작품에 대해 이야기해 보고 싶다. 바로 1670년에 등장한 스피노자의 『신학정치론』과 1784년에 발표된 칸트의 「계몽이란 무엇인가에 대한 답변」이다. 전자는 정치적 억압을 비롯한 모든 예속이 넓은 의미에서 '미신'으로부터 생겨나며 미신의 핵심에 '공포'가 있다는 것을 드러내는 작품이다. 후자는 예속으로부터 벗어나기 위해 필요한 덕목이 바로 '용기'임을 가르치고 있다. 이른바 '이성의 시대'라고 일컫는 근대의 철학자들이 쓴 이 저술들은, 말하자면 우리의 이성을 올바로, 효과적으로 사용하기 위한 지침을 미신에 대한 경계와 용기에 대한 촉구 속에 담아내고 있는 것이다.

어떤 의미에서 예속은 미신을 이용하며 미신은 공포를 활용하는 것일까? 얼마 전 일본에서 출시된 한 스마트폰 앱이 화제가 된 적이 있는데, 우리에게 귀중한 예를 제공한다. 어린 자녀를 둔 부모들을 위한 앱으로서, 아이들이 부모 말을 안 들을 때(가령 목욕을 않는다든가, 장난감 정리를 안 한다든가 할 때) 도깨비가 전화를 해서 아이에게 겁을 주는 기능을 핵심으로 한다. 초현실적인 미신적 존재인 도깨비가 무서운 얼굴로 전화를 해 올 때마다 아이들은 공포에 휩싸이며 자지러진다. 공포는 사람들을 슬프게 하는데, 사람의 슬픔을 이용해서 복종을 이끌어 내고 있다는 점에서 이 앱은 인간의 악습을 스마트화한 작품이다.

우리 이성이 합리적으로 다 헤아릴 수 없는 대상들에 대해서 우리는 공포를 느낀다. 따라서 공포를 통해 사람들을 예속적으로 만들려는 자는, 이성으로는 다 파악되지 않는 미신의 대상을 창조해서 공포를 끌어내려 한다. 이런 미신적 대상은 우리 주위에도 많지 않은가? 나는 주위에서 조직의 힘을 지나치게 과장하여 그 구성원이 정당한 주장을 하지 못하도록 막는, 권위의 미신을 많이 본다. 또한 대학에서 무엇을 하는지도 모르면서, 마치 대학에 안 가면 죽음이라도 찾아오는 듯이 여기는 대학의 미신 역시 목격한다. 시인 김수영이 「우선 그놈의 사진을 떼어서 밑씻개로 하자」에서 "무서워서 편리해서 살기 위해서"[1] 사람들이 "그저그저 쉬쉬하면

4부 배움과 인생의 걱정거리 자식

서"² 복종한다던 정치권력도 스스로를 미신적 대상으로 치장해서 예속을 이끌어 내는 대표적인 장치라 할 수 있다. 이렇게 공포를 주는 미신적 대상이 사회 곳곳에 자리 잡을 때 사회생활은 곧 노예 생활이며, 삶은 늘 두려움과 슬픔에 젖게 된다.

미신적 대상 및 그것에 대한 공포에 맞서기 위해 필요한 것은 똑똑한 머리이기에 앞서 바로 '용기'이다. 바로 이런 뜻에서 칸트는 미성숙의 원인이란 지성의 부족이 아니라, 이 지성을 사용할 용기의 결핍이라고 했던 것이다. 용기가 없는 지성은 미신적 대상에 복종해서 왜 이 미신에 복종해야 하는지를 자신과 사람들에게 보다 잘 설명하려고 노력하며 순종의 한평생을 보낼 것이다. 용기를 갖춘 지성만이 우리를 지배하는 미신적 대상의 힘이 실은 아무런 근거도 가지지 않음을 밝혀 줄 것이다. 그리하여 미신적 대상은 더 이상 우리에게 공포를 주지 못하며, 공포 속에서 겁을 먹은 우리의 상태, 바로 예속의 상태도 사라지리라.

우리 정신을 미망에 빠뜨리는 것이 공포의 정서임을 폭로하고, 용기만이 지성을 올바르게 사용할 수 있게 해 준다는 것을 알려 주기에, 스피노자와 칸트의 저 두 작품은 인류의 정신사에서 위대한 가치를 지닌다. 공포 속에서 예속 상태에 빠진 지성은 그 공포의 시녀, 공포의 전도사가 될 뿐이다. 예속을 불러온 공포의 본성을 직시하도록 지성을 바로 세우기 위해서 필요한 것은 용기이다. 이렇게 보자면, 우리에게 자유를 불러오는 인문학은 머리로, 지성으로 이룰 수 있는 것이 아니라, 공포에 맞서는 정서에서 시작되는 것이다. 결국 정해진 질서

1
김수영, 「우선 그놈의 사진을 떼어서 밑씻개로 하자」, 『김수영 전집』 제1권(민음사, 2003), 180쪽.

2
김수영, 「우선 그놈의 사진을 떼어서 밑씻개로 하자」, 180쪽.

공포와 용기

에 순응하여 모범적으로 과제를 수행해 나감으로써 질서의 옹호자들을 만족시키는 우등생보다, 사람들이 좀처럼 의심을 품어 보지 않은 세상의 권위나 가치를 의문에 부치기 위해 지성을 사용할 용기를 지닌 자의 머리 위에 인문학의 월계관은 내려앉을 것이다.

경쟁의 두려움에 대하여

우리 마음은 두려움으로 가득 차 있다. 죽음 같은 모든 것의 끝을 떠올릴 때는 물론이고, 사회 안에서 나날을 보낼 때도 그것은 우리를 떠나지 않는다. 두려움은 허기나 졸림 또는 손톱이나 머리카락처럼 근절할 수 없이 인간에게서 계속 자라 나온다.

두려움은 우리를 바보로 만들어 버린다. 몽테뉴는 말하고 있다. "나는 많은 사람들이 공포심 때문에 무지하게 되는 것을 보았다."[3] 시험, 면접 등등에서 지나치게 긴장해 실력 발휘를 못 하고서 아쉬워하는 사람들은 저 말의 의미가 사무치리라. 두려움이 우리의 판단력을 마비시켜서 아무것도 제대로 하지 못하게 만든다.

어디서 두려움은 나올까? 먼저 그것은 나를 기다리고 있는 알 수 없는 미래에 대한 '상상'으로부터 온다. 몽테뉴가 전하는 흥미로운 이야기가 있다. 사형을 바로 앞두고 있는 한 죄수

3
미셸 드 몽테뉴, 손우성 옮김, 「공포심에 대하여」, 『나는 무엇을 아는가』(동서문화사, 2005), 122쪽.

가 있었는데, 그는 극적으로 사면을 받게 되었다. "사면장을 읽어 주려고 올라가서 풀어 주고 보니, 그는 이미 자기 상상력의 타격만으로도 빳빳이 굳어 죽어 버렸다."[4] 우리는 정말 위험이 닥쳐서가 아니라, 상상력 때문에 미리 겁내는 것이다.

물론 사회 안에서의 삶이 온통 우리의 상상력이 만들어 낸 허상의 그림이 아닐 테니, 상상력 이전 차원에서도 두려움의 원인을 찾아보려고 해야 할 것이다. 한마디로 두려움은 타인과의 관계로부터 오는 게 아닐까? 우리는 사랑하는 이가 떠나갈까 두렵고, 친구에게 배신당할까 두려우며, 경쟁에서 밀려날까 두렵다. 이런 까닭에 사르트르는 「닫힌 방」에서 타인의 시선은 나를 잡아먹는다고 하면서 이렇게 단언하기도 했다. "지옥은 바로 타인들이야."[5] 요컨대 타인과의 관계가 두려움의 원천이 되고, 우리의 상상력이 이 두려움을 점점 더 크게 만든다. 이것이 두려움의 진실이다.

이런 두려움을 극복할 수 있을까? 오늘날 타인과의 관계에서 유독 두드러지는 '경쟁'이라는 것에 대해 생각해 보자. 경쟁 자체는 결코 나쁜 것이 아니다. 그것은 평등을 가치로 삼는 사회에서만 가능하다. 전제군주의 나라엔 군주의 명령과 신민의 복종만이 있지, 자기 능력을 보여 주기 위한 경쟁의 장이 없다. 이런 점에서 정당한 경쟁은 민주주의의 꽃이라 할 만하다. 평등이 무엇인지를 알았던 고대 그리스인들을 보라. 플라톤의 대화편 속 등장인물들은 진리를 얻기 위해 서로 경쟁한다. 『일리아스』의 제23권에서 영웅들은 상품을 얻기 위해 운동경기를 열어 서로 경쟁한다. 이것은 진

4
미셸 드 몽테뉴, 손우성 옮김, 「상상력에 대하여」, 『나는 무엇을 아는가』(동서문화사, 2005), 147쪽.

5
장폴 사르트르, 지영래 옮김, 『닫힌 방·악마와 선한 신』(민음사, 2013), 82쪽.

4부 배움과 인생의 격정거리 자식

리를 제사장과 예언자가 독차지하고서, 또 금은보화를 군주가 독차지하고서 백성들에게 선심 쓰듯 인색하게 나누어 주는 사회에서는 찾아볼 수 없는 광경이다.

오늘날 우리는 입시 때문에 경쟁하고 사랑 때문에 경쟁하며 재화의 획득 때문에 경쟁한다. 평등의 이념이 없었다면 우리는 경쟁의 자격조차 얻지 못하고 체념해야 했을 것이다.

그런데 경쟁이라는 타인과의 관계는 우리가 평등하게 대우받고 있다는 사실을 상기시켜 주기보다는 우리를 두려움과 불안에 빠지게 한다. 도대체 왜 그럴까? 원인은 많다. 무의미하고 퇴행적인 경쟁을 유발하는 사회적 조건들이 있다. 이런 요인은 물론 비판에 부쳐지고 개선되어야 한다. 그런데 우리 내면에도 원인이 있다면?

타인과의 경쟁 속에서 나는, 내 욕심의 크기 이하에 내 능력이 있을까 봐 두려운 것이 아닐까? 그렇다면 결국 두려움의 대상은 자기 자신이다. 원하는 것은 크되, 그것을 얻을 능력은 원하는 것 이하인 자신이 스스로를 감지하는 방식이 두려움인 것이다. 따라서 두려움이라는 것은 결국 자기 자신이 누구인지 생각해 보도록 강요하는 능력이다.

그렇다면 이 두려움 속에서 무엇을 생각해야 할까? 자신의 무능력을 반성하자는 것이 아니다. 우리가 욕심내는 것이 정말 우리가 원하는 것인지 생각해 본 적 있는가? 정말 원하지도 않는 것을 얻으려고 애걸복걸하면서 두려움에 빠질 필요는 없을 것이다.

우리는 아주 쉽게 다른 사람들을 모방하는데, 다른 사람들이 가지고 싶어 하는 것 역시 자기가 가지고 싶어 하는 대상으로 쉽게 모방한다. 나의 욕망은 따져 보지도 않고 타인의 욕망을 모방하

경쟁의 두려움에 대하여

는 것이다. 모든 사람이 선망하여 가지려고 하지만 사실 공허하기 짝이 없는 우리 사회의 지표들을 보라. 모든 사람이 원하기에 나도 가지고 있어야 한다는 듯한 허영 속에서, 자신의 모든 능력을 거기 쏟아붓는다. (연예인 같은 선망의 직업, 선망할 만한 경제적 조건을 지닌 배우자 등등) 이런 대상들을 원할 때 우리가 쉽게 좌절에 빠지고 두려워하는 까닭은, 그 대상들의 본성 때문에 우리가 그것을 원하는 것이 아니라, 다른 사람들이 그것을 욕망하기 때문에 나도 그것을 원하는 데서 찾을 수 있다. 즉 나는 다른 사람들이 원한다는 이유만으로 정체도 본질도 모르는 대상을 원하고 있는 것이다. 당연히 정체도 모르는 대상을 내 능력이 거머쥘 수 있을지 역시 가늠할 수 없다. 결과는 우연히 노름판의 잭팟 같은 것이 터지지 않는 이상 두려움과 좌절의 연속이다. 정체도 모르는 대상을 남들이 원한다고 해서 나도 원하는 삶은, 어떤 알지 못하는 주인을 이유도 없이 섬기는 노예의 삶이다. 그러니 내 욕심이 두려움 앞에서 좌절하지 않기 위해선, 내가 원하는 것의 본질이 무엇인지, 그것이 정말 원할 만한 것인지, 아니면 다른 사람들이 원하기에 나도 원하는 것인지 하나하나 따져 보아야 하리라.

배움 그리고 인생의 걱정거리 자식

시험을 앞둔 학생만큼 자신이 발휘할 수 있는 능력이 궁금한 사람도 없을 것이다. 무엇을 얼마나 알고 있으며 얼마만큼 표현할 수 있을 것인가? 아무리 나 자신을 들여다보아도 뚜렷이 무엇인가가 보이지 않는다. 답답한 일 아니겠는가? 우리가 가진 능력을 이끌어 내는 일이 '배움(학습)'이라면, 그 능력이 제대로 발현되는 길을 알기 위해 우리는 배움의 본질이 무엇인지 물어야 할 것이다.

가끔 사람들이 놀라운 능력을 발휘하는 것을 본다. 초등학교 5학년 때 친구 녀석 하나가 여름 방학 동안 사라졌다가 나타나더니, 갑자기 아케이드 게임계를 평정하는 일이 벌어져서 모두 깜짝 놀랐던 기억이 난다. 「인베이더」의 달인이 되어 돌아온 것이다. 얼마나 특훈을 했기에 저렇게 됐지? 어쨌든 저것도 능력은 능력이다.

능력의 그런 놀라운 발현 자체를 소재로 삼은 만화가 있으니, 바로 오토모 가쓰히로의 『AKIRA』이다. 깊이 있는 문제의식, 설득력 있는 긴 호흡의 서사 전개, 그리고 한 장, 한 장을 예외 없이 채우는 지독히 공들인 묘사가 이 작품을 현대의 고전으로 자리 잡게 했다.

"하나의 커다란 힘이 해방되었다. 그것이 궁극의 상태를 추구하며 우주의 거대한 흐름이 된 거야."[6] 만화의 거의 마지막쯤에 아키라가 발휘한 놀라운 능력을 설명하는 구절이다. 만화적 문맥에서 떼어 놓고 보면 허황되기 짝이 없는 아키라의 이 거대한 능력은, 인간의 잠재적 힘이란 명확한 어떤 유한한 형태로 한정 짓기엔 너무 다양하고 풍부하다는 메시지를 전하기 위한 장치이리라.

마르셀 프루스트 역시 인간의 이 잠재된 힘의 무궁무진함에 관심을 가지고 있었다. 20세기 최대의 작품이라 일컫는 프루스트의 『잃어버린 시간을 찾아서』에는 다음과 같은 구절이 나온다.

> 우리 시대의 가장 비범한 걸작들이 전국 고교 작문 경연 대회 출신이나 모범적이고 아카데믹한 교육에서 나오지 않고 경마장과 고급 술집에 자주 출입하는 자들 쪽에서 나왔다는 것을 생각하면 놀라웠다.[7]

비범한 걸작을 만들어 내는 능력을 발현하게 하는 것은 틀에 박힌 학습이 아니다. 오히려 경마장이나 고급 술집이 상징하는 인생의 다양한 경험이 우리의 능력을 놀라운 최대치로 끌어올리는 배움을 제공해 준다는 것이다.

철학자 들뢰즈는 프루스트의 저 구절을 연

6
오토모 가쓰히로, 김완 옮김, 『AKIRA』 제6권(세미콜론, 2013), 358~359쪽.

7
Marcel Proust, *À la recherche du temps perdu*, IV(Paris: Gallimard, 1989), p.186.

상시키며 배움에 대해서 이렇게 말한 적이 있다.

> 어떻게 한 초등학생이 단번에 '라틴어에 숙달되게 되는지', 어떤
> 기호들이 (사랑이나 고백하기 창피하기조차 한 욕구를 통해) 그의 배
> 움에 도움을 주는지 누가 알겠는가? 우리는 선생이나 부모가 준
> 사전을 통해서는 전혀 배울 수가 없다.[8]

이 말은 인생에서는 학교의 모범생이 익숙
한, 틀에 짜인 공부 이상의 영역이 배움을 향해
열려 있다는 것을 암시하고 있다. 이런 배움에
가장 근접한 표현은 독일어의 'bildung'일 것이
다. 수련, 성장, 도야 등의 뜻을 담은 이 개념이 말하는 배움은, 정
해진 답이 없고, 사람들이 선호하는 사회의 통념을 따르지도 않는
배움, 당연하게도 시험 범위 같은 것이 있을 수 없는 배움이다. 그
것은 인생을 연소하면서 얻게 되는 배움, 그러니까 '일생일대의 내
기'와 같은 배움이다.

이런 배움에 비추어 보자면, 교과서 안에 삶의 궁극적 진리가
정리되어 있는 것이 아니며, 이 교과서를 기반으로 만들어진 퍼즐
(시험 문제)이 우리가 가진 참다운 능력을 측정해 주는 것도 아니
라고 말해야 할 것이다. 독일 작가 토마스 만은 자신의 소설『마의
산』의 주인공을 가리켜 '인생의 걱정거리 자식'이라 일컬었다. 교과
서를 보고 배우는 자가 아니고, 규격화된 시험을 통과하기 위해 공
부하는 자가 아니라, 사는 일 자체 안에서 수시로 도래하는 고민
거리를 영접하면서 사유를 펼치는 자, 그러니까 자신의 인생을 희

8
질 들뢰즈, 서동욱 외 옮김,
『프루스트와 기호들』(민음사,
2004), 48~49쪽.

배움 그리고 인생의 걱정거리 자식

생물로 삼아 깨달음을 얻고자 하는 자들이 있다. 인생의 걱정거리 자식 말이다. 아마도 사회가 마련한 각종 자격시험에 통과하여 기존의 규격화된 문화 안에서 모범생으로 한자리를 얻기보다는, 지금껏 존재해 오지 않았던 놀라운 능력으로 새로운 문화를 창출하는 이들은 바로 이 인생의 걱정거리 자식들이 아닐까? 아키라의 힘처럼 세상을 뒤집는 놀라운 힘, 아직 세상에 알려지지 않은 그런 능력이 있으며, 두려움에 굴복하지 않고 인생을 연소하다 보면 그 힘은 손아귀에 쥐어져 있으리라.

나는 이럴 수밖에 없다

젊은 날은 누구에게나 어렵다. '언젠가 편안해지겠지…….' 하며, 걸어 보지만, 그런 희망을 가질 수 없을 만큼 발을 아프게 하는 잘 맞지 않는 구두처럼, 그렇게 속절없이 젊은 날은 내 발에 신겨 있다. 길은 많지만 어디에도 닿지 않을 것 같고, 아픈 구두는 걸어 볼 용기의 불을 냉랭한 화석으로 만들어 버린다.

누구에게나 추억은 파편적인 몇몇 장면에 대한 추억인 것처럼, 내게도 대학 시절은 몇 가지 장면, 문맥도 앞뒤도 없는 그런 장면 속에서 떠오른다. 어느 여름날 아침 나는 빨리 이 시절이 지나가길 기원하며, 노트 귀퉁이에 이렇게 쓰고 있다. '…… 그리고 언젠가, 청춘의 불을 꺼준 시간의 단비에 대해 감사할 것이다.' 또 다른 장면 하나. 눈 덮인 겨울날 오후, 무슨 일이 제대로 풀리지 않았는지 풀이 죽어 도서관 라운지에 앉아 있다가 앞에 놓여 있던 철학 책 (내 전공이니까. 그때 그 책은 아리스토텔레스에 관한 것이었다.)을 집어 들며 이렇게 속으로 되된다. '그래, 나를 배신하지 않는 이 책을 지금 읽을 수 있으니 즐겁다.' 그러곤 어두운 계단을 따라 도서관으로 올라갔다. 음……. 써 놓고 보니 내 추억은 지나치게 칙칙한걸?

이 두 장면 사이에 연관 같은 것은 없을 것이다. 연관을 생각 하자마자, 우리는 고작 사이비 정신분석의 길로 들어선다. 연관 없 는 채 무의미한 장면들로 놓아두는 것이 진실이다. 그러나 이런 진 실을 견디지 못하는 인간은 많은 무의미한 것에서 억지로 의미를 만들어 낸다. 만일 그렇게 억지로 의미를 짜내는 것이 과거를 회상 하는 방식이라면, 앞의 장면은 그 무엇에도 만족하지 못하며, 원하 는 것은 하나도 가지지 못하였고 미래에 가지리라는 보장도 받지 못하는 시절에 대한 피곤함과 짜증스러움의 표현으로 이해해 보면 어떨까? 이 표현 자체를 유일무이한 즐거움으로 움켜잡고 있는? 뒤 의 장면은 단연 내 행위의 유일무이한 원리에 대한 증언인데, 그 원 리란 바로 '즐거움'이다. 바로 그 즐거움이 밝은 계단이 아니라, '어 두운 계단', 아무런 미래도 없고 낭떠러지로 통할지도 모르는 계단 을, 앞도 뒤도 재지 않고 올라가게 해 주었던 것은 아닐까?

가끔 학생들이 찾아와 이야기한다. 자기 전공에 재능이 없는 것 같고, 앞날도 보장되지 않아 공부를 계속해야 할지, 그냥 취직 준비를 해야 할지 모르겠다고. 그럼 나도 이야기를 들려준다. 나도 내가 재능이 있는지 없는지 모른다고. 아니, 십중팔구 없는 쪽이 맞을 거라고. 다만 이게 내게 가장 즐거운 일이고, 몸 안의 나쁜 피 가 이 일을 안 하고는 나를 살려두지 않을 테니 하는 거라고. 죽고 싶도록 좋으면 죽음에 이르도록 할 수밖에 없는 것이라고. "나는 여기 서 있다. 나는 이럴 수밖에 없다." 이렇게 보름스 회의에 선 어

4부 배움과 인생의 걱정거리 자식

느 고집 센 신학자처럼 말해 본다.

안정된 조건을 갖추지 못했을 경우의 미래에 대한 공포 때문에, 진정으로 자신이 하고 싶어 하는 공부나 일을 희생하는 사람들을 많이 본다. 그러나 우리는 삶의 노예가 되기 위해 태어난 것이 아니라, 우주 안에 마련되어 있는 내가 가장 즐거워할 수 있는 '필연적인 자리'에 놓이기 위해 태어난 것이 아닐까?

나는 이럴 수밖에 없다

규격화된 경험에서 탈출하기

젊은 시절엔 많은 경험을 해 보라는 가르침이 있다. 여행도 많이 해 보아야 하고, 실패도 겪어야 하며, 많은 사람을 만나 감탄과 실망도 해 보아야 한다. 직접 발로 찾아가 만나는 경험은 책도 대신하지 못하는 우리의 스승이다. 그런데 정말 이 스승을 만날 수 있을까?

최근 런던 스쿨로 분류되는 화가 여섯 명을 소개하는 전시회 '런던 콜링'을 찾았다. 베이컨, 코소프, 앤드루스, 오엘바흐, 키타즈……. 다 좋지만, 루치안 프로이드의 그림과 더불어 여러 가지 생각을 하게 되었다. 프로이드는 늘 극사실적인 인물화에 몰두했는데, 1990년대에는 행위 예술가 보워리(L. Bowery)를 모델로 많은 그림을 그렸다. 그 결과 근육이라곤 없는 비계와 살덩어리 누드화들이 탄생했다. 사람들이 일반적으로 아는, 아름다운 몸의 형태를 그린 그림과는 전혀 상관없는 누드화들이다.

4부 배움과 인생의 걱정거리 자식

고전적 조형성과는 상관없다는 점에서 '추함'을 적나라하게 드러내는 이 누드화들은 현대 미술의 높은 성취 가운데 하나로 평가받는다. 낡아 보였던 사실주의가 프로이드의 인물화들과 더불어 예술의 새로운 가능성이 된 것이다.

프로이드의 인물화들이 매력적인 까닭은 전형적인 아름다운 몸의 이미지가 가리던 우리의 눈을 해방시켜 주기 때문이다. 그 결과 우리는 비곗덩어리를 포함한 신체의 다양한 모습을 경이(驚異) 속에 바라볼 수 있게 된다. 우리의 시선이 그간 전혀 알지 못하던 지평에 가닿는 것이다.

우리의 경험 속에서도, 이렇게 전혀 못 보던 것을 바라보는 새로운 일이 일어날까? 요즘 우리에게 경험이 주어지는 방식들을 보자면 대답은 '아니오'이다. 사람들은 늘 자기가 모르던 것을 경험 속에서 얻기를 열망한다. 그런데 그런 경험을 위해 무엇을 참조하는가? 신문 기사, 블로그, 방송 등이 경쟁적으로 쏟아내는 정보이다. 음식에 관한 체험을 위해, 그리고 여행을 값진 추억으로 바꾸기 위해 사람들은 경험 속으로 발길을 내딛기 전 먼저 블로그와 기사들을 검색한다. 그 결과 모든 사람의 체험은 아주 똑같아진다.

사람들은 새로운 체험을 원하지만, 맛집에 관한 천편일률적인 정보는 우리 모두를 똑같은 미각의 체험자로 만들어 버린다. 여행이나 해외 연수를 통해 우리는 낯설고 값진 어떤 것을 기대하지만, 여행지에 관한 정보는 우리를 모든 사람이 거쳐 간 똑같은 관광지를 지나오게 한다. 우리는 여행에서 새로운 체험을 한다기보다는, 책 속에 정리된 상식을 돈과 시간을 들여 반복하는 것이다. 한마디로 경험은 옷의 치수처럼 규격화된다.

규격화된 경험에서 탈출하기

여기에 문제가 있다면, 사람들은 다른 사람들이 기사나 블로그에 마련한, 교과서적으로 정형화된 경험의 경로를 떠나기 싫어한다는 점일 것이다. 맛집에 관한 가이드, 여행에 관한 가이드가 제시해 놓은 경로를 벗어나면, 사람들은 자기만 뭔가 보잘것없는 체험을 하고서 다른 사람들이 다 해 본 진정 중요한 것은 잃은 것 같은 기분에 빠진다. 한마디로 경험의 유일무이한 새로움을 갈망할 때도, 실은 독자성보다는 평균적인 동류의 무리에 끼는 것이 더 중요한 것이다.

이런 식의 규격화된 경험을 사람들이 반복하는 일은 단지 맛집이나 여행지에 그치는 것이 아니다. 봐야 할 책, 들어야 할 강의 등등의 영역으로 규격화된 경험에 관한 강박관념은 확대된다. 결국 경험은 기존에 있었던 것을 똑같이 재생산해 내는 창구가 된다.

결과적으로 개인에게서나 사회에서나 창조적 힘은 규격화된 경험 속에서 소멸해 버린다. 첨단산업의 영역에서 어떤 파격적인 인물이 열어 놓은 새로운 길을 감탄하며 본받으려 하지만, 그 감탄은 이미 획일화된 것이고 그 길은 누구나 공유하는 평균적인 형태로 사람들의 학습 대상이 된다.

시선이 새롭지 않다면 경험은 진부한 가치를 확인하는 장에 지나지 않는다. 진부한 가치를 벗어나 새로운 가치를 홀로 시험해 보는 일은 지식의 문제도 경험의 문제도 아니고, 오로지 '용기'의 문제일 것이다.

즐거움의 소중함

고대 유대인들의 신화를 담고 있는 책인 『성서』에는 서로 대립되는 두 삶의 양식을 대표하는 쌍둥이가 나오는데, 에사오와 야곱이 그들이다. 아브라함의 손자인 이 유명한 형제를 모르지 않을 것이다. 쌍둥이 가운데 동생인 야곱은 속임수를 써서까지, 하느님이 선택한 이 특별한 집안의 장자상속권을 획득한 인물로서, 그는 인간이 가지고 있는 '구원에 대한 갈망'을 대표한다. 얼마나 하느님이 구원을 약속한 선택받은 민족의 대표자가 되고 싶었으면 눈먼 아버지를 속이고서 형이 받아야 마땅한 장자상속권을 가로챘을까? 반면 형인 에사오는 동생이 끓이던 죽이 너무 먹고 싶었던 나머지, 죽 한 그릇에 자신의 장자상속권을 팔아 버린 인물이다. "배고파 죽을 지경인데 상속권 따위가 무슨 소용이 있느냐." 이렇게 말하는 에사오는 죽 한 숟가락이 혀에 닿을 때의 쾌락이 상징하는 '세속적 삶의 즐거움에 대한 열망'을 대표한다.

사람들은 에사오를 어리석은 인물이라고 손가락질할지 모르나, 나는 그의 이 순진무구한 솔직함이 좋다. 보이지 않는 구원에 대한 추구가 없는 대신, 그에겐 태어나 먹고, 자고, 놀고, 숨 쉬는, 생명 가진 모든 것이 불가결하게 수행하는 활동에 대한 존중이 있다. 그는 한 끼의 식사도 거를 수 없다. 먹는 게 너무 즐거우니까. 그는 언뜻 하찮게 보일 수도 있는 삶의 모든 기본적인 요소를 무시하지 않고 즐기고 싶어 하는 자이다.

가끔 우리는 자신에게, 또는 타인에게 인생에 대해서 이렇게 충고하려 든다. '우리는 먹기 위해 사는 것이 아니다.' 맞는 말이다. 그렇다고 해서 우리가 '살기 위해서' 먹는 것도 아니다. 음식은 결코 연료가 아니고 우리는 결코 연료를 불태우며 일하는 기계가 아니다. 그저 음식의 맛을 혀에 느끼고, 포만감에 기분이 좋아지는 일, 즉 먹는 것 자체가 즐겁기 때문에 우리는 먹는다. 요컨대 삶의 유일한 비밀은 '즐거움'인 것이다. 에마뉘엘 레비나스는 즐거움을 본질로 하는 삶의 이 비밀을 이렇게 설명한 적이 있다.

> 우리는 숨 쉬기 위해 숨 쉬며, 먹고 마시기 위해 먹고 마시며, 거주하기 위해 거처를 마련하며, 호기심을 만족시키기 위해 공부하며, 산책하기 위해 산책한다. 이 모든 일은 살기 '위해서' 하는 일이 아니다. 이 모든 일이 삶이다.[9]

9
에마뉘엘 레비나스, 서동욱 옮김, 『존재에서 존재자로』(민음사, 2003), 70쪽.

마치 우리는 숨 쉬고, 먹고, 산책하며, 공부하는 일을 어떤 고상한 장래의 목표, 장래의 어떤 삶을 달성하기 위한 '도구'처럼 여기는 경향

4부 배움과 인생의 걱정거리 자식

이 있다. 그러나 숨 쉬고, 먹고, 산책하며, 공부하는 일 등등은 그 자체가 바로 삶이지, 삶을 위한 도구에 불과한 것은 아니다. 우리는 건강을 돌보기 위한 수단으로 산책을 하는 것이 아니라, 그저 맑은 공기를 쐬고 햇볕과 그늘이 번갈아 나타나는 길을 걷는 일이 즐겁기 때문에 산책을 한다. 또 멋진 책을 쓰거나 학문을 발전시키려는 지고의 목적을 위해 공부하는 것이 아니라, 우리의 호기심을 만족시킬 수 있기 때문에 공부한다. 요컨대 우리가 세계와 만나는 가장 기본적인 방식은, 노력이나 의무 또는 고통 같은 것이 아니라 바로 '즐김'인 것이다.

삶은 그렇지 않은가? 힘든 일 뒤 점심 식사의 즐거움, 잠깐 책상에 엎드려 눈을 붙였을 때 잠의 즐거움, 저물기 직전 붉은 기운이 사라져 가며 별들이 떠오를 준비를 하는 하늘을 멍하니 바라보는 즐거움, 추운 겨울 저녁 바깥에서 들어와서 난로 앞에 섰을 때 따스한 불기운이 주는 즐거움, 잘 이해할 수 없었던 수학의 원리를 깨닫게 되었을 때의 즐거움……. 우리가 몸담고 있는 삶의 형식 자체가 즐거움인 것이다. 그러므로 삶을 고통스럽게 여기게 되는 일은 지금 누리고 있는 이 삶 건너에 더 좋은 어떤 삶이 있다는 '환상' 때문에 생겨나는 것이리라. 그러나 지금 누리는 매 순간이 우리가 '충실해야 하는 진정한 삶'이며, 이 삶은 다른 무엇을 위한 도구가 아니라, 그 자체로 중요한 것이다.

그러니 삶의 즐거움을 만끽하라!

내 생명이 세상 안에서 살아 나가는 모든 방식을 즐기라! 먹고, 자고, 일하고, 걷고, 헤엄치고, 말하고, 생각하는 일들을…….

그런데 삶을 즐길 줄 안다는 것, 먹고 마시고 자는 일의 재미

즐거움의 소중함

를 안다는 것에는 또 다른 비밀이 숨겨져 있다. 우리가 타인에게 무엇인가를 주려고 할 때, 우리는 도대체 그에게 무엇을 주고 싶어 할까? 바로 우리가 누린 즐거움을 타인도 누릴 수 있게 해 주려고 한다. 타인의 입에 빵을 넣어 줄 수 있는 자는 자신의 입으로 빵을 즐겁게 먹어 본 자이다. 타인의 헐벗은 몸을 따스한 담요로 감싸 줄 수 있는 자는, 담요에 들어가 누워 있는 즐거움을 누려 본 자이다. 따라서 세속적인 삶의 즐거움을 모르는 자는 타인에게 무엇을 주어야 하는지, 타인에게 무엇이 필요한지도 모르는 자이다. 결국 나에게 즐거운 일을 타인의 이름으로 받아들이는 데서 '윤리'는 성립한다.

그러니 내가 세상에서 즐거울 수 있는 존재라는 사실은 얼마나 중요한가! 자신이 누리는 삶의 즐거움이 얼마나 소중한지 아는 자만이 그 소중한 즐거움을 타인의 손에도 건네줄 수 있는 것이다. 이 사실 위에서 비로소 이른바 우리의 '희구'라는 것도 가능하리라. 나는 다음과 같은 감동적인 희구, 가장 정직한 기도문을 읽은 적이 있다.

> 우리가 생각하기에 우리 자신에게나 우리가 사랑하는 사람에게 기쁨을 줄 수 있는 모든 것들은 우리 자신이나, 사랑하는 사람의 이름으로 받아들이고, 그 반대로 우리가 생각하기에 우리 자신에게나 우리가 사랑하는 사람에게 슬픔을 줄 수 있는 것은 거부하려고 노력하겠나이다.[10]

10
레온 드 빈터, 유혜자 옮김, 『호프만의 허기』(디자인하우스, 1996), 445쪽.

이 기도문의 희구대로 우리가 살아가며 바

4부 배움과 인생의 걱정거리 자식

랄 수 있는 유일한 것은 바로 나와 내가 사랑하는 타인의 즐거움과 기쁨이다. 나의 손에서 타인의 손으로, 그리고 계속해서 또 다른 타인의 손으로 즐거움이 건너갈 때 하나의 놀라운 공동체가 탄생한다.

소중한 일상

프리아모스 대왕의 참을 수 없는 허기와 잠

세상에는 사람들의 일상을 왜소하게 만드는 전설이 있다. 영웅 신화, 진실성이 매우 미심쩍은 정치가와 재벌들의 전기 같은 '초인' 이야기 말이다. 엄청난 인내, 잠자는 시간을 극도로 줄이는 근면함……. 위인들의 특징인 이런 비일상적이고 예외적인 신화는, 종종 직장과 학교에서 우리의 생산성을 경쟁적으로 높이기 위한 자극제로 사용되면서 삶을 피곤하게 만들기도 한다.

반면 많은 고전은 우리의 일상, 너무나도 평범해 아무런 이야깃거리도 되지 않을 것 같은 일상의 소중한 의미들을 일깨우는 것 같다.

세네카나 키케로 같은 로마 시대 철학자들의 작품은 하루를 보내는 일이나 늙어 가는 일의 의미에 대해 바친 사유의 귀중한 기록이다. 현대에 와선 아마도 일상 그 자체를 유일무이한 이야깃거리로 삼고 있는 제임스 조이스의 소설 『율리시즈』가 대표적일 것이

4부 배움과 인생의 걱정거리 자식

다. 반복되는 평범한 하루 속에 우주의 모든 이야기가 담겨 있음을 이 소설만큼 적극적으로 설득하고 있는 작품도 없다.

일상에 바쳐진 이 모든 고전을 제쳐 두고 이야기하고 싶은 작품은 인류의 가장 오래된 노래 가운데 하나인 호메로스의 『일리아스』이다. 이상하지 않은가? 트로이 전쟁을 다룬 『일리아스』야말로 평범하지 않은 영웅들, 천편일률적인 하루하루를 살아가는 인간과는 전혀 다른 신들의 이야기 아닌가? 그런데 『일리아스』로부터 우리의 일상이 지닌 의미를 찾겠다니!

사실 영웅과 신들의 이야기라는 외관을 한 겹 뚫고 들어가면 인간의 일상이 지닌 무궁무진한 의미를 통찰하고 있는 작품이 『일리아스』이다. 이 작품의 하이라이트 가운데 하나를 보자. 트로이의 위대한 장수 헥토르는 전사했고 시신은 그를 죽인 아킬레우스가 가지고 있다. 헥토르의 아버지인 늙은 프리아모스 대왕은 슬픔을 겨우 누르고 아들의 시신을 찾으러 아킬레우스의 진영으로 위험한 여행을 떠난다. 협상은 순조롭게 이어져 존귀한 노인은 시신을 돌려받기로 한다. 그런데 난데없이 여기에 하루 중 빼놓을 수 없는 먹는 이야기가 출현한다! 아킬레우스가 노인에게 말한다. "고귀한 노인장! 우리도 먹을 생각을 합시다."[11]

전사는 오늘날 그리스의 수블라키(souvlaki) 비슷한 음식을 즉석에서 만들고, 프리아모스는 아들을 죽인 원수와 더불어 '먹고 마시는 욕망'

11
호메로스, 천병희 옮김, 『일리아스』(숲, 2007), 675쪽.

을 충족하게 된다. 외교적 예의 때문이 아니라, 누구도 국사나 장례 같은 중대한 일 앞일지라도 '먹는다'는 일상사를 피하지는 못하기 때문이다. 배가 부르자 노인에게 한술 더 떠서 또 다른 중요한 일상사인 잠이 찾아온다. 노인은 아킬레우스에게 말한다. "이제는 되도록 빨리 나를 잠자리에 들게 해 주시오. 우리가 누워서 달콤한 잠을 실컷 즐길 수 있도록 말이오."[12]

아, 프리아모스! 그내는 트로이 전쟁을 통틀어, 그리고 어쩌면 이후의 수많은 문명을 통틀어 가장 기품 있는 왕이 아닌가? 그런데 더할 나위 없는 애국자인 아들의 시신을 점유한 적장 앞에서, 그대의 숨길 수 없는 진실이란 고작 먹고 마시고, 참을 수 없는 졸음 때문에 침대를 찾는 일이라니!

그래서 프리아모스를 인도하는 신 헤르메스는 이렇게 혀를 찬다. "노인장! 아킬레우스가 그대를 살려 주었다고 해서 아직도 적군들 사이에서 자고 있는 걸 보니 그대는 재앙은 염두에도 없는 모양이구려."[13]

그러나 일상이란 이런 것이다. 배고픔을 참지 못해 먹고 마시고 졸음이 와 단잠을 청하는 보통의 삶은 왕에서 노예까지 모든 인간을 지배하며, 우리가 결코 놀라운 영웅이나 신이 아니라 궁극적으로 일상인임을 알려 준다. 가장 긴박한 외교적 상황에서 먹고 마시고 자는 일을 뜬금없이 읊고 있는 서사시 『일리아스』는 바로 저 일상적인 보통의 삶이 우리의 피할 수 없는 운명이라고 가리켜 보이는 중이다. 늘 일상을 벗어나 능력이나 외모에서 예외적인 자의 놀라운 기적을 일으키고 싶어 하는, 늘 초조하고 피곤하게 사는 우리를 겨냥해서 말이다.

12
호메로스, 『일리아스』, 676쪽.

13
호메로스, 『일리아스』, 678쪽.

일요일

내가 철들 무렵부터 가장 좋아했던 요일은 토요일이다. 투명한 대기 속에 쏟아지는 햇볕의 빛깔이 있다면, 그것은 반드시 토요일의 빛깔일 것이다. 일요일에는 기쁘지 않았다. 일요일보다 하루 먼저 태어난 자매의 날엔 왜 즐거웠냐고? 토요일은 바로 일요일을 준비하는 일요일의 언니였기 때문이다. 토요일 오후 뒤에는 아직 하나도 사용하지 않은 만 하루 동안의 일요일이 기다리고 있다는 느긋한 생각이 마음을 부자로 만들었다.

그러나 일요일이라는 재산은 하루 전날인 토요일의 자리에서만 바라만 보고 즐길 수 있는 금은보화였다. 막상 일요일이 되면, 전날의 위치에서 바라보던 일요일의 재화는 온데간데없이 사라지고 텅 빈 금고 안에 선 것처럼 일요일의 허무 속에 들어앉게 된다. 그리고는 무거운 마음의 하루가 느릿느릿 흘러간다. 왜 일요일은 우울한 요일일까? 일요일 자신은 재충전의 휴일이라고 스스로를 변호할지 모른다. 그러나 그것은 노동의 일주일을 목전에 둔 사그라드는 부족한 휴식 시간에 불과했다.

발터 벤야민은 일요일의 경험에 대해 이렇게 쓴 적이 있다. "경험을 잃어버린 사람은 달력에서 축출되었다고 느끼게 된다. 대도시에 사는 사람들은 일요일이면 이런 기분을 맛보게 된다."[14]

14
발터 벤야민, 김영옥·황현산
옮김, 「보들레르의 몇 가지 모
티브에 관하여」, 『발터 벤야민
선집』 제4권(길, 2010), 234쪽.

공동체의 경험과 달력이 서로에게 속하던 시절도 있었다. 가령 「농가월령가」가 그런 공동체의 삶과 정확히 일치하는 한 달력을 표현하리라. 삶은 언제 어떤 노동을 감내해야 하는지 공동체의 달력은 정확히 표시하고 있다. 그리고 노동의 한 해 뒤에는 '명절'이라는 휴식이 기다리고 있다. 이 휴식은 노동이 그렇듯 삶 자체와 일치한다. 여기에는 공동체의 구성원 모두가 공유하는 삶의 리듬이 있지, 저 삶으로부터 삐걱거리며 떨어져 나온 한 개인의 감정, 그러니까 '우울' 같은 감정 조각은 없는 것이다.

어쩌면 관념적인 것으로만 있었던 것일지도 모를 명절의 시대는 이젠 가 버렸다. 대신 일요일이 있고, 일요일은 우울의 하루이다. 때로 기대 속에 이루어지는 일요일의 외식이 있고, 그 대가로 위장의 불편함 속에 기다려야 하는 긴 소화의 시간이 주어지며, 때로 휴일의 나들이가 있고, 그 대가로 긴 교통 체증의 시간 또는 유원지에 대한 분노나 실망감과 피로함이 주어진다. 어쨌든 일요일의 감정은 우울이다. 그것은 마치 태양의 하루가 아니라 토성의 한밤 같다. 이런 반론도 있을 수 있다. 일요일은 신의 사원에 앉아 경배를 올리는 필연적인 축복의 하루이지 우울이 아니지 않은가? 그

4부 배움과 인생의 걱정거리 자식

런데 플라톤은 철학에 '이야기'를 끌어들여서는 절대 안 된다고 경계한 적이 있는데, 달력에 대해서도 마찬가지일 것이다. 달력의 본질은 천문학적인 것인가? 역사적인 것인가? 사회학인 것인가? 신학적인 것인가? 적어도 우리가 지금 가지고 있는 달력은 신화(신의 이야기)는 아닐 것이다.

일요일의 우울은 달력 속에서 길을 잃어버린 자의 감정인가? 달력은 노동력의 사용과 뗄 수 없고 노동은 공동체를 바탕으로 한다. 그러니까 달력 속에서 길을 잃어버린다는 것은 몸에 맞지 않는 노동의 표현이고, 내가 진정으로 그 구성원이 될 수 없는 공동체에 대한 증언일 것이다. 일요일은 이 부조화가 빨간색으로 가시화되는 달력의 하루이다.

그러나 그것은 공동체의 시간 계산이 잘못된 하나의 예외, 하나의 스캔들, 내일 즉시 천문학자들이 바로잡으면 되는 달력의 하루가 아니다. 거꾸로 이 부조화가, 이 우울이 바로 우리가 사는 피하지 못하는 방식이다. 남을 위해 마련된 하루 같은 일요일에 마지못해 건성으로 끼어들기. 춤 못 추는 이가 어쩌다 춤추는 모임에 잘못 찾아와 춤을 추게 되는 하루처럼, 봉사하듯 하루를 즐기기. 달력은 기성복같이 뭔가 잘 안 맞는다. 은퇴 후엔 일요일이 사라져 버릴 테니, 그땐 내 몸에 꼭 맞는 달력을 만들어 볼까? 그러나 그때도 우리 공동체는 은퇴자를 위한 촘촘한 달력을 만들어서 집요하게 따라다닐 것이다. 그리고 그 달력은 은퇴자들이 직접 말해 주듯 정말 시간을 견디기 어렵게 한다. 마치 일요일이 무한히 연속된 것처럼.

비만의 발견

가을의 빤한 별명은 누구나 익숙해서 좀 식상한 감이 있지만, 바로 '천고마비의 계절'이다. 그런데 요즘은 '말이 살찐다.'는 이 표현에서 가을의 풍요를 느끼기보다는, 먼저 '비만'이라는 불길한 망령을 떠올리고는 기분 나빠할 사람이 많을 것 같다. 잘 먹고 잘살다보니, 체중계에 눈 돌리기 겁나는 사태가 벌어진 것이다. 분명히 치료가 필요한 비만이 있지만, 그렇지 않은 경우에도 사람들은 드물지 않게 병적인 비탄에 빠진다.

흙탕물 같은 삶을 들여다보기 위해 우리가 애용하는 물안경인 문학은 언제부터 '비만'에 눈을 떴을까? 가령 '거울 앞에 선 내 누님'처럼 중년을 맞은 시인 황지우가 자기 사진을 들여다볼 때, 그의 눈에 들어온 것은 '한 송이 국화꽃'처럼 만개한 삶의 연륜이 아니라 '비만'이다. "젊었을 적 사진으로는 못 알아보게 뚱뚱해진 ⋯⋯ 이 사나이."[15] 한국 문학은 살찐 소파처럼 되어 버린 이 사나이의

4부 배움과 인생의 걱정거리 자식

희생(?)을 통해서 '비만의 발견'을 달성한다.

서구 문학에서 비만의 발견은 더욱 처절하다. 닐 사이먼의 『플라자 스위트』에서 샘은 고칼로리에 대한 두려움으로 마티니 한 잔 마시지 못하면서 이렇게 푸념한다.

> 따블 마티니를 마셨다간 난 그 즉시 뚱보가 될 거라구! …… 내가 이 몸매를 유지하기 위해서 얼마나 고생 분투하고 있는지 알아? 남들은 맛있는 피자 파이를 끝없이 먹어 치우고 있는데 나는 상추 쪼가리나 씹고 있어야 한다구![16]

혈색 좋은 풍만한 몸집의 19세기적 인물들은 오늘날의 문학과 드라마 안에서는 날렵한 갈비씨들에게 주인공 자리를 내주어야 했다. 도스토옙스키가 인물을 묘사할 때 최대의 호의를 가지고 사용했던 '발그스름하게 살이 오른 뺨' 같은 표현은 비만을 두려워하는 우리 시대에는 거의 모욕이 되어 버렸다.

이런 상황에서, 멸종하다시피 한 위대한 뚱보들이 주인공으로 등장하는 소수의 현대 문학은 이 다이어트의 시대를 비웃는 반항기 가득한 복음서처럼 느껴질 때가 많다. 거대한 체격이 동료들에 대한 책임성의 크기와 비례한다는 것을 보여 준 타루(카뮈의 『페스트』), 햄릿이 일찍 죽지 않고 그 고뇌를 껴안은 채 중년을 넘겼다면 바로 이 사람처럼 되었을 위대한 변비 환자 호프만(레온 드 빈터의 『호프만의 허기』), 그리고 호리호리한 남자라는 편협한 미적 기준을 의

15
황지우, 「살찐 소파에 대한 일기」, 『어느 날 나는 흐린 주점에 앉아 있을 거다』(문학과지성사, 1998), 97쪽.

16
닐 사이먼, 박준용 옮김, 『플라자 스위트』(포도원, 1992), 20~21쪽.

비만의 발견

도적으로 비웃기 위해 창조된 '인기 짱'의 뚱보 프로페인(토머스 핀천의 『브이를 찾아서(V.)』)이 그런 인물들이다. 이 인물들은 비만의 거구들이 얼마나 매력적일 수 있는지 보여 줌으로써 새로운 미적 기준을 창조하려 한다.

이 작품들은 말하는 듯하다. 몸을 굶기며 고문하는 가련한 자들이여! 문학은 그대들의 '자연스러운 몸'이 아니라 사람들의 '부자연스러운 시선'을 바꾸겠노라. 때가 되면 꽃이 피고 때가 가면 사그라지듯 자연의 일부인 몸도 자연이 시키는 대로 적절히 먹고 적당히 부풀어 오르며, 지구상의 아름다운 나날을 즐기고 싶어 하지 않는가!

4부 배움과 인생의 걱정거리 자식

웰빙

무엇이 좋은 삶인가?

웰빙 식단, 웰빙 가전, 웰빙 서적······.

시장에서 파 한 단을 사도, 학교에서 물 한 모금을 마셔도 이제 누구나 웰빙을 생각한다. 도처에 웰빙, 웰빙, 웰빙, 꼭 여름날 푸른 나무 밑에 정신없이 울려 퍼지는 매미 소리 같다. '맴맴웰빙맴맴······.' 어느새 웰빙은 우리 삶을 지도하는 절대적인 격률이 되어 버린 것인가? 웰빙이라는 나사못이 삶 곳곳을 꼭꼭 조이고 있어서 이제 그 나사못 하나만 빠져 버리면 삶 전체가 방향을 잃고 무너져 버릴 것 같다.

그런데 우리는 웰빙에 대해 얼마나 알고 있는가?

우리 주변에 웰빙에 대한 견해는 수없이 많은데, 혹자는 웰빙을 단 한 마디로 "잘 먹고 잘 살자."라고 요약한다. 이렇게 요약하고 보니, "잘살아 보세."를 외쳤던 1970년대 새마을운동과 비슷하다는 사람도 있다. 그러나 새마을운동이 절대 빈곤으로부터의 탈출,

평균적 생활수준의 확보에 초점을 두었다면, 오늘날 웰빙은 생계유지 이상의, 고급스러운 생활환경과 먹거리를 추구한다. 가령 "웰빙은 인스턴트를 배격한다. …… 초중고교의 학교급식에도 웰빙 바람은 번지고 있다. 무공해 유기 농산물만으로 음식을 내놓는 학교가 있다."[17] 웰빙은 단지 허기를 달래는 것을 목적으로 하는 것이 아니라, 가장 고급스러운 먹거리를 통해 혀의 즐거움과 건강을 동시에 챙긴다. 몸의 건강에만 그치는 것도 아니다. 웰빙의 신(神)은 정신건강 역시 끔찍하게 챙기기에, 아로마 테라피를 받고 명상 서적을 사는 데도 아낌없이 지출하라고 졸라 댄다.

그런데 우리 시대 정신과 몸의 건강을 돌보는 웰빙의 이 모든 노력은 누구를 위한 것일까? 바로 웰빙을 위해 돈을 모으고 돈을 쓰는 나 자신을 위한 것이다. 그래서 웰빙이란, 나 혼자만 잘 먹고 잘 사는 것이냐고 누군가 볼멘소리를 하면, 웰빙의 신은 이렇게 맞받아친다.

일부에서는 웰빙이야말로 가장 극명한 '개인주의 경향의 산물'이라고 말하기도 한다. …… 이러한 '개인주의적 코드'로는 더 이상 웰빙을 문제 삼아선 안 된다. 세상에서 가장 소중한 건 '나'라는 데 이의를 제기할 수 없는 것과 같은 이치다.[18]

그러나 정말 그럴까? 세상에서 가장 소중한 것은 '나'이고, 그래서 오로지 나 자신의 웰빙을 위해 노력하는 것은 당연한 일일까?

17
「자연을 먹고 바른다」, 《중앙일보》(2004년 5월 6일), C1면.

18
「Special Talk: Well-Being Report ─올해 메가트랜드로 자리 잡은 범국민적 화두, 웰빙에 대하여」, 《Luxury》 2004년 5월호, 196, 198쪽.

4부 배움과 인생의 걱정거리 자식

이 물음에 답할 수 있게 해 주는 재미나는 시 한 편을 먼저 읽어 보고 싶다. 장정일의 「요리사와 단식가」가 그것인데, 이 시의 줄거리는 황신혜가 주연한 영화 「삼공일 삼공이」로도 꾸며져 보다 널리 알려졌다. 301호에 사는 여자는 고독으로부터 벗어나기 위해 끊임없이 새로운 요리를 하고 또 그것을 먹는 일을 낙으로 삼는 인물이다. "어느 날, 세상 요리를 모두 맛본 301호의 외로움은 인육에게까지 미친다. 그래서 바싹 마른 302호를 잡아 스플레를 해먹는다. …… 외로움이 모두 끝난 것일까? 아직도 301호는 외롭다."[19] 웰빙의 본질에 접근하고자 하는 우리 관점에서 보자면, 301호 여자는 행복하게 잘 살기 위해(즉 웰빙을 위해) 끊임없이 맛있는 요리를 해 먹고, 더욱더 맛난 것만을 추구한다. 심지어 모든 맛난 것을 먹어 본 그녀는 자기 미각의 즐거움을 위해 최후로 이웃에 사는 타인까지 먹어 버린다. 세상을 살아가면서 얼마나 많이 우리는 나 자신의 이익과 즐거움을 위해 타인을 희생시키는가? 이 시에서 자기 미각을 만족시키기 위해 타인을 잡아먹는 식인은 그런 희생에 대한 문학적 표현이다.

19
장정일, 『길안에서의 택시잡기』
(민음사, 1988), 24쪽.

그런데 이러한 이기적인 행복의 끝이 어디일까? 바로 '고독'이다. "아직도 301호는 외롭다." 마치 손에 닿는 모든 것을 자기가 소유하는 황금으로 만들지만, 바로 그 때문에 살아 있는 단 한 명의 가족이나 친구도 가지지 못하고 외톨이가 되고 마는 미다스 왕처럼, 나만의 이익, 나만의 먹거리를 추구하는 이기심은 행복이 아니라, 뼈에 사무치는 고독이라는 대가로 돌아오는 것이다. 그리고 이러한 이기심의 주인은 죽음이 그를 파멸시키는 순간까지 고독이라는 아픔에 시달려야 하리라. 바로 이렇기에 웰빙, 즉 좋은 삶은 궁극적으로, 이기적인 욕심의 추구, 또는 나만이 누릴 수 있는 쾌락과는 상관이 없는 것이다. 개인주의라는 열쇠로는 웰빙의 비밀을 열어 볼 수가 없다.

그렇다면 무엇이 웰빙이라는 말인가? 사실 웰빙은 어제오늘 나타난 우리만의 관심사가 아니다. 하나의 화두로서 웰빙은 우리의 것이기 이전에 이미 고대 그리스인들의 것이었다. 아마도 그리스인들의 가장 중요한 관심사가 바로 잘 사는 것, 웰빙이었다고까지 말해야 할 것이다. 가령 플라톤은 『크리톤』에서 이렇게 웰빙에 대해 고심한다. "우리는 그저 사는 것을 가장 소중하게 여길 것이 아니라, 잘 사는 것을 가장 소중히 여겨야 한다."[20] 그저 사는 것이 아니라 잘 사는 것, 바로 웰빙이 그리스인들의 관심사였다. 그런데 지혜로운 고대인들은 이 웰빙의 정체로 무엇을 발견했을까? 바로 '선(善)'이다. 그리스인들에게 '좋은(good) 삶', 즉 웰빙의 정체는 '선한(good) 삶' 외에 다른 것이 될 수 없었다.

20
플라톤, 최명관 옮김, 「크리톤」, 『플라톤의 대화』(종로서적, 1981), 48b, 98쪽.

왜 그런가?

타인의 존재를 나의 존재보다 귀중히 여기고, 타인이 살아갈 시간을 내가 이기적 쾌락으로 채워 갈 나의 시간보다 소중히 여기는 선한 행위 속에선 무슨 일이 벌어질까? 만일 타인이 누릴 행복이 나의 행복보다 중요하다면, 타인이 누릴 행복을 위한 배려 속에서 우리는 기쁨을 얻을 수 있는 것이다. 이것은 마치 부모가 그들이 죽은 뒤에도 세상을 살아갈 자식들의 행복에서 희망을 얻고, 연인들이 그들 자신이 누리는 삶의 풍요로움보다 상대방의 삶의

4부 배움과 인생의 걱정거리 자식

풍요로움에서 기쁨을 얻는 것과 같은 이치이다. 결국 참다운 행복은 타인의 웰빙이 성취될 때 얻어지는 것이지, 나만의 이기적인 웰빙이 성취될 때 얻어지는 것이 아니리라.

소통 안에 숨겨진 것

　가끔 이런저런 게시판에 들어가 여기저기 구경하다 보면 한 편의 가극을 보는 듯한 느낌에 빠지기도 한다. 관리자는 바리톤이 알맞다. 그는 「마술피리」에 나오는 경건한 사제 자라스트로의 중후한 목소리로 질서와 예절을 지키고 고운 말을 하자고 노래한다. 출발은 좋다. 가끔 「피가로의 결혼」에 나오는 케루비노처럼 어린애 같은 성격의 네티즌이 들어와 징징거릴 때도 있지만, 대체로 게시판은 원탁의 기사들이 여는 신성한 모임과도 같은 균형과 질서를 스스로 이룬다. 그런데 갑자기 「파르지팔」에서 이 기사들을 파멸로 이끈 클링조르 같은 마술사가 등장한다. 그의 무기는 익명을 통한 변장술, 헛소문, 욕설 등이다. 이 마술 덕분에 원탁은 박살이 나고 어느새 소통은 혼란의 도가니로 변질돼 버린다……

　만일 고대인들이 인터넷을 가지고 있었다면 그들은 어떻게 이 오페라, 혹은 이 게시판을 운영했을까? 다행히 우리는 고대인들의 게시판을 하나 상속받고 있는데, 바로 플라톤의 대화편이 그것이다. 플라톤이 '대화'라는 형식 속에다 자신의 철학을 담아내려 했던 까닭은, 인간 영혼의 본성이 물음과 대답이라는 소통의 형태를 지니고 있다고 생각했기 때문이다. 진리가 인간 영혼에 의해서 발견되는 것이라면, 당연히 진리는 그 영혼의 본성인 물음과 대답을 통해서, 즉 소통을 통해서만 얻어질 것이다. 그리하여 플라톤의 작품에 등장하는 모든 인물의 대화는 진리를 향해 한 걸음, 한 걸음 접근해 가는 운동으로 묘사된다.(그 마지막 종착점은 보여 주지 않고 대화는 끝나곤 하지만 말이다.)

고대 이래 소통에 대한 낙관론은 이러한 플라톤적인 믿음에 근거하고 있다. 그러나 소통은 진리를 구현하기 위해 우리가 절대적으로 의존할 만한 도구인가? 오늘날 흔히 목격할 수 있듯 온라인 공간 속에 떠 있는 현대의 아고라는 대화가 변증법적 '발전'의 형태를 띠고 있으며 진리로 이끌어 주는 수단일 수 있다는 고대 이래 인류의 믿음을 무참히 깨뜨려 버리는 듯하다. 정체불명의 인물들과 모함이 난무하는 가운데 소통은 거짓의 나락으로 굴러떨어진다. 결국 인간 영혼은 진리에 접근하기 위한 물음과 답변을 자신의 본성으로 하기보다는 변장술과 음모와 거짓말을 본성으로 하는 것이 아닌가 하는 자기 자신에 대한 의혹과 마주하게 된다.

우리는 소통이라는 것에 너무나 많은 기대를 하고 있는 것은 아닌가? 대화란 변증법적인 발전 과정을 거쳐 진리로, 혹은 합의된 이상으로 점점 수렴되기보다는 흔히 공허하게 겉도는 것이 아닌가? 대화를 풍요롭게 해 줄 수 있는 것은 대화 이상의 그 무엇에서 찾아져야 하지 않을까?

"대화를 나누면서 나는 친구 없이 혼자 있을 때 느끼는 행복감을 전혀 찾을 수 없었다."[21] 프루스트는 『잃어버린 시간을 찾아서』에서 이렇게 말하고 있다. 이 말은 대화가 우리를 진리로 인도해 줄 것이라는 플라톤적 낙관론의 반대 방향을 가리키는 표지판이다. 프루스트는 왜 대화 속에서 행복감을 찾을 수 없었을까? 진리란 고독 가운데서 절대 시간을 보내며 홀로 사유하고 모색하는 가운데 무르익는 것이지 대화를 통해서 얻어지는 것은 아니라는 것이 프루스트의 생각이었다. 사실 온라인 접속으로 하루를 시작하는 오늘날의 사람들만큼 고독과 침묵의 휴지기를 못 견뎌 하는 자들도 없는 것 같다. 독서와 사색을 통해 스스로의 정신이 무르익기를 기다리기보다는 소통을 통해 조급하게 무엇인가를 얻고 또 보여 주려 한다.

21
Marcel Proust, *À la recherche du temps perdu*, II(Paris: Gallimard, 1989), p.95.

그러나 사색을 통해 훈련되지 않은 영혼이 타자와의 대화에 임했을 때 대화는 공허한 것이 되기 쉬우리라. 우리를 실망스럽게 하는 모든 설익은 대화는 스스로를 훈련해 보지 않은 정신에서 기인하는 것이 아닐까?

정신은 혼자 타오르지 못한다. 타자와의 대면, 그리고 그 대면의 한 형식인 소통이 있어야 한다. 그러나 정신이 타오르기 위해 타자를 경유할 때 그 정신은 지각생처럼 사색의 휴지기 속에 갇힌 채 늦장을 부리며 지복의 시간을 보낸다. 외면(外面)에서 슬쩍 볼 때 그 정신은 잠들어 있는 것처럼 오해될지도 모르지만 말이다.

4부 배움과 인생의 걱정거리 자식

『삼국지』 패션

『삼국지』에는 화려한 옷에 대한 멋진 묘사가 많이 나온다. 여포는 유비 삼 형제와 처음 싸우는 장면에서 자줏빛 금관을 쓰고 서천산 붉은 비단에 꽃을 수놓은 전투복을 입고 나와 대적한다. 마초는 조조를 쫓을 때 은으로 만든 갑옷을 입고서 무예를 뽐내며, 관우는 비단 수염 주머니를 걸치고 다닌다. 거의 페이지마다 삼국의 영웅들은 무예와 지혜를 겨룰 뿐 아니라, 패션을 겨루고 있다. 전장(戰場)은 패션쇼처럼 화려하다.

그런데 패션에 관한 위대한 책인 『삼국지』에서 가장 옷 잘 입는 사람은 누굴까? 촉나라가 크게 승리할 때마다 느긋이 나타나는 한 인물에 대해 반복되는 이런 묘사가 있다.

"그때 장수들이 사륜거를 호위해 나오는데, 그 위에는 학창의 차림에 윤건을 쓰고 깃털 부채를 든 채 한 사람이 단정히 앉아 있었다."

이 단출한 옷차림의 주인공은 바로 제갈량이다. 제갈량은 결코 화려한 옷을 입지도 않았고 입을 수도 없었다. 그가 오장원에서 죽을 때 황제에게 올린 표문을 보면, 재산으로 비단 한 조각 모은 게 없다고 나와 있다. 그런데 '비단 한 조각' 단장하지 못한, 삼국을 통틀어 가장 별 볼 일 없는 옷차림을 한 이 단벌 신사가 바로 『삼국지』의 베스트 드레서라는 생각이 든다. 그의 학창의와 윤건이 그 소박함과 단순함으로 인하여, 선비의 고고한 기품을 그 어떤 옷보다도 잘 드러내 주고 있는 까닭이다. 이렇게 옷은 그것을 입는 자의 '정신'을 올곧게 드러내 줄 때 자신의 사명을 가장 멋지게 수행한 것이다. 아무리 고가품일지라도, 옷이 그것을 입는 자와 입어야 할 장소를 떠나 저 혼자 뽐내고 잘난 척할 때, 옷은 천박함의 구렁텅이에 빠져든다.

모든 사물은 자기가 있어야 할 자리에 있어야 그 진가를 발휘한다. 자기 자리를 찾지 못한 옷들만큼 눈을 불편하게 하는 것도 없으리라. 물론 자신의 어떤 자리도 세상에는 없다는 듯 뛰어나게 튀는 옷차림도 있는데, 이것은 사실 최상급으로 고유한 자리를 찾는 방식 가운데 하나이리라. 다른 한편 장소에 맞지 않는 옷을 입고 자랑스럽게 나타나는 사람이 사실 드물지 않고, 또 인격과 마음을 닦아서 자신을 빛내기보다는 멋진 옷을 통해 스스로를 돋보이도록 하려는 사람도 많다. 그러나 인격이 담겨 있지 않은 옷은 영혼이 없는 육신과 같은 것이다. 그리고 오로지 자신의 정신적 가치에 자신 없는 사람들만이 시도 때도 없이 화려한 옷과 화장의 가면을 쓰고자 한다. 안데르센의 「벌거벗은 임금님」은 아마도 이런 사람들의 종말을 경고하는 예언적인 작품일 것이다. 정신을 아름답게 하기보다 옷의 아름다움을 더욱더 추구하는 자는 바로, 어떤 옷으로도 가리지 못하는 벌거벗은 저 볼품없는 실체를 사람들의 비웃는 눈 앞에서 들켜 버리는 운명을 맞이하고 만다.

옷을 불행하게 하지 말라. 주인을 못 만난 명검이 밤새 울 듯, 자기가 빛내 줄 훌륭한 인격을 만나지 못한 옷도 밤새 옷장 속에서 흐느낀다.

(* 이 글은 패션 디자이너 장유경과 함께 쓴 것이다.)

『삼국지』패션

목소리

오래전 아주 먼 곳으로 여행을 떠날 때 녹음해서 간직하고 있던 그리운 이의 목소리를 가지고 떠난 적이 있다. 그 목소리는 어떤 이야기를 하고 있었던가? 애써 기억해 내려면 다 할 수도 있겠지만, 이야기의 내용은 중요하지 않다. 그저 가장 일상적인 말 몇 마디였을 뿐이다. 그 목소리는 어두운 숲이 앞에 펼쳐져 있는 처마 밑이나 저녁이 밀려오는 비 오는 대기, 그리고 눈 덮인 소리 없는 산들을 만날 때마다 위안을 주었다. 목소리를 듣는 일은 그 목소리가 실어 나르는 정보를 획득하는 일과는 전혀 다르며, 그러므로 다 아는 이야기를 말하더라도 목소리를 계속해서 듣지 않을 수 없다. 보는 일, 숨 쉬는 일, 피부를 통해 감촉을 느끼는 일만큼 목소리를 듣는 일은 그 자체가 중요하다.

모두가 그렇지 않은가? 사람들은 새소리, 바람 소리, 빗소리, 음악 소리를 듣는 일을 좋아하지만, 무엇보다도 다른 이의 목소리

4부 배움과 인생의 걱정거리 자식

들기를 좋아한다. 밤새 휴대전화를 들고서 상대방과 연결되어 있는 연인들을 보라. 그들의 대화란 정보를 교환하기 위한 것이 아니다. 단지 그리운 이의 목소리가 밤새도록 귀를 포도주처럼 취하게 만들기를 바랄 뿐이다.

사람들에게는 타인의 목소리를 향한 욕망이 있으며, 그 욕망은 비범하게 강하다는 것을 보여 주는 재미있는 예가 있다. 호메로스의 『오뒷세이아』에는 트로이에 대한 연합군의 목마 공격에 대한 회상이 단편적으로 나타나 있다. 이 놀라운 장면에서는, 그리스로부터 달아나 트로이 왕자 파리스의 아내가 되는 바람에 전쟁의 원인이 돼 버린 헬레네가 그리스인들의 목마 주변을 돌며 안에 무엇이 들어 있는지 조사해 보고 있다. 바로 목소리를 이용해 그렇게 한다.

우리들 아르고스인들의 모든 장수들이
트로이아인들에게 죽음과 죽음의 운명을 안겨 주려고
반들반들 깎은 목마(木馬)에 들어가 있었을 때
……
세 번이나 당신은 속이 빈 매복처를 만지고 돌며
……
모든 아르고스인들의 아내들의 목소리를 흉내 냈소.
그때 나와 튀데우스의 아들과 고귀한 오뒷세우스는
한가운데 앉아 있다가 당신이 부르는 소리를 들었다오.
우리 두 사람은 벌떡 일어나 밖으로 나가거나
안에서 당장 대답하고 싶었지만 오뒷세우스는

우리의 열망에도 불구하고 우리를 제지하고 붙들었소.[22]

22
호메로스, 천병희 옮김, 『오뒷세이아』(숲, 2006), 91~92쪽.

위험한 일이 벌어진다. 외로운 군인들이 숨은 목마 바깥에서 그들의 연인들의 목소리가, 그토록 그리운 소리가 감미롭게 들려온다. 원래 헬레네는 그리스인이었기에 그리스 장수들의 부인들이 내는 목소리를 잘 알고 있었고, 그래서 그 목소리를 흉내 내 목마 안에 있으리라 의심되는 그리스 장수들을 유혹했던 것이다. 이것은 또 다른 신화 속 이야기인 세이렌의 노래에 버금가는 목소리의 유혹이며, 장수들은 그 그리운 목소리에 거의 위험한 지경에 이르도록 평정심을 잃는다. 목마 바깥의 전쟁터에 고향에 두고 온 아내가 실제로는 없다는 것을 그리스 장수들은 너무도 잘 안다. 그러나 아내를 흉내 내는 목소리의 유혹을 참지 못하고 뛰쳐나가려고 한다. 알고서도 속을 수밖에 없는 것이다. 귀는 이성의 제지(制止)를 모른다.

그렇다면 우리 마음의 가장 깊은 곳에 자리 잡은 그리움을 표현하는 육체적 상징은 바로 열려 있는 귀가 아닐까? 눈처럼 감을 수도, 입처럼 닫을 수도 없이 늘 '마주침'을 준비하듯 열려 있는 귀 말이다.

나는 다시 오래전 여행을 떠올린다. 처마 밑으로 어둠이 천천히, 그러나 강력하게 다가왔다. 영혼의 상자, 또는 작은 향수병 같은 작은 기계에 담아 보관하던 그리운 이의 목소리가 흐르기 시작한다. 손수건만 해진 하루의 마지막 빛마저 빠르게 나무 그림자 뒤로 빨려 들어가고 시선이 형태를 잃어 지구가 태초의 반죽처럼 어두운 덩어리로 돌아가면, 여행하는 이는 식욕을 채우듯 무엇인가

4부 배움과 인생의 걱정거리 자식

를 얻기 위해서가 아니라, 그저 그 주위를 영원히 뱅글뱅글 돌고 싶어서 그리운 이의 목소리를 찾는다. 비가 오고 물방울이 대지에 부딪칠 때, 목소리가 섞여 든다.

손 글씨, 우리의 두 번째 몸

이 글씨를 보기 위해서 여러 번 타이베이의 국립고궁박물원을 찾았다. 천하제이행서(天下第二行書)라 불리기도 하는 안진경(顏眞卿)의 「제질문고(祭姪文稿)」가 그것이다. 아름답다는 말 따위로는 조금도 그 진상을 건드려 볼 수 없는 이 비탄으로 가득 찬 글씨에 대해 뭔가 말해 볼 수나 있을까? 침묵의 응시만이 이 처절한 창조물에 경의를 표할 수 있는 유일한 방식일지 모르겠다.

건륭 황제가 아끼며 간직했고 수많은 소장자의 낙관이 붉게 물들어 있는 이 글씨는 실은 누군가에게 내보이기 위해 제작된 서예 작품이 아니라, 연습장 비슷한 것이다. 당나라의 충신이며 오늘날엔 안진경체라는 글씨로 널리 기억되는 안진경에게는 조카가 하나 있었다. 인품과 재능을 갖춘 이 젊은이에게 안진경은 많은 기대를 했다. 그러나 안녹산의 난 때 안진경의 형과 조카는 반란군에게 무참히 살해되고 만다. 그는 겨우 조카의 잘려 나간 머리만을 찾게 되고 그때 제문으로 쓴 글이 이 「제질문고」이다.

누구에게 보이려고 쓴 것이 아니라 제문을 작성하기 위해 써 본 원고가 이 글씨이다. 따라서 틀린 글자, 붓으로 거칠게 지워 버린 자국이 가득하다. 그야말로 연습장인 것이다. 평정심을 가지고 시작된 글씨는 곧 죽은 이의 원통한 이야기를 전하며 슬픔과 분노의 감정에 휩싸여 폭풍처럼 거칠어진다. 마지막에야 글씨는 마음을 진정하려는 자제의 노력을 겨우 담아내며 끝난다.

이 글을 대면한 사람은 글의 내용을 전혀 몰라도 상관없다. 내용이 아니라, 육필이 모든 것을 전해 주고 있으니까. 자획을 따라 일렁거리는 거대한 울분이 보는 이의 눈을 깜짝 놀라게 한다. 글씨체만 보고도 우리는 그가 얼마나 슬피 울고 있으며 또 얼마나 분노하고 있는지 잘 알 수 있다. 아니, 아는 정도에 그치는 것이 아니라 그의 감정에 깊이 동화되어 버린다.

손 글씨에 관한 또 다른 인상 깊은 이야기가 있다. 프랑스 철학자 질 들뢰즈는 죽음을 앞둔 노년 시절, 평생 자신을 비판해 왔던 후배 철학자 알랭 바디우와 편지 교환을 결심하게 된다. 비판자와 더불어 자신의 주장들을 검토하는 일은 철학자의 의무에 속하지 않는가? 바디우는 병고에 시달리는 노년의 들뢰즈가 마지막 보낸 편지들을 이렇게 묘사하고 있다.

또 점점 쇠약해져만 가는 그의 건강이 하루에도 몇 시간씩이나 투자해야 하는 글쓰기 자체를 일종의 큰 일거리로 만들고 있었다. 만약 글쓰기라는 것이 ─ 물론 사유 또한 마찬가지이지만 ─ 과연 얼마나 고통스러우면서도 덧없는 승리일 수 있는가

손 글씨, 우리의 두 번째 몸

를 진정으로 이해하고자 하는 이가 있다면, 필히 그는 길게 늘어지고 선이 빗나가 있으며 비스듬하게 누워 있고 또 부들부들 떨고 있으면서도 혼신의 힘이 담긴 글씨들을(즉, 들뢰즈가 투병 중에 보내온 편지 속의 글씨들을) 나처럼 받아 보아야 할 일이다.[23]

23
알랭 바디우, 박정태 옮김, 『들뢰즈─존재의 함성』(이학사, 2001), 42쪽.

쇠약해진 들뢰즈의 손에 쥔 펜 끝으로부터 떨리는, 그러면서도 그의 모든 힘이 담긴 글씨들이 탄생하고 있다. 쓰인 내용과 상관없이, 이 떨리는 획들 자체는 들뢰즈가 어떤 사람이며, 그가 자기 삶의 마지막에 이르기까지 철학의 제단에 자신을 어떻게 바치고 있는지를 잘 알려 줄 것이다.

매력 있는 인간은 자신이 매력 있다고 말하지 않는다. 그는 그냥 그 자신으로 있으면 매력 있는 것이다. 손으로 쓴 글씨 역시 그렇다. 당나라 서예가의 슬픔으로 가득 찬 글씨도, 프랑스 철학자가 혼신의 힘을 다해 노년의 쇠약을 이기고 있는 글씨도, 그 글씨에 담긴 내용에 의존하지 않은 채로 글씨 쓴 이의 모든 것을 담고서 거대한 비석처럼 당당히 서 있다.

활자나 컴퓨터의 글꼴이 글의 내용을 쾌적한 환경 속에서 전달해 주는 아주 실용적인 도구라는 것은 두말할 것도 없다. 그러나 활자나 글꼴은 글의 내용과 그것이 쓰이던 순간을 분리해 버린다. 그렇게 해서 글의 내용은 영원한 것이 되고, 쓰는 순간 속에 담겨 있던 감정과 신체의 상태 등은 모두 증발해 버린다. 반면 손 글씨는 두 가지를 결합한 채 보존한다.

글을 쓸 때 우리는 모든 감정, 모든 육체적 상태를 글씨에 남길 필요는 없을 것이다. 그러나 글을 쓰는 지금 내 몸을 지나가는 모든 떨림을 글을 읽는 이에게 전달하고 싶을 때가 있다. 충만한 사랑의 느낌이 음악처럼 울리며 중력을 무시한 채 온몸을 떠오르게 할 때, 또는 비탄의 느낌 속에서 온몸의 피가 흐느끼듯 혈관을 지나갈 때 말이다. 몸을 통과하는 그런 감정의 떨림을 우리는 글의 내용 안에 다 담아낼 수는 없다. 왜냐하면 우리는 그 떨림의 정체를 무엇이라 이름 붙여 파악하지 못하기 때문이다. 이름 붙이자마자 그것은 생기와 독특성을 잃은 추상적이고 일반적인 개념이 되어 버릴 것이다.

신체의 떨림은 자신의 정체를 몸의 주인에게도 알려 주지 않은 채 손끝에서 지진계의 바늘처럼 움직이는 육필 속에만 남긴다. 그러므로 손 글씨는 우리의 두 번째 몸이다. 우리는 사랑하는 이에게나 자신을 온전히 선물하듯 이 두 번째 몸과 함께 글을 쓴다.

아름다움이란 무엇인가?

"아름답지 않다면 살아갈 수가 없어."

이렇게 자신의 변해 버린 머리 색깔에 절망하면서 마침내 하울은 너무도 슬픈 나머지 온몸이 녹아 버리기 시작한다. 미야자키 하야오 감독의 「하울의 움직이는 성」에서 가장 황당한 부분 가운데 한 장면이다. 주술이 잘못되어서 머리카락 색이 아름답지 않게 변했다고, 이 우아한 왕자병 환자 같은 '얼짱' 마술사는, 경박하게도 살아갈 희망조차 잃어버리는 것이다.

그러나 아름다움에 대한 이 어린이 같은 집착은 단지 애니메이션 속에만 있는 것은 아니다. 인류의 오래된 서가에는 플라톤이 쓴 『심포지엄(향연)』이 늘 꽂혀 있다. 흔히 '심포지엄'은 그리스어로 '함께 마시다.'라는 뜻이다. 그 말에서부터 짐작할 수 있듯 이 책은 술자리에서 벌어지는 취객들 사이의 해프닝, 대화 등을 기록한 작품이다. 그런데 취객들의 이 대화가 인류 역사상 철학적으로 가장 중요한 것 가운데 하나여서 주정꾼들의 이 하룻밤은 불멸의 하룻밤이 되었다. 이 술자리에서 알키비아데스(그리스의 유명한 군인이다.)는 만취한 채, 그 자리에 손님으로 와 있던 철학자 소크라테스의 비밀을 이렇게 폭로한다.

"소크라테스 선생님은 아름다운 자들에 대한 사랑에 끌리는 성향이 있고 늘 이런 자들 주변에 있으면서 매혹된다는 걸 자네들은 보게."[24]

가장 고귀한 그리스 정신의 본 자태는 바로 이렇게 아름다운 사람들에게서 눈을 떼지 못하는 연애 감정이었던 것이다! 우리도 마찬가지 아닌가? '얼짱', '몸짱', 착한 몸매…… 이런 것에

24
플라톤, 강철웅 옮김, 『향연』 (이제이북스, 2010), 216d, 158쪽.

사람들은 사족을 못 쓴다. 아름다움에 대한 관심은 인간 정신의 가장 자연스럽고도 근본적인 자태여서, 태양을 향해 봉오리를 벌리는 꽃들처럼 인간은 아름다움을 향해 저도 모르게 사랑의 마음을 연다.

그런데 아름다움에 대한 사랑을 인간 정신의 가장 진실된 면모로서 내세우기에는 뭔가 2프로 부족하다. '얼짱' 여도둑이 이쁘다는 이유만으로 사람들의 동정과 호감을 샀던 일을 떠올려 보면, 때로 아름다움은 우리를 부도덕으로 몰아가는 것 같기도 하다. 또 도덕적 심성을 연마하고 진리 탐구로 정신을 단련하기보다는, 몸치장을 통해 외면적 아름다움을 돋보이게 해서 자신의 가치를 높이려는 사람들을 보면, 아름다움이란 거짓의 수단처럼 생각되기도 한다.

그러나 아름다움은 다만 우리를 부도덕으로 몰아가고, 추악한

내면을 가리는 거짓된 수단에 그치고 마는가? 눈을 즐겁게 하는 데 그치는 저급한 아름다움이 있다면, 그보다 더 드높은 아름다움도 있지 않을까?

한번 이렇게 생각해 보자. 여러분의 학교나 직장이나 이웃에 여러분이 남몰래 좋아하는 누군가가 분명히 살고 있을 것이다. 왜 나는 그(그녀)를 좋아하게 되었는가? 바로 내 눈에 아름답기 때문이다.(당연히 누구도 추한 것을 사랑하지는 않는다. 사랑이란 오로지 아름다운 것에 대한 헌신이다.) 그런데 내가 가장 견딜 수 없는 일은, 바로 내가 추한 일을 하는 것을 내가 사랑하는 그 사람이 목격하는 일이다. 가령 내가 부정을 저질렀을 때 아마도 나는 이 일을 다른 이들에게 들키는 것보다 좋아하는 여자 친구에게 들키는 것이 더 두려울 것이다. 또는 사랑하는 자식들에게 들키는 것이 더욱 견딜 수 없을 것이다. 이렇게 보자면 사랑하는 사람의 아름다운 얼굴은 바로 나의 올바른 삶의 가장 확실한 지표가 아니겠는가? 아름다운 것을 정말로 좋아하는 사람이라면 그 아름다운 것을 배신하지 않는 이상 진실되고 선(善)할 수밖에 없다. 바로 자기가 사랑하는 아름다운 사람의 눈이 마음속에서 늘 그를 지켜보고 있기 때문이다. 이렇게 아름다움(미)은 참된 것(진)과 올바른 것(선)의 가장 가까운 친구이다.

그런데도 우리는 거짓된 광휘(光輝) 속에서 너무도 쉽게 길을 잃지 않는가? 단지 추한 것과 거짓된 것을 숨기고 있을 뿐인 가짜 아름다움으로부터 좀처럼 눈을 떼지 못하지 않는가? 이렇게 거짓된 빛남으로 눈길을 사로잡는 아름다운 것을 '우상(idol)'이라는 말로 부른다. 그러나 거짓된 아름다움 곁에, 우상 곁에 머물러 있다고 두려워할 필요도 불안해할 필요도 없으리라. 아름다움에 대한 사랑이 인간 마음의 본성이 아니었다면, 우상은 내 눈을 사로잡지 조차 못했을 것이다. 설령 우상의 저급한 아름다움이라도 내 눈을 사로잡고 있다는 것은, 내가 영영 구제할 수 없는 시각장애인이 아니라, 진정한 아름다움을 발견할 수 있는 '소질'을 지니고 있다는 신호이다.

　　그러니 세상으로 나가 아름다운 것들을 사랑하자. 그런데 아름다움을 가장 완벽하게 사랑하고 소유하는 길을 알고 있는가? 그것은 바로 나 자신이 '아름다운 사람'이 되는 일이다.

아름다움이란 무엇인가?

우아함 또는 스완 부인과 마주친 오후

무엇이 우아한가? 누군가는 마리아 테레지아 시대의 분위기를 간직한 리하르트 슈트라우스의 오페라 「장미의 기사」에 나오는 원수(元首) 부인, 그리고 이 역(役)에 꼭 맞는 슈바르츠코프나 리자 델라 카자 같은 가수를 떠올릴지 모른다. 또 누군가는 인물의 정신과 삶을 섬세하게 포착한 전기 작가 슈테판 츠바이크의 작품들을 떠올릴지도 모른다. 중국 강남 문인 문화 전반을 다루고 있는 『우아함의 탄생』 같은 책은 풍류객들과 미술품들의 세계인 강남 문화 자체에 우아함이라는 이름을 붙인다.[25]

우아함의 문제라면 프루스트의 『잃어버린 시간을 찾아서』에 나오는 한 문장이 떠오르지 않을 수 없다. 주인공은 5월의 어느 오후 "파라솔이 지어내는, 투명한 액체 같기도 하고 빛나는 니스 같기도 한 그림자 아래 있는" 스완 부인과 우연히 인사를

25
나카스나 아키노리, 강길중 옮김, 『우아함의 탄생』(민음사, 2009) 참조.

4부 배움과 인생의 걱정거리 자식

나눈다. 보이는가? 그늘이 파라솔 아래로 서늘한 액체처럼 퍼지고, 그 아래 아름다운 젊은 부인이 서 있는 모습이? 그 순간을 회상하는 먼 훗날은 문장 속에서 이렇게 이어진다.

> 5월이 되어 낮 12시 15분과 1시 사이 어느 해시계에서 시간을 보려고 할 때마다 등나무 시렁의 그늘에 있듯, 그녀의 파라솔 그늘에서, 이처럼 스완 부인과 이야기를 주고받고 있는 내 모습을 떠올리는 기쁨만이 남았다.[26]

우아함이란 아름다움과 기품의 결합에서 온다. 기품은 교양과 예절로부터 오며 이 두 가지의 바닥에는 도덕이 있다. 그러니까 우아함은 사람살이의 올바름과 미의 결합에서 생기는 것

26
Marcel Proust, *À la recherche du temps perdu*, I(Paris: Gallimard, 1989), p.630.

이다. 또한 모든 아름다움이 그렇듯 그것은 오후의 햇살처럼 빨리 사라진다. 무슨 이야기를 나누었고, 왜 거기 있었는지가 중요할까? 단지 예절과 파라솔의 그늘을 놀라운 질감으로 채우는 빛의 요술과 부인의 아름다운 모습으로 가득 찬 한순간만이 남는다. 그리고 어느 날 펜을 들고 기록한 저 한 문장이, 그 오후의 짧은 마주침을, 그날의 햇살과 그늘이 빚어낸 광학과 더불어 간직하고서 인생이 흘러가는 동안 위안이 되어 줄 것이다. 그렇게 우리는 인생을 허비하는 동안 몇 개의 장면, 어떤 촉감이나 애무의 기억을 얻으며, 그것으로 자신이 소멸해 간다는 사실을 위로한다.

우정은 수단이 아니다

혼자 있는 게 좋기도 하다. 사실 혼자서도 많은 일을 이룬다. 조용히 무르익는 독서와 사색과 관찰. 이런 것들에는 절대적으로 혼자 있는 시간이 필요하다.

프루스트는 소설 『잃어버린 시간을 찾아서』에서 우정에 대해 이렇게 불만을 토로한 적이 있다.

> 생루는 '우리의 우정'이라고 말했고 …… 그것을 삶의 최고 기쁨이라 칭했다. 이런 말을 들으면 나는 약간 슬퍼졌고, 당황하여 그에 대답하지 못했다.[27]

27
Proust, *À la recherche du temps perdu*, II, p.95.

사실 우정은 잡담이 오가는 공허한 사교의 장일 수 있다. 그리고 우리 인생에서의 의미 있는 성취는 남들과의 떠들썩한 사교 속에서가 아니라 홀로 신중히 생각하고 탐구하는 작업을 통해서 이루어진 다는 점을 생각해 볼 때 프루스트의 저 말은 꽤 수긍할 만한 것이 기도 하다.

그러나 당연하게도 홀로 생각하고 모색하는 인생의 과정만이 전부는 아니다. 그와 동등하게 중요한 삶의 또 다른 꽃이 우정으로 부터 자라 나온다.

어떤 '목적'을 이루기 위한 수단으로서 사람을 만나는 일은 종 종 고역이 된다. 가령 회사원이 업무를 위해서, 싫은 회사 상사를 계속 봐야 하는 경우가 예가 될 것이다. 타인과의 이런 고역스러운 관계를 염두에 둔다면 오로지 사람 자체가 좋아서 만남이 이루어 지는 우정은 얼마나 큰 삶의 축복인가?

로마의 철학자 키케로는 우정에 대해서 이렇게 말한다. "매사 에 진지하고 엄숙한 태도는 인상적이긴 하지만, 우정은 역시 그보 다 더 활달하고 더 자유롭고 더 쾌적한 편이며, 언제나 유쾌하고 부담감 없는 것을 더 좋아한다네."[28] 달성해야 할 어떤 과제를 앞 에 두고 있는 집단은 진지하고 엄숙하게 그 과제에 몰입한다. 이때 그 과제를 목적으로 내가 만나는 사람은 그 과제를 위한 수단이 된다. 반면 우정 속에는 이루어야 할 목적이 없다. 다른 목적이 아 니라 친구와의 교제 자체만이 목적이 된다. 이렇게 보자면, 이득을 얻기 위해 유력 인사와 친해지려고 노력하는 것, 공부 잘하는 법 을 배우기 위해 우등생의 친구가 되고자 하는 것 등은 우정이 아니 다. 그것은 자기 목적 달성을 위해 일종의 사업 을 하는 것에 불과하다. 몽테뉴가 적절히 말하 듯 "우정에는 그 자체밖에는 아무런 일도 흥정

28
마르쿠스 툴리우스 키케로, 천 병희 옮김, 『노년에 관하여 우정 에 관하여』(숲, 2007), 153쪽.

우정은 수단이 아니다

도 없다."[29]

그렇다면 우정은 어떤 목적을 달성하기 위한 수단이 되지 못하므로 무용(無用)한 것이 아닌가? 맞다. 우정은 우정 그 자체만을 목적으로 하며, 다른 어떤 이득을 위해서도 사용될 수 없다는 점에서 용도가 없는 것, 쓸모없는 것이기도 하다. 그러나 이로부터 우리가 곧 깨닫게 되는 것은, 애초에 용도가 없는 우정에 대해서 '그것이 왜 필요한가? 유용한가? 무용한가?'라고 묻는 것은 그 자체로 잘못된 질문이라는 것이다.

재미있는 점은, 우정에는 용도가 없지만 바로 아무런 용도가 없기에 우정은 큰일을 해낸다는 것이리라. 가령 악인들 간의 우정 또는 깡패들의 의리 같은 것을 생각해 보자. 그런 나쁜 우정도 가능할까? 그것이 가능하지 않다는 점에 대해 키케로는 이렇게 말한 적이 있다. "친구를 위하여 죄를 범했다는 것은 변명이 될 수 없네. 우정을 맺어 준 것은 무엇보다도 서로의 미덕에 대한 신뢰인 셈이네. 따라서 미덕을 저버리면 우정은 존속하기 어려울 것이네."[30] 깡패의 의리 같은 건 존재하지 않는다. 왜냐하면 우정은 친구가 지닌 좋은 면모(덕) 자체 때문에 생기는 관계인데, 친구와의 사이에 나쁜 일이라는 목적이 등장하면 저 우정의 관계는 순식간에 사라지고, 나쁜 일을 달성하기 위한 공모자끼리의 수단적 관계가 생길 것이기 때문이다. 요컨대 우정이 있던 자리에, 친구와 함께 나쁜 목적을 달성하기 위한 관계가 비집고 들어설 땐 우정은 자리를 비켜 주고 죽어 버린다.

따라서 우정을 지키는 일이란 바로 모든 나

29
미셸 드 몽테뉴, 손우성 옮김,
「우정에 대하여」, 『나는 무엇을 아는가』(동서문화사, 2005),
246쪽.

30
키케로, 『노년에 관하여 우정에 관하여』, 132쪽.

4부 배움과 인생의 걱정거리 자식

쁜 일에 대해 친구와 나 자신이 몰두하지 않도록 힘쓰는 일과 동전의 양면을 이룬다. 어쩌면 이런 우정은 큰 노력을 요구하기도 할 것이다. 몽테뉴는 참된 우정의 희귀성에 관한 재미있는 옛이야기를 하나 전하고 있다. 한 병사가 말을 타는 경기에서 승리하였다. 키로스 왕은 그 말에 관심이 있었다.

> 키로스가 그 병사에게 경기에서 승리한 말을 얼마 주면 팔겠느냐고, 왕국을 주면 그 말과 바꾸겠냐고 물어보자, "못합지요, 전하. 그러나 내가 친우로 맺을 수 있는 사람을 하나 발견한다면 친우를 얻기 위해서 이것을 내놓겠습니다."라고 하였다.[31]

이렇게 진정한 우정은 희귀하고도 어려운 것이다. 그러나 그것을 얻게 되면 키로스 왕의 왕국보다도 큰 것을 삶은 맞이하리라.

[31]

몽테뉴, 「우정에 대하여」, 252쪽.

우정은 수단이 아니다

타인의 눈길

프랑스 시인 루이 아라공이 쓴 '눈'에 관한 유명한 시가 있다. 아라공은 젊은 시절 실연과 문학적 갈등 같은 여러 문제로 자살을 기도할 정도의 절망에 빠져 있었다. 이런 그를 구원해 주고 새로운 삶으로 이끌어 준 여자가 있었으니, 뒷날 그의 아내가 된 엘자였다. 바로 이 여자의 눈을 주제로 한 유명한 시가 「엘자의 눈」이다.

이 시에는 '눈과 마음의 관계'에 대한 우리의 통념을 뒤집어 놓는 구절들이 담겨 있어 눈길을 끈다. 눈에 대한 우리의 통념이란 무엇인가? 그것은 바로 '눈은 마음의 창'이라는 흔한 표현에서 발견할 수 있듯, 눈은 사람의 마음을 반영한다는 것이다. 사실 눈으로부터 마음의 비밀을 읽어 내는 일은 '관상술'과 좀 닮은 구석이 있다. 표면에 보이는 징후들을 해석해서 숨겨진 사실을 알아낸다는 점에서 말이다. 그런데 우리는 정말 눈을 통해 타인의 비밀스러운 마음의 상태를 알아낼 수 있을까? 가령 18세기 유럽인들은 평소 사시(斜視)가 아닌 사람이 사시가 되면, 그 눈은 거짓말의 징표라고 생각했다. 그러나 아마도 눈을 통해 마음을 온전히 꿰뚫어 보는 일은 가능하지 않을 것이다. 그것은 여러분이 좋아하는 남자 또는 여자가 여러분에 대해 어떤 마음을 갖고 있는지 아무리 그의 눈을 바라보며 알아내려고 해도 알 수 없어 애만 태우는 현실만 돌아보아도 쉽게 증명되리라. 눈은 상대방의 마음을 알려 주는 척할 뿐 실제로는 수많은 해석의 가능성들 속으로 그 마음의 진상을 숨겨 버리지 않는가?

그러므로 얼굴의 징표와 마음의 감정들이 일대일로 대응하지 않는 눈은 마음의 열린 창이 아니라 닫힌 창이라 해도 좋을 것이다. 그래서 바로 아라공은 '엘자의 눈'에 대해 이렇게 쓰고 있다. "너의 눈은 너무나도 심오하여 나는 거기서 나의 기억을 잃어버린다."[32] '기억'만큼 세상을 '인식'하는 데 중요한 것도 없다. 기억을 못 한다면, 세상에 대한 인식, 즉 세상에 대한 앎은 불가능하다. 매번 내가 왜 이 방에 앉아 있는지, 옆에 있는 사람이 친구인지, 앞에 서 있는 사람이 아버지인지 낯선 이인지 모른다면 세상에 대한 어떤 지식도 쌓지 못한 '백치'라고 해도 좋지 않겠는가? 그런데 아라공은 앞의 시 구절에서 바로 자신은 엘자의 눈 앞에서 기억을 잃어버린다고, 다시 말해 아무것도 알지 못하는 백치가 되어 버린다고 말한다. 왜? 바로 엘자의 눈은 하나의 명확한 의미로 확정 짓기에는 너무 심오하니까! 너무 다채롭고 기복이 넘치는 감정들이 요동쳐 도무지 바닥에 숨겨져 있는 마음을 알아낼 길이 없으니까!

인간의 눈은 들여다보면 볼수록 그 깊이를

32
민희식·이재호 역편, 『프랑스명시선』(종로서적, 1981), 286쪽.

알 수 없는 위험한 호수 같지 않은가? 우리는 눈을 통해 타인의 마음을 알 수 있다고 자신하지만, 막상 그 눈과 마주치면 수만 갈래 해석의 길 속에서 길을 잃고 말뿐이다. 수심을 재는 잠수부처럼 엘자의 눈으로 들어가지만, 끝을 모를 그 깊이 속에서 마치 익사할 것만 같이 되어 버린 저 시인처럼 말이다.

따라서 '마음과 눈의 관계'는 전혀 다른 관점에서 바라보아야 할 것이다. '타인의 눈과 그의 마음과의 관계'가 도무지 밝혀낼 수 없는 하나의 비밀이라면, 오히려 의미 있는 탐구 대상으로 받아들여야 할 것은 '타인의 눈과 내 마음의 관계'가 아닐까? 왜냐하면 우리 마음은 늘 타인의 눈으로부터 중대한 상처를 받기도 하고, 감동을 얻기도 하기 때문이다. 내가 거짓말할 때 친구의 경멸 어린 눈길은 나의 마음에 상처를 주며 나에게 보다 더 정직해질 것을 요구하고, 어린아이의 맑은 눈길은 부모의 마음에 희망을 심어 준다. 전쟁 속에서, 가난 속에서, 사회적 불평등 속에서 고통받는 이들의 눈길은 나의 마음에 도덕적 책임을 일깨워 준다.

이렇게 보자면, 우리 마음은 늘 타인의 눈길을 등대 삼아 항해하는 배들이 아니겠는가? 우리는 고독 속에 던져진 홀로 있는 존재가 아니며, 늘 다른 사람들과의 관계 속에서 살아간다는 점을, 타인의 눈길 때문에 수시로 변모하는 우리 마음의 상태가 알려 준다. 우리가 올바로 살고 있는지 그렇지 않은지, 내가 도대체 누구인지, 마치 거울처럼 타인의 얼굴은 우리 본모습을 비추어 주고 평가하고 있다. 그런 점에서 타인의 눈길은 우리 마음을 인도하는 목자라고 해도 좋을 것이다. 이런 점에서 「엘자의 눈」의 마지막 구절들은 매우 의미심장하다.

어느 아름다운 저녁, 세계는 암초에 부서져
난파자들은 암초 위에 불을 질렀다
나는 보고 있었다, 바다 위 멀리 반짝이는
엘자의 눈, 엘자의 눈, 엘자의 눈을[33]

그렇다. 부서진 세계의 조난자들처럼 우리가 어디로 가야 할지 모를 때 타인의 눈은 '바다 위 멀리 반짝이는' 등대처럼 길을 비추어 준다. 때로는 우리 마음을 아프게 하며 우리의 비겁함을 부끄럽게 만들고, 또 때로는 희망을 잃지 않게 하면서 말이다.

33
민희식·이재호 역편, 『프랑스 명시선』, 288쪽.

타인의 눈길

포스트 휴먼의 시대

　우리 시대의 가장 수상한 소문, 각종 연구물부터 일간지까지 퍼져 있는 '포스트 휴먼'을 어떻게 이해할 것인가?

　포스트 휴먼은 과학기술을 바탕으로 인간에 대한 새로운 이해를 구하고 지금껏 인간의 한계로 여겨졌던 것들을 극복하며 등장할 새로운 인류를 총칭한다. 이세돌과 알파고의 대결로 유명해진 인공지능, 타고난 생물학적 조건을 변경하는 생명공학, 신체적 한계를 극복하는 로봇공학 등이 포스트 휴먼 담론의 핵심에 자리 잡는다. 그러니까 포스트 휴먼이라는 용어 없이도 우리는 나날의 생활 속에서 포스트 휴먼과 익숙하게 마주치고 있는 셈이다. 그렇다면 이 포스트 휴먼이 인간의 역사에서 어떤 좌표에 자리 잡는지 가늠해 보아야 하지 않을까? 그것은 오늘날을 사는 우리 자신이 우주 속에서 차지하는 위치에 대한 가늠이기도 할 것이기에 매우 중요한 것이다.

내가 보기에 포스트 휴먼의 꿈은 생각보다 오래되었다.

독일 의사 후펠란트는 1796년 한 권의 책을 펴내는데, 당시 사람들 사이에서 큰 인기를 끌었다. 『장수 식품학 또는 인간 수명 연장을 위한 기술』이 그것이다. 오래된 저작이지만 이 책의 과제는, 기술을 통한 인간 수명 연장이라는 오늘날 포스트 휴먼의 핵심에 자리 잡고 있는 과제와 크게 다르지 않다.

후펠란트는 이 책을 자신에게 큰 영향을 준 동시대의 유명한 철학자 칸트에게 보내면서 편지에 이런 취지의 말을 써서 건넨다. '질병은 인간이 지닌 자유의 활시위를 느슨하게 만든다. 인간 수명을 연장하려는 시도의 뿌리에 있는 것은 자유의 선한 사용이다…….' 쉽게 말해 질병은 인간 본성에 속하는 자유를 구속하며, 따라서 건강히 장수하는 비결에 관한 연구는 인간이 자유로워지는 길을 찾는 목적을 지닌다는 것이다.

칸트는 '인간이란 무엇인가?'라는 질문에 답을 주어 인간 개념을 완성한 사람이다. 후펠란트가 다른 사람도 아닌, 인간 개념의 완성자 칸트에게 자신의 책을 보내면서, 인간 수명 연장을 위한 기술이 인간의 본성인 자유의 실현이라고 말한 것은, 기술의 목적이 무엇인지에 대해 명확히 알게 해 준다. 바로 그것은 '인간성의 실현'이다.

포스트 휴먼은 인간의 욕구를 길잡이로 삼고서만 움직인다. 후펠란트의 연구처럼 포스트 휴먼 역시 인간의 본성적 욕구인 질병 없이 편하게 오래 살려는 욕망을 충족해 주려 한다면, 포스트 휴먼은 인간성의 완성, 휴머니즘의 완성이라 말할 수 있다.

그런데 사정은 그리 간단치 않다. 다른 한편에서 포스트 휴먼은 전통적인 인간상을 깨뜨려 버리기 때문이다. 인간은 반드시 죽는 존재인가? 그렇지 않다. 의식이나 성격은 한 인간만의 고유한 것인가? 그렇지 않다. 미래학자 도미니크 바뱅은 말한다.

> 의식은 컴퓨터에서 다운받고, 신체는 인간-돼지-로봇의 여러 부품들을 섞어 조립하고, 신경계통 임플란트를 장착하고, 성격을 바꿔 주는 약품을 먹고……. 포스트 휴먼 시대에는 '나'라고 말할 때 의미하는 모든 내용이 완전히 바뀔 수 있다.[34]

34
도미니크 바뱅, 양영란 옮김,
『포스트휴먼과의 만남』(궁리,
2007), 128쪽.

또 미국 작가 토머스 핀천은 이처럼 기계화되어서 인간이라기보다는 그야말로 '인간 이후에 오는 자(포스트 휴먼)'라는 이름이 적합한 이를 이렇게 묘사하기도 한다. 1963년에 출간된 『브이를 찾아서(V.)』에서 신비한 여주인공 '브이'를 언급하는 다음 문장들은 포스트 휴먼 담론이 출현하기 훨씬 이전에 포스트 휴먼에 대한 매우 구체적인 묘사를 시도하고 있다는 점에서 오히려 포스트 휴먼 담론의 아버지같이도 느껴진다.

> 그녀의 피부는 어떤 신종의 광채 나는 플라스틱으로 만들어졌고 양쪽 눈이 다 유리알이었다. 하지만 그것들은 이제는 순수하기 짝이 없는 구리선으로 된 시신경과 은으로 된 전극으로 연결되고 정교하기 그지없는 이극 매트릭스의 뇌로 통하는 광전기 세포를 가지고 있었다. 솔레노이드 계전기가 그녀의 신경절이 되며 서보 발동기가 그녀의 흠 없는 나일론 사지를 움직이게 되어

4부 배움과 인생의 격정거리 자식

있었다. 수경 액체가 백금 심장 펌프에 의하여 낙산염의 정맥과 동맥으로 보내지게 되어 있었다. …… 폴리에틸렌으로 만든 놀라운 질(膣)에 장치된 압력 변환기들의 복잡한 조직까지도 생각할 수 있었다. 그것들의 전기저항 측정기의 가변 침들은 그녀의 두개골에 설치된 정확한 계수형 자동기록기에 직접 쾌감 전압을 보내는 단 한 개의 은 전선으로 모두 이어져 있었다. 그녀가 미소하거나 무아경에 빠져 있을 때는 그녀의 가장 보배로운 부분, 즉 아이겐밸류의 귀금속 이빨들이 번득였다.[35]

이런 관점에서 볼 때 포스트 휴먼은 더 이상 우리가 알던 인간이 아니다. 들뢰즈의 다음과 같은 문장 역시 새로운 인류로서 포스트 휴먼을 예언하고 있다.

> 인간의 힘이 다른 힘, 예컨대 정보의 힘들과 관계를 맺고 있으며, 이 힘은 인간과 함께 인간이 아닌 다른 무엇인가를, 즉 분할 불가능한 '인간-기계(homme machine)' 체계를 구성하며, 제3세대 기계와 이미 관계 맺기 시작했다는 것은 오늘날 상식이 아닌가? 이는 탄소 대신 실리콘과의 결합인가?[36]

태고 이래의 탄소화합물 대신 실리콘 구조 속으로 들어서는 인간. 그러니까 포스트 휴먼은 인간과 비인간 사이에 양다리를 걸치고 있는 셈이다. 인간의 본성적인 욕구를 충족하는 것이라는 점에서 인간성의 구현이며, 우리가 인간이

35
토머스 핀천, 설순봉 옮김, 『브이를 찾아서』(민음사, 1991), 553~554쪽.

36
질 들뢰즈, 권영숙·조형근 옮김, 『들뢰즈의 푸코』(새길, 1995), 136쪽.

포스트 휴먼의 시대

라고 알고 있던 초상화를 깨뜨려 버린다는 점에서 인간을 넘어서는 것이 포스트 휴먼이다. 어떤 의미에서 칸트의 인간(人間)과 니체의 초인(超人)이 결합한 것이 포스트 휴먼인 것이다. 한때 유행했던 모더니즘 대(對) 포스트모더니즘, 휴머니즘 대 반(反)휴머니즘이 포스트 휴먼 안에서 종합되고 있는 양상이다.

그러니까 포스트 휴먼 속에는 인간과 기계만 종합되고 있는 것이 아니라, 인류가 몇 세기 전부터 시험해 보았던 상반된 철학적 입장이 종합되고 있다. 이런 종합에 대한 인식으로부터 앞으로 몰입할 수밖에 없는 우리의 과제가 떠오를 것이다. '과거의 인간 본성과 초인이라는 미래 사이에서 일어나는 싸움을 어떻게 진행할 것인가.'하는 과제 말이다.

4부 배움과 인생의 걱정거리 자식

죽음의 두려움과 영혼 불멸 이야기의 유혹

온 세상이 플라톤의 것이었다고 말한다면, 어떤 의미에서 그런지 궁금할 것이다. 플라톤의 대화편 『파이돈』은 독배를 마시고 죽은 소크라테스의 마지막 모습을 그리고 있는데, 지상에서 보내는 마지막 시간에 소크라테스는 '영혼 불멸'을 증명해 낸다. 그러고선 영혼을 돌보는 일이 왜 중요한가에 대해 이렇게 말한다.

> 다음과 같은 점은 유념하는 것이 옳네. 만약에 영혼이 불사한다면, 그것의 돌봄은 사실 우리가 살아 있음이라 부르는 것이 있는 그 시간을 위해서뿐만 아니라 모든 시간을 위해서 필요하네. 그리고 만일 어떤 사람이 그것에 무관심하기라도 하면, 이제 정말 그 위험은 무서운 일로 여겨질 걸세. 만일 죽음이 모든 것들로부터의 해방이라면, 나쁜 인간들에게 그것은 신의 선물이겠지. 그들은 죽을 때 몸으로부터 벗어남과 동시에 영혼과 함께 자신들

의 나쁨으로부터도 해방되는 것이니 말일세. 그런데 이제 영혼이 실은 불사인 것이 분명하니, 그것에게는 최대한 훌륭해지고 현명해지는 것 외에는 나쁜 것들로부터의 어떤 도피나 구원도 없네. 왜냐하면 영혼은 교육과 양육 외에는 어떤 것도 지니지 않은 채 하데스로 가게 되는데, 바로 이것들이 저승으로의 여정의 맨 처음부터 죽은 자를 최대로 이롭게 하거나 해롭게 한다고 이야기 되는 것이니 말일세.[37]

37
플라톤, 전헌상 옮김, 『파이돈』(이제이북스, 2013), 107c~107d, 148쪽.

이교도가 썼지만 이것은 기독교의 제일 문헌이라 할 수 있을 것이다. 소크라테스는 우리가 익숙하게 보아 온 어떤 성직자보다도 더 성직자처럼 이야기하고 있는 중이다. 요약하면 영혼은 죽지 않으니까, 죽음 이후에 이롭기 위해서 최대한 영혼을 잘 돌봐야 한다는 것이다. 이 이교도의 문헌은 이후, 내세에서 불멸한 채 이로움을 겪기도 하고 해로움을 겪기도 할 영혼의 상과 벌에 대해 설파하는 기독교의 바탕에 놓였다. 서구를 지배해 온 기독교는 플라톤 위에 세워져 있는 종교인 것이다.

니체가 적절히 지적했듯, 저 플라톤주의는, 인간들로 하여금 내세에 영원히 살아남을 영혼에 몰두하게 만든 나머지, 현세의 현실적 삶을 내세를 위한 준비 기간으로 강등해 버리고 말았다. 요컨대 사람들은 죽음 이후의 불멸하는 삶에 몰두하는 데 현생의 유한한 삶을 모두 사용해 버림으로써 삶을 죽음의 노예가 되도록 만들었다. 죽음 이후의 영원한 삶이 진정한 것이며, 그것에 비하면 현세의 삶 그 자체는 그림자에 불과한 것으로 여겨졌다. 이렇게 하여

　　　　　　　　　4부 배움과 인생의 걱정거리 자식

역설적이게도 인간에게 삶이란 죽음을 위해 봉헌하는 빵 한 조각 같은 것, 그 자체로는 아무런 가치도 지니지 않는 것이 되었다.

그러나 플라톤처럼 영혼 불멸에 몰두하지 않고서도 죽음을 두려워하지 않는 법을 배우려는 이들 역시 있었다. 이들의 역사는, 내세의 부재를 두려워하는 자들에 의해 억압된 역사, 그리하여 좀처럼 알려질 기회를 갖지 못한 역사이다. 에피쿠로스의 사상을 장대한 시 속에 담아 간직한 루크레티우스의 『사물의 본성에 관하여』는 영혼이 우리 육신처럼 죽는다는 것을 이렇게 노래하고 있다.

> 더욱이 우리는 이성이 육체와 함께 나서, 같이 자라고
> 함께 늙어 가는 것을 감지한다.
> 왜냐하면 마치 아이들이 굳지 않은 여린 몸으로
> 뒤뚱거리듯, 정신의 연약한 사고도 따라다니기 때문이다.
> 그러다가 강건한 힘으로 나이가 성숙하면,
> 분별력도 더 커지고 정신의 힘도 더 증가한다.
> 하지만 그 후에 육체가 세월의 강한 힘에 의해
> 뒤흔들리고, 힘이 둔해져 사지가 늘어지게 되면,
> 총기는 절뚝거린다. 혀는 길을 벗어난다. 이성은 비틀거린다.
> 모든 것이 일시에 무너지고 사라진다.
> 그러므로 영혼의 모든 본성도 분해되는 것이
> 당연하다.[38]

이 시는 불멸하는 영혼이 필멸하는 육체의 감옥 속에 들어 있는 것이 아니라, 육체와 영혼

38
루크레티우스, 강대진 옮김, 『사물의 본성에 관하여』(아카넷, 2012), 224쪽.

죽음의 두려움과 영혼 불멸 이야기의 유혹

각각의 질서는 서로 평행하다는 것을 스피노자에 앞서서 가르치고 있다. 육체와 영혼은 별개의 것이 아니라 하나이기에, 육체가 젊을 때 영혼도 젊으며, 육체가 늙어 쓰러지면 영혼도 함께 쓰러진다. 우리가 살면서 경험하는 것과 똑같이 말이다.

육신과 영혼의 한평생이 똑같은 과정 속에 있으며, 따라서 죽음 속에서 육신과 함께 영혼이 소멸한다는 것은 두려운 것일까? 그렇지 않다. 에피쿠로스는 말한다. "죽음은 우리에게 아무것도 아니다. 왜냐하면 분해된 것은 감각이 없기 때문이다. 감각이 없는 것은 우리에게 아무것도 아니다."[39] 또 그는 이렇게 말한다.

> 가장 두려운 악인 죽음은 우리에게 아무것도 아니다. 왜냐하면 우리가 존재하는 한 죽음은 우리와 함께 있지 않으며, 죽음이 오면 이미 우리는 존재하지 않기 때문이다. 그렇다면 죽음은 산 사람이나 죽은 사람 모두와 아무런 상관이 없다. 왜냐하면 산 사람에게는 아직 죽음이 오지 않았고, 죽은 사람은 이미 존재하지 않기 때문이다.[40]

따라서 우리는 죽음과 마주칠 기회가 없다. 레비나스는 에피쿠로스의 이런 생각을 다음처럼 비판하기도 했다.

죽음에 대한 공포를 없애기 위해 만들어진 '네가 있으면 그(죽음)는 없고, 그가 있으면 너는 없다.'는 고대 격언은 죽음이 안고 있는 역설을 잘못 인식하고

39
에피쿠로스, 오유석 옮김, 「중요한 가르침」, 『쾌락』(문학과지성사, 1998), 13쪽.

40
에피쿠로스, 오유석 옮김, 「메노이케우스에게 보내는 편지」, 『쾌락』(문학과지성사, 1998), 43~44쪽.

4부 배움과 인생의 걱정거리 자식

있다. 왜냐하면 이 격언은 미래와의 독특한 관계인 죽음에 대한 우리의 관계를 지워 버리기 때문이다.[41]

그러나 에피쿠로스의 저 생각은 우리가 미래와 맺는 독특한 관계의 표현인 죽음을 지워 버리는 것이 아니다. 오히려 죽음에 대한 우리의 관계를 올바로 세움으로써 미래를 죽음에 대한 공포에서 놓아주고 있다. 현세보다 근본적인 삶으로서 내세와 같은 것이 미래에 도달할 것이라고 내세우고, 현세의 삶을 저 유혹적인 죽음 이후의 미래를 위해 희생할 것을 종용하는 이들로부터 우리를 보호해 준다. 요컨대 에피쿠로스는 죽음에 종속된 우리 삶이 죽음으로부터 독립하도록 해 주는 '계몽'을 시행하고 있는 셈이다.

삶이 죽음에 오염되는 일은 필연적이지 않다. 죽음은, 철학적 사유가 그에 대한 공포를 제거해서 삶을 자유롭게 만들어 주기 위한 연구 주제이지, 삶이 불안 속에 미래와 맺는 필연적인 관계가 아니다. 이런 까닭에 스피노자 역시 자유인의 초상을 죽음으로부터의 독립이라는 구도 속에서 그리고자 했다. 그는 『에티카』에서 이렇게 말한다. "자유인은 결코 죽음에 대해 생각하지 않으며, 그의 지혜는 죽음이 아니라 삶에 대한 성찰이다."[42] 이렇게 보자면, 영혼 불멸의 성찰자들은 내세를 담보로, 자유인이 되어야 할 자들을 죽음의 노예로 만들고 있는 것이다. 쇼스타코비치의 젊은 날의 걸작 「므첸스크의 맥베스 부인」에서 이생의 즐거움만 찾던 보리스가 다급한 죽음의 순간 결국 누구를 찾는지 보라. 그는 세속적 욕망의 화신이지

41
에마뉘엘 레비나스, 강영안 옮김, 『시간과 타자』(문예출판사, 1996), 79쪽.

42
B. 스피노자, 강영계 옮김, 『에티카』(서광사, 1990), 4부, 명제 67, 267쪽.

죽음의 두려움과 영혼 불멸 이야기의 유혹

만, 현세의 욕망을 건강하게 보호하는 자가 아니라, 애초에 죽음에 오염된 자, 영혼 불멸의 옹호자의 노예가 될 준비가 된 자이다.

에피쿠로스는 말한다.

> '죽음이 우리에게 아무것도 아니다.'라는 믿음에 익숙해져라. 왜냐하면 모든 좋고 나쁨은 감각에 있는데, 죽으면 감각을 잃게 되기 때문이다. 따라서 '죽음이 우리에게 아무것도 아니다.'라는 사실을 제대로 알게 되면, 가사성(可死性)도 즐겁게 된다. 이것은 그러한 앎이 우리에게 무한한 시간의 삶을 보태어 주기 때문이 아니라, 불멸에 대한 갈망을 제거시켜 주기 때문이다.[43]

43
에피쿠로스, 「메노이케우스에게 보내는 편지」, 43쪽.

죽음의 공포가 제거되면, 죽음으로부터 달아나려는 욕망의 최상급인 불멸에 대한 갈망도 시들게 된다. 그렇게 될 때 우리에게 온전히 남겨지는 유일한 것은 가사적인 현세의 삶이다. 따라서 우리는 이 유일한 삶을 내세에 영원히 지속될 허구적 삶을 위한 시간으로 낭비할 수 없게 된다. 오로지 우리는 현세의 삶 자체에 충실할 수 있을 뿐이다. 불멸하는 영혼을 위해 내던져 두었던 현세의 삶을 돌보라.

물론 삶의 모든 일이 그렇듯, 죽음에 대해 명상한 내용에 삶이 쉽게 익숙해지지는 못할지도 모른다. 유르스나르의 작품에서, 죽어가는 현군 하드리아누스는 말한다. "죽음에 관한 명상이 죽는 것을 가르치지는 않는다. 명상이 떠남을 더 이상 쉽게 하지는 않는다만, 그러나 용이함이 내가 찾고 있는 것은 더 이상 아니다."[44] 죽음에 대한 명상은 거기 익숙해지기 위한 연습 없이는 죽음을 쉽게 맞

4부 배움과 인생의 걱정거리 자식

이하게 해 주지 않는다. 철학 또는 생각은 그 생각대로 사는 연습을 통해서만 삶에 걸맞은 것이 되며, 이런 이유로 생각함은 연습이 필요한 모든 것과 마찬가지로 삶 자체이지 삶과 분리된 채 떠돌 수 있는 공허한 몽상이 아니다. 그리고 죽음이 나도 모르는 사이 찾아올 수 있게끔 하여, 이 어려운 손님을 용이하게 맞아들이는 것만이 문제라면, 오히려 철학이 아니라 정신을 사라지게 하는 마약이 더 큰 도움을 줄 것이다. 그러나 용이함이 인간이 찾고 있는 제일의 것은 아니다.

44
마르그리트 유르스나르, 남수인 옮김, 『하드리아누스의 회상록』(세계사, 1995), 299쪽.

죽음의 두려움과 영혼 불멸 이야기의 유혹

서동욱

벨기에 루뱅 대학 철학과에서 들뢰즈 연구로 박사 학위를 받았다. 1995년부터 계간《세계의 문학》등에 시와 비평을 발표하면서 시인·문학평론가로 활동해 왔다. 저서로『차이와 타자』, 『들뢰즈의 철학』,『일상의 모험』,『철학 연습』,『타자철학』, 비평집으로『익명의 밤』, 엮은 책으로『싸우는 인문학』,『미술은 철학의 눈이다』,『철학의 욕조를 떠도는 과학의 오리 인형』,『한평생의 지식』(공편),『스피노자의 귀환』(공편), 시집으로『랭보가 시쓰기를 그만둔 날』,『우주 전쟁 중에 첫사랑』,『곡면의 힘』, 엮은 시집으로『거대한 뿌리여, 괴기한 청년들이여』(공편), 『별은 시를 찾아온다』(공편),『온몸으로 밀고 나가는 것이다』(공편), 역서로 들뢰즈의『칸트의 비판철학』,『프루스트와 기호들』(공역), 레비나스의『존재에서 존재자로』등이 있다. 루뱅 대학, 어바인 캘리포니아 주립 대학 등에서 방문 교수를 지냈으며, 오하이오 주립 대학 방문 작가를 지냈다. 서강대학교 철학과 교수로 재직하고 있으며, 2022년 현재 한국프랑스철학회장을 맡고 있다. 계간《철학과 현실》편집위원으로도 활동하고 있다.

생활의 —— 사상

서동욱 에세이

1판 1쇄 펴냄 2016년 10월 31일
1판 3쇄 펴냄 2022년 7월 6일

지은이   서동욱
펴낸이   박근섭, 박상준
펴낸곳   (주)민음사

출판등록   1966. 5. 19. (제16-490호)
주소   서울특별시 강남구 도산대로1길 62 강남출판문화센터 5층 (06027)
대표전화   02-515-2000   팩시밀리 02-515-2007

www.minumsa.com

ⓒ 서동욱, 2016. Printed in Seoul, Korea

ISBN 978-89-374-3361-0 (03100)